The Age of Friction?

大摩擦时代来临？

中国与世界经济新变局

China and the New Changes
in the World Economy

◎ 董彦峰 编著

经济管理出版社
ECONOMY & MANAGEMENT PUBLISHING HOUSE

图书在版编目（CIP）数据

大摩擦时代来临？——中国与世界经济新变局/董彦峰编著 . —北京：经济管理出版社，2018.12

ISBN 978-7-5096-6253-3

Ⅰ. ①大… Ⅱ. ①董… Ⅲ. ①中美关系—双边贸易—研究 Ⅳ. ①F752.771.2

中国版本图书馆 CIP 数据核字（2018）第 285346 号

组稿编辑：张 艳
责任编辑：张 艳 乔倩颖
责任印制：黄章平
责任校对：王淑卿

出版发行：经济管理出版社
　　　　　（北京市海淀区北蜂窝 8 号中雅大厦 A 座 11 层　100038）
网　　址：www. E-mp. com. cn
电　　话：（010）51915602
印　　刷：三河市延风印装有限公司
经　　销：新华书店
开　　本：720mm×1000mm/16
印　　张：18.5
字　　数：266 千字
版　　次：2019 年 3 月第 1 版　　2019 年 3 月第 1 次印刷
书　　号：ISBN 978-7-5096-6253-3
定　　价：49.80 元

前　言

我不讲假话，但也没有讲出所有的真话。

——康德

……未来与而今，大大不同，这一看法，令人厌恶反感，与传统思维和行为方式格格不入，绝大多数人都不愿意在实践中按照此一看法行动。

——约翰·梅纳德·凯恩斯

当前国际社会风起云涌、诡谲多变。特别是自特朗普当选美国总统以来，中美这两个经济体量位居全球前列的大国之间的贸易摩擦，对全球政治、经济、科技等领域都产生了极大影响，对国际贸易规则也造成了严峻挑战。

中美贸易摩擦是一个敏感而又纠结的话题。敏感在于既影响家国大计，又牵涉芸芸众生。

特朗普自上台以来，出台了一系列政策和行政命令，如退出 TPP、修筑美墨边境墙、"禁穆令"、废医改和减税等，呈现出一种"四处出击"的态势。美国的这些政策变化势必给美国经济、世界经济、中美经贸关系以及中国经济带来巨大影响。

过去的一年，世界经贸领域的热点莫过于特朗普就任美国总统后发生的贸易争端。中美贸易摩擦，为原本就饱受经济金融危机拖累的世界经济注入了更大的不确定性因素。可以预见，未来较长的一段时期，对于中美经贸乃至全球经贸来说都将是多事之秋。2018年3月以来，随着特朗普政府针对中国发起的单边贸易保护主义措施不断加码，中美贸易摩擦也愈演愈烈。

2018年9月18日，美方宣布自2018年9月24日起，对华2000亿美元商品加征关税，税率为10%，2019年1月1日起上升至25%。"此外，如果中国对我们的农民或其他行业采取报复行动，我们将立即实施第三阶段，即对大约2670亿美元的额外进口征收关税。"随后，中国商务部发表声明，"中方将不得不同步进行反制"。这是继2018年8月23日美对华160亿美元进口商品征税生效之后，双方再度强力交手。

对于中美双方如此快速、如此强硬、如此大规模地在经贸领域针锋相对，从一开始就超出了大家的预期。随着事态的发展，对中美贸易摩擦长期性和严峻性的认知也逐渐被人们接受。

中美贸易摩擦有着复杂的背景，是中美两国经贸长期不平衡所致，与中国经济快速发展、美国贸易保护主义和民粹主义抬头有着重要关系。同时，也与美国全球竞争力下降带来的焦虑有关，并且与美国的国内政治、国际治理的弊端以及特朗普总统个人的治国理念均有关系。因此，解决贸易摩擦也不仅仅只是贸易的问题。

客观地讲，中美当前的战略互疑、紧张和冲突，是基于两个方面的认知：一是因为中国自身实力迅速提升引发美国"权力转移"的焦虑；二是中美双方经济模式的差异所引发的"交易公平"及对国际规则的认知差异。这两个问题在中美关系中一直存在，只是最近才被认为是两国之间根本性和战略性的矛盾所在。

"二战"后的世界经济增长、稳定与繁荣得益于世界各国对国际规则的尊重与践行。中美只有将贸易摩擦放置在多边规则体系之下，才有助于真正解决问题；只有回归多边规则，才能有效"规制"大国的"越轨"行为，进而培育良性竞争关系，求同存异，共谋发展。2018年将会被中美两国所铭记，亦将被全球治理研究者所铭记。因为在这一年里，以中美关系为代表的大国关系在某种程度上发生了质变，双方能否有效管控风险、回归多边、重塑基于规则的良性竞争关系，终将决定全球治理的何去何从。

一、中美贸易摩擦持续升温

2017 年 8 月，上任不久的美国总统特朗普指示美国贸易代表办公室（USTR）对中国开展"301 调查"。2018 年 3 月，USTR 发布了调查结果，即《基于 1974 年贸易法 301 条款对中国关于技术转移、知识产权和创新的相关法律、政策和实践的调查结果》（以下简称《301 报告》），特朗普据此对中国发起了贸易制裁。

美方《301 报告》分为六章，对中国展开五项指控，包括不公平的技术转让制度、歧视性许可限制、政府指使企业境外投资获取美国知识产权和先进技术、未经授权侵入美国商业计算机网络及其他可能与技术转让和知识产权领域相关的内容，为美国特朗普当局单边挑起贸易摩擦提供了依据。

2018 年 6 月 15 日，白宫对中美贸易发表声明，拟对 1102 种产品合计 500 亿美元的商品征收 25% 的关税。第一组中国关税涵盖 340 亿美元，于 7 月 6 日 12 时正式开征。美国贸易代表办公室同时对 160 亿美元的第二组关税进行进一步评估。

6 月 16 日，针对美国 6 月 15 日的决定，中国国务院关税税则委员会决定对原产于美国的 659 项约 500 亿美元进口商品加征 25% 的关税，其中对农产品、汽车、水产品等 545 项约 340 亿美元商品自 2018 年 7 月 6 日起实施加征关税，对化工品、医疗设备、能源产品等 114 项其余商品加征关税的实施时间另行公布。

6 月 18 日，美国宣布，如果中国保护，就考虑对 2000 亿美元的中国商品额外征收 10% 的关税；如果中国再反击，则要对另外 2000 亿美元的中国产品追加额外关税。这基本实现了对中国出口美国商品的全覆盖。根据美方统计，2017 年中国对美国出口金额 5056 亿美元，美国对中国贸易逆差 3752 亿美元。

6 月 27 日，美国有媒体报道，特朗普要求议会立法禁止中国对美国技术产业投资。后来，美国政府澄清是误传，并指出，美国政府要求议会运用现有手段，强化对未来技术投资的审批。

美国于当地时间 7 月 6 日起对第一批清单上 818 个类别、价值 340 亿美元的中国商品加征 25% 的进口关税。作为反击，中国也于同日对同等规模的美国产品加征 25% 的进口关税。

美国于 8 月 8 日又宣布，对华进口 500 亿美元商品中剩余的 160 亿美元加征关税，并于 8 月 23 日实施。中国国务院关税税则委员会发布将对美 160 亿美元商品加征关税，8 月 23 日实施。

8 月 1 日，美国贸易代表莱特希泽发表声明，拟将对 2000 亿美元中国商品加征关税，税率从 10% 上调至 25%。8 月 3 日，中国商务部发布公告，回应将对美 600 亿美元商品加征 5%、10%、20% 和 25% 的关税，实施日期视美国而定，中美贸易摩擦再次升级。

9 月 12 日，美方主动提议与中国进行新一轮贸易谈判，并声称其目的是在美国对进口自中国的商品加征关税之前，给中国提供一个解决中美贸易争端的机会。9 月 13 日，中方商务部回应称，中方对此持欢迎态度，贸易冲突升级不符合任何一方的利益。

9 月 18 日，美国政府宣布自 9 月 24 日起，对约 2000 亿美元进口自中国的产品加征关税，税率为 10%，并将于 2019 年 1 月 1 日起上升至 25%；还称如果中国针对美国农民或其他行业采取报复措施，将对约 2670 亿美元的中国产品加征关税。中国商务部当日回应，为了维护自身正当权益和全球自由贸易秩序，中方将不得不同步进行反制。

10 月 4 日，美国副总统迈克·彭斯就美国本届政府对中国的政策发表讲话，矛头直接对准中国。

11 月 7 日，在彭博创新经济论坛上，美国前财政部长保尔森警告，如果美国和中国未能解决战略分歧，两国之间的"经济铁幕"将导致世界分裂。

夹杂着复杂因素，中美之间的贸易摩擦不断升级。未来的局势将如何演进？中美两国能否妥善解决贸易争端？世人将拭目以待。

二、五种流行观点

面对如此复杂的中美关系，究竟该如何处理？

目前，中美贸易摩擦已呈常态化趋势。此次中美贸易摩擦其规模已经超越以往包括反倾销、反补贴以及"双反"等在内的摩擦。如果未来进一步持续下去，将对中美双边经贸极其不利。这次由美国挑起的贸易争端，美国处处主动，中国处处被动，美国正试图通过贸易争端从心理上对中国实施攻击，借力"羊群效应"进而挤爆中国债务或房地产泡沫，并发起股市摧毁战，以此打击中国经济。可谓"司马昭之心，路人皆知"。

对于这一态势，当前比较流行的有五种观点：妥协论、强硬论、无视论、折中论和持久战论。

第一种观点是悲观的"妥协论"，面对中美贸易摩擦持续升级，该观点认为只要中国服软妥协，就能避免、化解矛盾。

此种观点认为，美国自然资源的禀赋使得其在封闭条件下也能发展，而中国的资源严重依赖外部；最尖端的技术大多掌握在美国人手中；中国的外汇绝大部分来自美国，没有这些外汇，必需的粮食、石油和芯片等都无法进口；此外，美国还拥有众多的盟友，离开中国，虽然经济也会受到打击，但仍有广大的市场，而中国则没有美国如此好的条件。

"妥协论"者认为，如果贸易摩擦进一步加剧或发生全面的贸易冲突，对于美国经济来说至多是重创，而对中国来说则是生存问题。

当年，日美贸易之争从 20 世纪 50 年代中后期一直持续到 20 世纪 80 年代末，历时 30 年，先后涉及纺织、钢铁、家电、汽车、电信、半导体等领域，一直到 1985 年签订《广场协议》。1989 年签订《日美结构性障碍协议》。日方节节退让甚至无原则顺从，但美方却步步紧逼，直到日本应对失当、国内资产价格泡沫崩盘，日本金融战败，陷入失落的 20 年，再也没有能力挑战美国经济霸权，日美贸易争端才宣告结束。

其实，美国对中国经济崛起的战略遏制，不是中国妥协、让步所能解决的。早在奥巴马政府时期，美方就大力推行"一体两翼、两翼张开"（TPP、TTIP）的经济战略，以及"战略东移"的军事战略。这次中美贸易摩擦，则是过去多年美方遏制中国崛起战略的延续和升级。

第二种观点是比较主流的"强硬论"。认为中国已经强大起来，有实力在经济、金融、资源、舆论、地缘政治等领域对美方全面开战。这种观点既是中国经济发展带来自信的体现，也是个别人由于缺乏理性思考进而表现出来的蛮干与自我膨胀。对于中美贸易摩擦，有理、有利、有节，策略性地反击无可厚非。但是，有一种思潮是把当前的中美贸易摩擦引向了狭隘的民族主义、所谓的"爱国主义"甚至民粹主义，这点则要警惕。我们知道义和团当年盲目排外、灭洋，貌似很爱国，结果却引来祸害。

第三种观点是"无视论"，认为中国应采取"无视"态度，对美国挑起的贸易争端采取冷处理。这种观点认为"你打你的，我打我的"。对我国需要进口的商品，按正常程序进口，以价格最低为原则，并不排斥从美国进口。这种观点认为中国要把主要精力放在做好自己的事情上，加大改革开放力度，建设高水平市场经济和开放体制，建设自由平等以人为本的社会，以期中国的世界观和意识形态自然而然地得到世界的认同。

但是这种"无视论"的观点显然是错误的。中美贸易摩擦是美国战略思维转变的产物，一方面源于巨额贸易逆差及其结构性体制性问题和分歧，另一方面源于美国对新兴崛起大国的遏制。中美贸易纷争是客观存在的，中国不仅要集中精力做好自己的事，还要保持战略定力，沉着冷静，理性应对中美贸易纷争。

美国时间 2018 年 10 月 4 日中午，美国副总统彭斯在美国保守派智库哈德逊研究所（Hudson Institute）发表了一场"政府对华政策"的演说。这场演说被国内一些人称为特朗普政府拉下了"新冷战铁幕"。彭斯对中国的指责集中于中美贸易（中国搞不公平竞争，窃取美国高新技术等）、中国道路（没有按美国的预想走向西方自由民主的道路）、中国人权（"迫害"国内少数民族、干涉宗教和言论自由）、中国军力（中国最近几年扩张军备，危害世界安全）。这些都是美国的惯性思维，其实也是老生常谈，并没有新意。但是我们要看到，美国矛头所指向的已经不仅仅是贸易问题了，在这种情况下，中国不可能采取"无视"的态度。

在特朗普上任美国总统初期，对于把谁作为主要对手是有一番犹豫的。最初基本是把恐怖主义作为主要对手，直到发表安全战略报告之时，才开始把中国作为头号对手。

2015~2016 年美国国内曾发生了一场对华政策辩论，形成的倾向性意见是，过去多年历届美国政府奉行的既接触又遏制的对华政策犯了错误，被中国"稳住美国"的战略迷了眼，实际上帮助了中国的崛起。随着中国开始在国际体系当中逐步排斥美国的影响力，美国应该采取措施扭转这一趋势，因此，无论是特朗普还是希拉里当选，美国的对华政策都会发生比较大的调整。

同时，美国更加明确地意识到"时间在中国一边"，中国可以等待，美国不可再拖延。以经贸为切入点加强对华遏制，达到"不战而屈人之兵"的目的是美国的战略意图。特朗普政府的关税"紧箍咒"只是初招，其后必有杀招。这种贸易惩罚姿态与美国国内的税收制度改革和加息、缩表进程相配合，辅以向美国其他主要贸易伙伴进行政治施压，实际上吹响了美国拉帮结派打压中国、全球投资从中国市场撤离的号角，针对的是中国日益增长的国力。

但资本有着趋利的天性，加速离开中国市场的不仅是高科技领域的投资，也包括早已开始向印度和东南亚国家转移的低端加工制造业。这样一方面可以起到在战略上、经济上弱化中国发展势头的作用，另一方面也可以帮助中国的邻国"平地起高楼"，增加与中国相抗衡的资本和筹码。一旦中国经济陷入长期下行的轨道，很多连带效应有可能成为"不能承受之重"。

因此，中美之间的斗争有一定的必然性，在一定程度上是不可避免的。如果无视这些问题，那么"无视论"显然是一种一厢情愿的"鸵鸟"行为。

第四种观点则为"折中论"。这种观点无非是妥协论、强硬论、无视论等观点的"折中"，强调在不同的阶段，采取不同的策略。这里不展开论述。

第五种流行观点称为"持久战论"，这种观点与当年毛泽东的《论持久战》有异曲同工之妙。

当前美国对华出现了战略转向，遏制中国成为重要目标。在对华的强硬上，共和党、民主党形成了合流，达成了罕见的共识。特朗普周围的决策层几乎是清一色的对华强硬派，因此在今后较长一段时期内，中美必然过招。在此意义上，中美贸易摩擦既是遭遇战，也是持久战。这场涉及上千亿美元、规模史无前例的贸易纷争，从长远的历史来看，可能是蝴蝶轻轻扇动翅膀，背后却酝酿着一场风暴。

这场贸易之争，从一开始就绝不仅仅是贸易争端，而是国际政治经济秩序主导权的争夺。对于美国来说，哪个国家的发展势头上升得快，谁的实力接近它，谁对它的霸主地位威胁大，就必然会成为被打压、遏制的对象。中国的发展速度和巨大体量，已经让美国"寝食难安"。自"二战"结束后美国登上世界霸主宝座70多年的历史上，苏联、德国和日本也都曾享受过如此被打压的"待遇"，只不过抗争的结局都是以美国如愿以偿而结束。

中美贸易之争只是一个开端，从此开启的中美新博弈将是一个长期艰苦的历程。毕竟美国手中还握有政治、军事、金融、科技、话语权等方面的相对优势。对中国而言，化解贸易摩擦、调整好与美国的关系，任重而道远。

三、中国需要冷静

特朗普当选美国总统两年来，中美关系经历了"过山车"般的变化，至今仍然方向不明。迄今为止，特朗普对中国的政策和做法发出了混乱的信号，其中既有某些始终如一的坚持，也有频频表现出来的反复无常。特朗普在竞选阶段对中国口诛笔伐，但当选后对自己之前一些耸人听闻的说法进行了修正，这种表面上的热情在2017年11月特朗普访华的盛大场面中达到高峰。

就具体政策而言，特朗普一开始并没有直接针对中国，而是以一系列动作撼动和破坏与其传统盟友的关系，包括退出《跨太平洋伙伴关系协定》（TPP）、关于气候变化的《巴黎协议》和《伊朗核问题全面协议》，先下手对加拿大、日本和欧盟产品课征关税等，以及对长期以来被视为体现西方自由国际主义理念和制度优越性的北大西洋公约组织、欧盟和北美自由贸易协定大加鞭挞。

虽然中美贸易争端只是特朗普挑起全球贸易争端的一部分，但它在媒体、学界和公众中所引起的关注却是最多的。在中国媒体上的激烈讨论中，许多人认为这是特朗普精心设计的对中国经济的"绞杀"计划，还有一些名家甚至称中美已经由此进入了"新冷战"时期。

面对如此纷繁复杂的乱象，中国更需要理性面对，特别要冷静地看到以下几点：

第一，虽然中国的经济总量排名全球第二，并且有可能在未来超越美国，但中国在政治、经济、科技、文化的全球竞争力和号召力上还不够强，特别是科技创新力仍与美国有较大的差距，许多核心的技术仍然掌握在美国手中。同时，外资公司的撤离也将延缓中国在许多高科技领域追赶的步伐，中国要想实现"中国制造2025"的战略目标还有艰难的路要走。

第二，虽然美国对中国虎视眈眈，但中国早已深度融入全球经济体系，各项战略资源和整体经济对外依存度很高，与美国进行博弈往往是两败俱伤。同时，中国对外开放的大门也不可能重新关上。

第三，尽管不少邻国在经济上对中国的依赖度较高，中国通过"一带一路"也交了不少朋友，但许多跟中国友好的国家，仍然摆脱不了对美国的依赖，或心理上的依赖，它们的政治意志在特定情况下并不完全可靠。在当今国际政治格局下，如果中美陷入长期固化的"新冷战"状态，不仅日本、韩国会更加坚定地跟着美国走，许多其他国家未必与中国同心。虽然目前中国的"一带一路"倡议取得了重大成就，团结了沿线许多国家，但中国要想在中美争端中取得大部分国家的支持，难度还是很大的，特别是世界主流国家的支持。

第四，中国虽然发展迅速，但国际环境仍然错综复杂，国内发展不平衡的矛盾仍比较突出，国内经济亦有下滑的迹象。中国要想保持此前多年的发展态势，难度不小。

第五，2017年中国人均GDP超过8800美元，还没有到1万美元，按照目前的发展速度，2022年或成高收入国家。而发达国家人均GDP一般在4万美元以上，美国是5.8万美元，欧洲有些国家则超过8万美元。从整个经济发展角度来看，中国现在仍然是个追赶者。从1万美元到4万美元，可以从发达国家寻找经验，有很多东西都要学习，学习的基础打牢了，将来才能创造出更新的东西来。我们虽然强大，但尚未成"引领者"。

此外，中国并未完全跨越中等收入陷阱。南美洲阿根廷等国家一度进入发达国家的边缘，但是此后多年一直在中等收入国家水平徘徊。中国能否成功转型有待努力。

中美之争，对美国而言也是把"双刃剑"。"杀敌一千，自损八百"。美国要想对付中国，成本太大，风险太高。因此，在很多问题上美国只能尽量同中国磋商解决，进而合情合理地重新分配利益。

其实，中、美经济各有优势，是可以互补的，但美国刻意破坏这种互补关系，同时无视中国为中美经济平衡所做的努力，这正说明美国另有企图。所以，美国施压中国的手段不断升级，变本加厉。中国不仅需要提防美国，更需要实实在在的应战策略。美国对中国的贸易制裁，不仅是经济层面的，更有心理层面的。美国试图通过贸易手段从心理上对中国实施攻击，借力"羊群效应"挤爆中国债务和房地产泡沫，摧毁中国的股市，进而打击中国经济。对美国，我们绝不能掉以轻心。

中美贸易及其他领域的争端虽然难以避免，但两国有高度依存的经济，处理不好很可能导致两败俱伤，没有赢家。中与美，都需要重视对方的核心利益，避免误读、误解、误判对方的真实意图。中国与美国的渊源颇深，最早可追溯到清朝乾隆年间。中国与美国，也并非天然的敌手，在历史上中美之间合作是大于摩擦、对抗的。

四、中美贸易摩擦不同于"冷战"

新加坡国立大学东亚研究所所长郑永年教授认为，中美贸易争端如果失控，可能"演变成技术冷战甚至新冷战，就意味着现存世界秩序的解体"。官方媒体也对此不再讳言，中央广播电视总台国际在线一篇评论文章就称，"抗击美国贸易战，对中国而言是一场'国运之战'"。

在中国崛起的过程中，最大的外部因素始终是美国，最优先要处理的也始终是中美关系。中美关系中有诸多层面，但从国际关系的角度来看，大致可以简化为两个要素：经济合作的要素与地缘政治角色的要素。对这两个要素的轻重权衡，贯穿于两国领导人如何决策开展双边关系的始终。

虽然说中美之间结构性矛盾是不可避免的，一场遏制与反遏制的斗争必然会上演，但这场贸易纷争与当年美苏之间的"冷战"无论在形态上还是在内容上都有着本质的区别。

第一，此前已论述，中美彼此高度依存，经济上你中有我、我中有你，谁也离不开谁，这种情况是当年的美苏"冷战"不可比拟的，性质亦是根本不同的。

第二，虽然美国已将中国定位为竞争对手，试图通过贸易手段对中国实施全方位的遏制，但中美之间并不具有打垮、压垮对方的根本战略目标，二者之间存在竞争，但不是生死之争。

第三，中美两国在世界贸易组织（WTO）、联合国安理会等现行国际体系机制内开展对话与合作，而非全面的对抗。目前还只能说是"贸易摩擦"，而非真实意义上的"贸易战"。

第四，当年美苏争霸，拉帮结派，分为两大敌对的阵营，彼此尖锐对抗，但目前的中美贸易争端是合作中出现的问题，而非"针尖对麦芒"的对抗。

第五，中美之间在意识形态上虽有差异，但并没有像当年美苏一样输出思想，输出战争。

我们要意识到，目前全球化的世界经济使"新冷战"不具备产生的条件。如果中美真的陷入"新冷战"，那对整个世界都将是灾难。

假如中美真的进入"新冷战"，这也意味着中国在外部环境上进入一种险恶境界，因为"冷战"必然意味着对立的双方要使用相当比重的资源来削弱对方，而不是凝聚于本国自身的建设和发展。如果这种局面发生，必然是中美两国国运的悲哀，对全世界来说也是不祥之兆。

但发生这种局面的可能性很小，世界经济进入深度的全球化，各主要经济体和所有的大国都已经卷入全球经济，形成互相依赖的局面。换句话说，中美两国的繁荣，是以对方国家经济的健康发展为前提的；削减、摧毁对方，最终牺牲的也是本国的经济和民生。因此，中美之间"冷战"的前提是不存在的，任何一方要发动这样的"冷战"，最终是无利可图的，形同自杀。而间歇发生的贸易摩擦（有时被称为"贸易战"），其实反倒是经济联系密切的贸易伙伴国之间和平博弈和沟通的方式。

五、中国有信心

作为世界上两个最大的经济体，中美关系正处于历史的十字路口。

从目前形势来看，美国肆意挥起单边加征关税"大棒"的做法，必将对经济全球化造成危害。中国站在维护多边体制和国际经贸秩序、维护中国利益的坚定立场，为捍卫自由贸易始终保持克制和理性应对。

从中长期来看，随着中美经济实力的此消彼长和经贸竞争性的增强，贸易摩擦具有长期性和日益严峻性。如管控失当，中美贸易摩擦全面升级，不排除后续扩大到金融战、经济战、资源战、地缘战等，进而美方动用贸易、金融、汇率、军事等手段全方位遏制中国崛起。今后，中国应对的就不仅仅是贸易之争，还包括经济、政治、文化、科技、网络、意识形态等领域的全方位综合实力较量。

作为世界上最大的发展中国家，中国必须做好积极应对的准备，做最坏的打算，同时也应该有足够的信心。

第一，过去40年来，中国经济年度增长有高有低，但总体保持了高速发展水平。1978~2010年，平均年增长率达到10%。从2011年起，在复杂严峻的国内外环境中，经济下行压力增大，至2016年仍然保持了平均增长7.6%的水平。2017年出现逆势回升，达到6.9%，2018年上半年同比增长6.8%。中国的经济增长来之不易，这是在国际经济发展处于低迷状况下实现的。自2008年国际金融危机以来，除2010年增长指标有些反弹外，世界经济发展一直处于低迷状态，增长缓慢，相比较而言，中国经济的高增长显得十分亮眼。

第二，中国的市场经济主体地位已经形成，市场配置资源的决定性作用正在凸显。

中美经贸摩擦标志着当前中国发展的外部环境发生了重大结构性变化，需要我们在全面总结 40 年改革开放经验的基础上，进一步加快完善社会主义市场经济体制，深化关键领域的改革开放，弱化中美经贸摩擦的"负面"冲击。

从经济体制建设的历程看，中国市场经济的主体地位已经形成。从1992 年党的十四大明确中国经济体制改革的目标是建立社会主义市场经济体制，到党的十六大提出在更大程度上发挥市场在资源配置中的基础性作用，再到党的十八届三中全会强调使市场在资源配置中起决定性作用和更好发挥政府作用，中国始终坚持市场化的改革方向不动摇，市场作为资源配置手段的地位和作用不断提升，政府职能发生深刻转变，市场活力和社会创造力明显增强。正是凭借市场经济主体地位的逐步形成和经济体制改革持续释放的微观活力，中国实现了经济的超预期发展并推动了全球经济格局的转变。联合国发布的《2018 年世界形势与展望》报告指出：中国2017 年对全球的经济贡献约占 1/3，经济总量占世界的 15% 左右。

第三，从产业政策的角度已经证明，这一政策具有指导性和现实合理性。

中国作为发展中国家重视产业政策是合乎规律的现象，而且我国的产业政策是指导性的，也没有强制性技术转让的法律规定。美国前财长萨默斯就表示，"中国的技术进步来自从中国政府巨大基础科学投资中获益的了不起的企业家们，以及来自中国精益求精、重视科学和技术的教育体制"。事实上，美国也始终没有放弃过采用产业政策这一工具，美国联邦政府的减税扶持、创新补贴、设立小企业局等直接干预市场的行为随处可见。正是产业政策持续释放的红利，使得当前美国产业依然位于全球价值链和产业链的高端、高附加值环节。抛开美国的产业政策实践，指责中国产业政策损害美国的知识产权、创新投资和技术开发以及其他世贸成员利益的言论是荒谬的。

第四，中国的国有企业性质已发生变化，已经逐渐成为自主经营、自负盈亏的市场主体。

中国国有企业市场化改革起步较早，1984 年开始推动计划经济下的国营企业向市场经济下的国有企业转化；1993 年提出进一步转换国有企业经营机制，建立适应市场经济要求的现代企业制度；党的十八届三中全会要求"积极发展混合所有制经济""以管资本为主加强国有资产监管""准确界定不同国有企业功能""国有企业要合理增加市场化选聘比例"等。40 年的市场化改革驱动着国有企业的体制机制发生了重大变化，逐步形成了有效制衡的公司法人治理结构和灵活高效的市场化经营机制，在稳增长、调结构、惠民生等方面发挥了不可替代的作用。

第五，从民营企业的角度，中国经济体制的市场化改革取得了实质性进展。

改革开放 40 年以来，中国坚持把鼓励、支持、引导非公有制经济发展的各项政策落地、落细、落实，持续优化营商环境，着力营造依法保护企业家合法权益的法治环境、促进企业家公平竞争、诚信经营的市场环境、尊重和激励企业家干事创业的社会氛围，为民营经济发展创造了新动能、新机遇、新空间。可以说，当前中国民营经济发展进入转型升级的历史新阶段。最新的全国经济普查数据显示，我国民营企业的数量占全国企业总量的 99.3%，民营经济占 GDP 总量的 66%，税收贡献率达 71%，社会就业人口占近 90%，等等。

第六，我们应该看到，中国经济增长是在主动调节速度推进结构优化质量提升基础上实现的。这个时期，大体是中国经济进入新常态，由高速增长转向高质量发展的阶段，体现了速度变化、结构优化、动能转化和质量提升的战略取向与工作要求。供给侧结构性改革是工作主线、"三去一降一补"是工作抓手，钢铁、煤炭等支撑经济发展主要产业的产能增长被抑制、削减，房地产行业存在的泡沫被挤压化解，这种状况下所取得的增长速度是相对实的，增长的质量是提升的。

第七，中国经济增长是在触及权力和利益关系的改革不断推进情况下实现的。这包括大力度推进反腐败斗争、完善国家治理体系、优化国家治理方式，包括整顿市场秩序、规范经营行为、建设信用体系，包括加强生态环境治理、推进污染防治、提升绿色循环、低碳发展水平等。其中的一些改革举措对经济的长远发展颇有益处，但对提高当前的增长速度则可能产生一定影响。

第八，中国经济增长速度与体现经济向好发展的其他重要指标保持了良性协调。除了与质量、结构、效益改善相得益彰外，物价持续保持总体较低水平、年度新增就业人数屡超计划预期、人民生活水平稳步改善、社会运行保持总体安宁稳定，这种良好状况在经济下行压力增大时是罕见的。

这些特点不仅清晰凸显了中国经济运行总体平稳、稳中向好的态势，也昭示了经济发展的持续推进、行稳致远的韧性和潜力，并给进一步看好未来中国经济发展树立起坚定的信心。

六、积极应对中美贸易摩擦

在目前复杂的条件之下，国家统计局新发布的 2018 年三季度的宏观经济数据说明，中国经济抵御住了外部因素的不利影响。因此，只要中国保持战略定力，进一步深化改革开放，按照自己的节奏把自己的事情办好，就能战胜当前的风险挑战，推动中国经济稳步迈向高质量发展。

第一，面对中美贸易摩擦，切忌心浮气躁，战略过激。

在此次中美贸易摩擦之前，国内存在一些过度膨胀和过度自信的思潮。中美贸易摩擦无异于是最好的清醒剂，必须清醒地认识到中国在科技创新、高端制造、金融服务、大学教育、关键核心技术、军事实力等领域跟美国的巨大差距，中国新经济繁荣大部分是基于科技应用但是基础技术研发存在明显"短板"，我们必须继续保持谦虚学习的态度，必须继续保持韬光养晦的心性，必须坚定不移地推动新一轮改革开放。从这个意义上，此次中美贸易摩擦未必是坏事，转危为安，化压力为动力。

第二，继续广交朋友，对外进一步与各国结缘。

中国应该联合东盟、南美、非洲与"一带一路"沿线国家，与欧盟、日韩积极开展双边合作和自贸区谈判，寻求 WTO 等国际协调机制，避免贸易摩擦升级扩大。

中国要妥善应对单边主义和保护主义，继续实施市场多元化战略，降低对美国市场的依赖度，深入推进贸易便利化改革，积极扩大出口，多角度降低贸易成本。稳外资，既要推动落实扩大开放、大幅放宽市场准入的重大举措，又要通过制度创新，加快形成法治化、国际化、便利化的营商环境，保护在华外资企业合法权益，在知识产权、政府采购、产业优惠政策等方面保障外资参与公平竞争。要按照国际高标准市场开放模式深化自贸区改革，赋予自贸区更大的改革自主权。加快推进中国特色自由贸易港建设，推动国家级经济开发区、边境经济合作区和跨境经济合作区等平台建设。

第三，考虑降低关税，扩大进口，培育出一个更加丰富的中产阶层市场。

中国是全球第二大进口国，每年的进口总额达 2 万亿美元，占中国 GDP 的 20% 左右，所以中国进口的全球领先地位毋庸置疑。习近平主席在讲话中提出，"中国不以追求贸易顺差为目标，真诚希望扩大进口，促进经常项目收支平衡"。同时，特朗普总统也明确表示美方希望扩大对中国的出口。

第四，国有企业改革需要进一步深化。国有企业具有技术和资金优势，但是部分低效的国企如果不改革，长期下来可能会影响经济发展。只有把国有企业的激励搞对、进行混合所有制改革，同时引入适当的竞争，才可能把国有企业的积极性真正调动起来，提高国有资本配置和运行的效率。

第五，大力发展民营企业，毫不动摇地鼓励、支持、引导非公有制经济发展。

刘鹤副总理就当前经济金融热点问题接受记者采访时表示，民营经济在整个经济体系中占有重要地位，贡献了 50% 以上的税收、60% 以上的 GDP、70% 以上的技术创新、80% 以上的城镇劳动就业、90% 以上的新增就业和企业数量。如果没有民营企业的发展，就没有整个经济的稳定发展；如果没有高质量的民营企业体系，就没有现代产业体系，支持民营企业发展就是支持整个国民经济的发展。

第六，与民休息，轻徭薄赋。目前，企业的税负还是比较沉重，进一步减税很有必要。

第七，提振士气，坚定信心。世界银行 2018 年 6 月发布的《全球经济展望》预计，受消费增长强劲等利好因素带动，2018 年中国经济预计增长 6.5%，比 1 月的预测值上调 0.1 个百分点。另外，国际货币基金组织 2018 年 7 月底发布的最新年度评估报告认为，中国经济继续保持强劲发展势头，预计 2018 年经济增长率为 6.6%。这些折射出国际社会对中国经济的良好预期。

第八，加强负面清单管理制度。负面清单的核心是"法无禁止即可为"。使用负面清单的原则会使内资企业和外资企业都具有更广泛、更自由的运营空间，对改善整个中国的投资环境来说是非常正面的影响。中国在这方面已经取得了成绩，我们可以看到经过 12 个自由贸易区的试验，负面清单已经成为大家广为接受的一种运作模式。负面清单的概念已经深入人心，它的实施有利于改善中国的投资环境，有利于国际化和国际业务的发展。

第九，更深入地成为国际体系和国际规则的维护者。现行的国际秩序虽然也有不合理之处，但其基本精神是维护世界和平和促进自由贸易，并推动国际社会的法治化。这些特点给世界各国（尤其是小国）带来一定的确定性和公平性。如果中国言行一致地表现为体系的维护者，也容易得到各国拥护。当然，中国应该维护的是这个体系的规则，尤其是那些维护世界和平安全和自由贸易的规则，而不是美国必然的霸主地位。

第十，扩大开放，惠及中国，惠及世界。

第十一，保持战略定力。继续按照我国的进程和需要，进行改革开放，不要被外部因素打乱了节奏，不要乱了自己的阵脚。

第十二，加强国际和国内舆论的引导。国际上，我国应站在维护贸易自由化和全球的道德制高点，并在 WTO 框架内对美国对华贸易制裁进行抗议，要求仲裁。在国内，要注意避免激进的民族主义抬头，影响我国改革开放的进程。

第十三，以明确的语言向美国（以及整个国际社会）阐述中国的战略目标，提出合理要求，让对方知道自己的期待和底线。

第十四，对于特朗普政府挑起的贸易摩擦，可尽量"让利不让理"。美方提出的关于贸易的要求，我们可以做出一些让步。比如，我们可以多进口一些美国产品，市场开放的步伐和领域根据我们自己的节奏和目标加快、加大，这就是"让利"。但是我们要坚持 WTO 原则，维护国家利益，这就是"不让理"。此外，必要时可采取反制措施。我们以和为贵，但不能一味示弱。如果我国对美国商品加征进口关税，这些产品的出口量减少，同时会使其国内生产者蒙受损失。同时，美国关税提高后，其国内进口商品的价格增长，最终成本要由美国民众承担。美国的进口商品消费者和出口商品生产者都将受到损失，这有可能改变美国选民对贸易制裁的态度。

第十五，积极参与多边谈判机制。在 WTO 规则里面，中国与美国等发达经济体谈判，可以想象那将是一个非常艰苦的过程，因为美国一定会提出很多要求。如果谈到最后能够保住多边体系，把美国也"拉"回来，将是一种比较理想的状态。关于特朗普政府的经贸政策，一般人认为他要"退群"。但商人出身的特朗普，喜欢极限施压，但目的未必是要搞僵。因此，"退群"的说法有些道理，但是他真正想要的不是"退群"，而是想以退为进，确立新的规则，来约束其他国家，实现美国利益最大化。

目　录

第一章

中美"新冷战"？

人生是荒谬的，意义在于选择。

——加缪

但凡不能杀死你的，最终都会使你更强大。

——尼采

第一节 五问中美贸易争端

一、"龙"与"鹰"开撕，中美贸易摩擦缘何升级？

在今后很长一段时期，中美将在各个领域展开全面竞争，经济将是竞争最为激烈的领域，贸易摩擦也将长期化、常态化。

美国与中国发生贸易摩擦，其理由如下：中国对美长期保持大量贸易顺差；中国不遵守 WTO 承诺；中国通过不公正手段取得美国技术。美国政府内部或因利益不同或因认知不同，对上述三点的侧重各有不同。例如，特朗普在前期强调美国对中国的贸易逆差，而白宫贸易顾问纳瓦罗（Peter Navarro）和美国贸易代表莱特希泽（Robert Lighthizer）等则始终强调所谓的"结构性"问题，如中国以"不正当手段窃取美国技术"等。

中国前外交部副部长何亚非撰文指出："美国对华贸易战的直接起因是中美贸易失衡，深层次地缘政治考虑则是复制美国对日贸易战的成功模式，遏制中国经济和科技发展……贸易战是地缘政治遏制（中国）的第一步，包括发展模式、意识形态、文化文明等冲突在内的霸权国家与新兴大国就世界秩序、国际规则展开的博弈，才是症结所在。因此不能抱有幻想，以为解决了贸易逆差便万事大吉。"

对于中美贸易争端，亦有经济学家警告，中美在贸易上的纠纷有可能导致政治及军事局势紧张，演变成"真实的战争"，更有可能影响世界经济稳定。

中美贸易摩擦从开始贸易舆论战到真刀真枪互相针对，但真实的中美贸易情况又是如何呢?

据报道，美国商务部于当地时间 2018 年 9 月 5 日发布的 7 月贸易统计显示，美对华出口 110.26 亿美元，环比下降 8.2%；从中国的进口额增长 1.6%，美对华贸易逆差达 341.35 亿美元，增长 5.2%。与之相对应的是，美国 7 月进口额增长 0.9%，达到 2122.46 亿美元，创历史新高，出口则减少 1.6%。

也就是说，美国对华出口剧降，从中国进口增长了 1.6%，贸易顺差增加了 5.2%。这些数据表明，中美贸易争端对彼此都有伤害，不但导致了美国对华出口的大减，也导致了中国对美出口增速的下降。然而，特朗普的目的——降低对华贸易逆差不但没有好转，反而进一步恶化。由此可以看出，贸易摩擦对中美来说都有损失，但从数据上看，对美国似乎更加不利。

中美贸易摩擦就短期而言，由于中国对美部分商品出口增长速度放慢，会影响到中国的出口企业。但是，由于美国不断增加中国商品的关税，这些关税给美国经济带来成本的增加，会最终转嫁到美国民众身上，因此，美国未来承受的压力亦会越来越大。根据中国人民大学重阳研究院高级研究员罗思义的评估，中美贸易战最终会让美国民众的年生活成本人均提升 850 美元。

在中美贸易争端问题上，美国的目的是要通过极限施压，迫使中国向美国屈服。特朗普的总统高级经济顾问拉里·库德洛曾表示，中国经济"看上去非常糟糕，每况愈下"，宣称美国"正在击垮中国，迎来真正的繁荣"。库德洛这种观点在特朗普的智囊团中是占主流的，他们错误地认为中国经济濒临危机，只要他们发起对中国的贸易攻势，如果中国不投降就范，中国经济就会支撑不住。正是在这种认知下，特朗普政府才会不断升级贸易争端。

美国经济的韧性，靠的是美国在全球经济中掌握的规则话语权，这些话语权包括政治、经贸、军事、科技、金融、投资等。中国经济的韧性在于中国的工业链完整程度、中国市场的规模和潜力、中国的高储蓄率、中国政府掌握的资源水平、中国对全球发展中国家的经济影响力日渐增强。

中美当前的战略互疑、紧张和冲突，是基于两个方面的认知：一是因为中国自身实力迅速接近美国而引发"权力转移"的焦虑，二是中美双方经济模式的差异所引发的"交易公平"的抱怨。

应该看到，之所以目前中美贸易摩擦不断升级恶化，直接原因是美方特别是特朗普当局急于解决中美贸易失衡。当然，根本性的原因则是美国的战略认知发生变化，视中国为对手或潜在对手。

2000年小布什就任美国总统后，迫不及待地将中国定位为"战略竞争者"，并开始采取措施实施克林顿政府后期就渐现苗头的对华"制衡"（hedging）策略。但旋即发生的"9·11"事件迫使布什政府几乎全力转入反恐，在阿富汗和伊拉克发动的两场战争使美国十年时间无暇东顾，这给了中国一段极为珍贵的发展期。

奥巴马上台后，美国基本放弃了将反恐作为第一要务的政策，奥巴马推行的"重返亚洲"或者"亚洲再平衡"政策，通过军事、经济和政治外交"三条腿"并行。军事上，美国要将60%的军力配置在亚太（以前在欧洲）；经济上，通过泛太平洋自贸协定（TPP）以几乎全新的高标准贸易规则在亚太建立一个美国主导的高端一体化市场，并将中国排斥在外；政治外交上，以"巧实力"（smartpower）外交巧妙利用亚洲邻国对中国崛起的不确定感，强化这些国家对美国的安全依赖和对中国的恐惧心理，并寻求与它们建立一个新的地区安全架构。

此外，中国在这两年也发起了金砖银行、亚投行、"一带一路"、亚信会议等项目，以积极主动的姿态回应美国的亚太再平衡战略。这些措施虽然刚刚开始，但已颇有气势，已经在某种程度上弱化了美国在全球经济体系中的霸主地位。

过去几十年来,美国虽然时有犹豫,但总体上奉行了引导中国进入美国所主导的国际体系这一基本战略。奥巴马政府的"亚太再平衡"政策,虽然被广泛解读为是为了制衡中国,但美国政府从未如此公开宣称,与此相关的决策意图也并未披露。但在最近几年来,无论是美国各大智库的研究报告还是美国政府重要官员的发言,都显示在美国政治和学术界,正在形成一个对中国"强硬"的共识。

最近发表的美国外交关系委员会的一份报告称美国在过去数十载实行的对华接触引导战略已经失败,中国既不太可能演变成一个美国所期待的自由民主国家,也不可能心甘情愿地在现有国际体系内部安然接受美国的领导。因此,美国视中国为对手或潜在对手的战略认知,是中美贸易摩擦产生的根本性原因。而中美贸易的失衡则是直接性原因。

二、美国对华贸易逆差原因何在?

美国对华贸易失衡确实存在,表现在中美巨大的贸易逆差上。特朗普称美国对中国的贸易逆差每年有 5000 亿美元。按美国官方统计,2017 年美中贸易逆差 3752 亿美元;但根据中国海关统计,中美货物贸易顺差为 2758 亿美元,中美服务贸易则为逆差。事实上,贸易逆差并没有美国说的那么大。

什么原因导致中美两国贸易差额统计出现如此大的差异?

第一,统计口径不一致。

一种流行的解释是中国对美出口中包含了大量的中间产品。这些中间产品其实是其他国家(包括美国自己)对美国的出口,但在美国的统计中,这些中间产品都算在中国头上了。我们常常喜欢以苹果手机为例,说明如果将此类中间产品从出口总额中去掉,美国对华贸易逆差将至少减少一半。

但这种解释是有问题的。中国对美出口中包含大量来自其他国家中间产品这一事实,对中美贸易差额的计算并无影响。假设中国对美国出口是 2700 亿美元,进口为零,即便在这 2700 亿美元中包含了 1800 亿美元的来自其他国家的进口,中国对美出口顺差仍然是 2700 亿美元。

造成中美统计差别如此之大的真正原因是什么？

除了一般的误差与遗漏，按传统的解释，原因有二：一是美国把中国香港转口贸易额笼统地计算在中美贸易之中，但实际上有很大比例应归于中国之外其他国家或地区通过中国香港的贸易转口。二是美国在计算对中国的进、出口时，出口金额按离岸价格计算，进口金额按到岸价格计算，出口不包含装卸、运输和保险等费用（减少出口收入），进口的装卸、运输和保险等费用全部算作自己的进口支出（增加进口支出）。这种计算方式也人为地增加了中国对美国的贸易顺差。

至于中国对美的出口大多是最终制成品，在出口品中包含了大量来自其他国家特别是东亚国家的中间产品和美国的产品（如苹果手机中的芯片等）这一事实，能说明的是：第一，对外贸易中的许多利益，例如就业创造，是由其他国家而不是中国获得；第二，贸易差额是多边问题，双边贸易差额是由比较利益所决定的全球生产价值链的地区分布决定的。贸易平衡应该是总体平衡而不是双边平衡。例如，美国如果希望减少贸易逆差，就应该首先解决国内储蓄不足问题。即便中国因美国的贸易保护主义措施而对美出口锐减，中国的出口空缺也会被其他一些类似国家所填补，不同的是美国可能要为质量较低的进口商品支付更高价格。

第二，与美国的科技优势及产业链布局有关。

美国的科技优势及在全球产业链所处的高端位置，决定了美国在长期保持贸易逆差的同时，仍能成为经济全球化的最大受益国。美国长期居于全球产业链的顶端，在高端芯片等核心技术、高端制造业和金融等高增值服务业上一直占据世界领先甚至垄断地位，因此获取了整个产业链的大部分利润。而广大发展中国家承接的是生产加工组装等低附加值环节，只得到小部分利润。发展中国家出口到美国的货物中，劳动密集型产品和低附加值产品占很大比重。美国可以用少量的高附加值产品交换大量的低附加值产品。所以，认为贸易顺差一方占便宜、贸易逆差一方吃亏，这是一种错误的认知。一国从贸易中获得的收益并非只来源于数量和顺差，更取决于贸易的结构和质量（附加值和利润）。正如国际货币基金组织首席经济学家奥布斯特费尔德所说:"双边贸易结构反映的是基于各国比较优势的国际劳动分工。将一国总体贸易顺差等同于贸易福利是错误的,将双边贸易逆差视为从贸易中失利更是错上加错。"

第三,与美国限制高科技产品出口有关。

美国应该放行高技术产品对中国的出口。美国要想削减对中国的贸易逆差,有一条捷径:解除对中国出口高技术产品的禁令。美国能卖给中国的产品有限,不要指望中国能够从美国大量购买中国不需要的、性价比并不高的美国产品。

第四,美国部分企业竞争力下降。

美国在中国的出口产品上并没有比较优势,这并不是和中国争,而是和全球所有的国家和地区争。不允许中国商品进入美国,那么越南、柬埔寨、印度尼西亚等国制造的商品照样也会进入美国,这只不过是钱让中国挣还是让其他国家挣的问题。

限制中国商品出口后,美国民众不得不付出更高的价格买别国商品。消费价格上升,引起通货膨胀,真实的购买力会下降,这也是一件坏事。如果中美贸易摩擦的范围扩大到生活用品、日用消费品上,对美国民众的影响将会是很明显的。

第五,美国国内储蓄力不足的原因。

有国内学者认为,国内储蓄不足、投资大于储蓄的状况,也使美国保持长期贸易逆差具有必然性。统计数据显示,美国贸易逆差与其投资大于储蓄呈现正相关关系。在1971~2017年的47年中,除了1973年和1975年货物贸易顺差的年份储蓄率(总储蓄占国民总收入的比重)略高于投资率(投资总额占国内生产总值的比重),其余年份都是投资率高于储蓄率。投资率与储蓄率差距越大的年份,贸易逆差也越大。美国著名经济学家斯蒂格利茨也指出,"美国的问题不在于中国,而在于国内储蓄率太低了","如果美国的国内投资仍然高于储蓄,就必须进口资本,并产生巨额贸易逆差"。2017年美国国债总规模达到20万亿美元(其中6万亿美元为外债)。据美国国会预算办公室估算,到2020年美国财政赤字将超过1万亿美元。

可见，美国减少贸易逆差的出路不是挑起贸易战，而是提高国内储蓄率，并减少财政赤字和负债规模。

第六，贸易逆差是一个多边问题，不能仅从双边角度来看。

虽然中国对美国存在贸易顺差，但中国在一段时期内对包括日本在内的其他亚洲国家也有大量的贸易逆差。目前中国总体的贸易顺差占 GDP 的 1.4%，并不高，仅从中美双边的角度思考、讨论、解释贸易逆差问题，得不到合理解决办法。如果美国强迫中国减少对美国的贸易顺差，中国只能减少从其他国家的贸易逆差，这不但对整个世界的经济发展会产生影响，而且对国际分工体系和生产网络价值链的正常运转都将产生破坏性影响。

从国际收支平衡关系的角度，凡是经常项目顺差国都是资本输出国。自 20 世纪 90 年代初中国就对美国维持经常项目顺差（贸易差额+投资收入差额）。换句话说，自 20 世纪 90 年代初中国就对美国输出资本。美国精英阶层对此都非常清楚，中国对美输出廉价商品，反过来又把所赚到的美元用于购买美国国库券，美国得到了双重好处。

但是也应该看到，全球化、特定的国际分工格局对一国不同阶级、阶层、行业的利益分配格局是有重要影响的。美国蓝领并未享受到全球化、国际化和贸易自由化的好处，因而中国这样的国家对他们造成的竞争压力让其心生怨恨。美国政府不愿意通过收入政策调节收入分配格局，于是把矛头转向中国，转移美国蓝领的不满。显然，美国的国内政治格局要求特朗普发动一场对中国的贸易挑战。

中国为平衡国际收支做出了巨大努力，实现了基本平衡。中国的经常项目顺差与 GDP 的比值在 2007 年接近 11%，在 2017 年已降为 1.4%，比诸如德国这样的发达国家都平衡得多。如果在过去批评中国存在重商主义倾向不无道理，但现在情况已经发生了基本变化。甚至像克鲁格曼这样曾不遗余力地批评中国搞重商主义的人也承认，重商主义的"帽子"已经戴不到中国头上了。

三、与狼共舞，美国为什么要制造贸易摩擦？

其实，贸易争端的出现与特朗普一贯坚持的政治理念和经济思想密切相关，这是基于这种理念及思想的影响所做出的一项决定。从大格局来看，这更是特朗普的一种战略行为。自 2016 年美国总统大选以来，他奉行的思想主张无不体现了美国至上、美国贸易保护主义和单边主义的理念，其目的是让美国再次强大起来。在全球经济一体化的大趋势下，这种贸易保护主义政策势必会给国与国之间的贸易往来、经济交流与合作带来巨大的影响。

那么，美国为什么要制造贸易摩擦？主要有以下几方面的原因。

第一，阻止中国拥有科学与技术话语权。"二战"之前科学与技术话语权掌握在德国，"二战"之后美国取得话语权。我国发展颠覆性和原创技术让美国感到不安。

第二，美国开始逆全球化。第一次经济全球化是 1750～1950 年，是以英、法、荷等欧洲列强以殖民的方式实现的全球化。第二次经济全球化从 1950 年到现在，是以美国为主导的，通过自由贸易理论建立的美式全球化。但到了近几年，美国人开始认为，在全球化中，美国利益受损，中国则受益。美国年财政赤字、贸易逆差不断扩大。美国蓝领工人 20 年没涨过工资，基础设施破旧没钱修，美国有 1/3 人口没出过国。特朗普代表了美国多数选民，代表了孤立主义，特朗普要做的事情就是要反全球化。希拉里代表华尔街，华尔街是支持全球化的，但在美国是少数。

第三，制造中美贸易摩擦，是特朗普当局服务于美国中期选举的需要。

第四，基于战略遏制的目的。"二战"后，美国成为西方世界的主导国。"冷战"结束后，美国以遥遥领先他国的科技、经济、军事、金融实力成为世界唯一超级大国。为了维护其世界霸权地位，美国一直防范任何可能超越它的国家，当年的苏联、日本都曾遭到美国多措并举的遏制。随着中国经济快速发展和综合国力上升，美国对华认知与情绪全面转向，重新定义了中美关系。2018 年美国国防战略报告提出，"国家间的战略竞争现在是美国国家安全的首要问题"，把中国定义为美国长期的"战略竞争对手"。这一报告还提出，经济安全是国家安全的基础。2018 年 8 月 13 日，美国总统签署了《2019 财年国防授权法案》，其中包含两个重要法案：《出口管制改革法案》和《外国投资风险审查现代化法案》，进一步加强了高技术出口限制和防范外国企业通过投资获取技术。因此，贸易制裁不仅是美国获取更多经济利益的手段，也是美国遏制中国的重要手段。美国加征关税的 500亿美元中国出口产品，主要针对的是"中国制造 2025"中包含的高科技领域，反映了美国遏制中国技术追赶的意图。

第五，基于模式打压。美国从维护其全球霸权的角度出发，对中国发展模式横加指责。美国称中国发展模式是"国家资本主义"，指责中国对外商投资企业存在强制性技术转让要求、中国支持企业"走出去"是获取先进技术的政府行为、中国政府支持网络盗取美国商业机密与知识产权，肆意批评中国实行产业政策。

其实，美国从建国以来，一直在实质上实行产业政策。美国首任财政部长汉密尔顿提出了促进制造业发展计划，是产业保护政策的始作俑者。近年来，美国政府仍然出台了大量产业政策，如《重振美国制造业框架》（2009）、《先进制造业国家战略计划》（2012）、《国家制造业创新网络（NNMI）项目战略计划》（2016）等。美国在自己推行产业政策的同时，却对别国的产业政策横加指责，称中国是国际规则的"修正主义"，挑战了美国主导的国际经贸体系。为此，美国在制造贸易摩擦时施展出舆论战、关税战、科技战等"组合拳"，逼迫中国改变原有发展模式。不难看出，美方制造贸易摩擦的动机是多元的。

四、危险临近，中美关系的挑战来自何方？

中美两国新型大国关系提出的背景，就是随着中国快速发展，中美两国实力差距在快速地缩小。在美国看来，中国的经济发展有可能在 10 年到20 年内超过它。随之，综合实力也会追赶它，这让美国产生危机感：中国会不会挑战它的老大地位？在国际关系史中，有"修昔底德陷阱"这种说法，美国"进攻性现实主义"的学派也有大国政治悲剧一说。米尔斯海默写过《大国政治悲剧》一书，宣扬崛起大国跟现有的守成大国肯定要走向冲突甚至战争，这是一个国际关系中的定律、铁律，似乎是无法违背的。

中国主动提出构建新型大国关系，就是想破解"修昔底德陷阱"，就是不要重演这个悲剧。

美国实际上也明白，如果两国走向对抗、冲突，对两国来说是两败俱伤，它的地位肯定会更早衰落。这从修昔底德的《伯罗奔尼撒战争史》就可以看得很清楚，斯巴达跟雅典对抗，最后两败俱伤。

目前，中国越是临近两个百年目标的实现，美国的危机感越强，对中国的遏制也会越猛烈，两国的竞争就会越激烈。美国战略家哈斯说，外交始于国内，但又不是终于国内。国家间竞争归根结底还是要拼经济，这也正是特朗普作为总统准备做的事情。"美国第一"也好，"美国优先"也好，其核心都是经济利益。

特朗普在外交政策上的调整，必将引起国际格局深刻变化：一是中美俄"大三角"面临进一步调整；二是中美在亚太的互动面临新的不确定因素；三是美国军事同盟关系的调整会对我们发展与欧、印、日、韩及其他国家关系带来新的挑战和机遇。此外，中国也要准备在自己周边面对一些可能出现的新变化。

特朗普执政方式、决策风格的不确定性增加了改善中美关系的风险。特别是在国际和地区热点问题的处理上，两国需要建立起新的互动模式，这一调整的过程不会是一帆风顺的。

目前，美方挑起经贸摩擦所带来的紧张感和不确定性开始向其他领域蔓延，也让本已存在多重挑战的世界面对更大压力。在国际层面，地缘政治和大国竞争重登台面，同民粹主义、保护主义杂糅在一起，像数把利剑划破国际社会在经济全球化浪潮中形成的紧密联系，颇有要将世界拖回到20世纪上半叶的动荡状态之势。

美国作为经济全球化和全球治理体系的主导者，却以受害者姿态对中国提出指责，认为中国的成功是建立在绑架美国利益、使美国"吃亏"的基础上。事实上，美国是经济全球化的头号受益者。根据世界银行按美元现价所做的统计，全球国内生产总值（GDP）在1990年是22.57万亿美元，到2017年达到80.68万亿美元。同期，美国的GDP从5.98万亿美元增长到 19.39 万亿美元,中国从 0.36 万亿美元增长到 12.24 万亿美元;同期,美国人均 GDP 从 2.39 万美元增长到 5.95 万美元,中国从 318 美元增长到 8827 美元。

遍布世界的美国跨国公司获得了巨额利润,美国企业利用海外低成本加工制造和低价进口以及全球美元环流维持的经济繁荣和民生基准,很难用具体的量化数据来衡量。

美国一些人从霸权思维出发,认定中国成长起来后必定要挑战其世界霸主地位,如果现在不进行打压,以后恐怕就来不及了。现在已经看到美国在技术、标准、人员交往等层面试图对中国进行限制的动向。这导致中美关系面临困难的选择:其一,是相互"脱钩",进而导致全球经济体系的割裂,还是相互解决彼此关切的问题,继续在同一个全球经济体系内谋求共赢?其二,是相互防范与制约轮番升级,逐渐走向全面对抗,还是经过磨合、调整,实现良性竞争与合作的新型关系模式?

目前,美方释放的舆论和采取的政策措施,似乎试图刺激和迫使中国选择"脱钩"与对抗,更有些人巴不得中国主动卷入代价高昂的世界权力博弈。究其原因,无非是阻碍中国的追赶步伐,至少拉长追赶的时间。然而,中美已在同一全球经济体系内合作 40 年,都在全球资源配置和产业、价值链上拥有无可替代的地位,相互也建立了全方位联系。即便中美真要"脱钩"也不可能立竿见影,而是要经历长期而痛苦的过程,对双方的经济和人民的福祉乃至全球经济可能造成损害,恐怕是世界难以承受之重。

对中美关系来说,重要的是控制住矛盾的扩散,维护合作根基,避免被裹挟进所谓的世界霸权之争,确保国家发展的外部环境不被破坏。

五、危机四伏,中美是否已成"新冷战"?

就中美贸易摩擦是否已构成"新冷战",有一种说法是"新冷战"或在形成。如果有所谓"新冷战",那与美苏"冷战"不同的是,中美关系成为国家关系主线,牵一发而动全身。中美关系不同于美苏关系,首先它不是两个平行线,而是相互依存、相互融合、相互塑造、相互影响。其次阵营不清晰，中国不是类似于苏东阵营某个集团的领导者，中国明确表示不搞集团政治，坚持不结盟政策，美国也不一定能够组成"冷战"时期那样鲜明的集团。因此，如果有所谓"新冷战"，其冲突或竞争的形态很可能更加多样化与多元化。

中美相互依存应该可以避免中美形成传统"冷战"，这是与美苏时期的最大区别。然而，鼓吹对华"冷战"的声音在美国从来就没有停止过，甚至在中国也有些人热衷于跟风吆喝。自从中国成为世界第二大经济体之后，美国一些政治精英鼓动了一波又一波的对华政策大辩论，集中的论调就是中美关系正常化以来，随着中国的发展日益对美国的世界领导地位形成挑战和威胁，中美关系已走到临界点，应该对中国采取规范、制约和遏制的措施。特朗普当选美国第45任总统，让"冷战"精英们感觉时机已到，于是他们大肆鼓吹中国已成为美国的头号战略竞争对手。特朗普总统与这些政治精英相互影响、相互利用，一时间对华贸易战和从战略上遏制中国的"冷战"喧嚣，严重影响了中美关系的正常氛围。

传统的"冷战"，双方关系的对抗性极强。"冷战"双方，尤其是挑起"冷战"的一方，以攻击对方制度、否定对方价值观、诋毁对方影响、削弱对方力量、颠覆对方政权为出发点和最高目标。美国借这些手段加速了苏联的消亡和分裂。时代不同了，产生"冷战"的诸因素中，制度的不同可以说是形成对抗的最基本因素，但已不是唯一的和决定性的。价值观和利益也都可以说与制度因素同等重要，但都不是唯一的和决定性的。

今天的社会已不是乔治·凯南所在的那个年代，应该注意到，全球化、信息化、产业链、价值链已成为不可阻挡的历史发展潮流，"冷战"与你中有我、我中有你的国际社会格格不入。

在地缘经济和地缘安全问题上，同美国一样，中国也拥有自己广阔的战略纵深。在地缘战略的总体环境上，当今中国可能显得比美国越来越有优势。在2018年G7峰会和北约峰会上，特朗普总统忙不停地在内部进行"清理""算账"，处处树敌。而中国虽然奉行不结盟政策，但与世界许多国家已经形成各有特色的合作伙伴关系，共谋发展。

第二节 中美经济冷观察

一、"筷子兄弟",中美经济互相依赖

2017年10月15日,当法国第二大报《世界报》在头版印出超大汉字"中国,强国崛起"时,很多人震惊了。紧接着进入11月,先是德国《明镜周刊》用汉语拼音"xing lai"(醒来)作为封面标题,后有美国《时代》杂志封面以中英文写着"中国赢了"。尽管相关文章对中国的偏见依旧,其出奇一致的画风却表明中国崛起已成为他们不得不面对的现实。这意味着中国影响力的扩大,同时也意味着不少西方人士感到不适。因此,当澳大利亚指责中国"渗透"时,美欧一些国家随之呼应;当美国一家智库针对性地创造出"锐实力"这个新名词时,西方媒体不约而同地跟进。"软实力"变成"锐实力",中国经济"独善其身",中资并购值得警惕,"中国模式"挑战普世价值……凡此种种,似乎崛起的中国正对这个世界构成各种"威胁"。

然而,在全球化时代,国家之间的利益不再是"零和"博弈,而是复杂的互相依赖关系。中美两国的关系与历史上"老大""老二"之间的冲突截然不同。全球化浪潮席卷而来,这是中美构建新型大国关系的时代背景。在全球化浪潮的冲击下,中美两国经济上的互相依存将彼此的国家利益变得无法彻底剥离。如今中美两国的高低端经济互相依存,美国各大公司又在中国存有重大的经济利益,情况与过去迥然不同。

中美两国属于同一个开放的市场经济环境。同1978年相比,中美贸易额增长了300多倍,中美经贸关系发展成为世界最大的双边经贸关系之一。中美已经互为第一大贸易伙伴国,两国人民都从中受益。中国正在推进供给侧结构性改革,不断扩大内需,服务业占国民经济比重不断提高,中国

经济将保持良好发展势头，中美加强经贸合作前景广阔。

据统计，2016 年中美双向投资累计已超过 1700 亿美元。中美经贸合作的活力源自双方经济的互补性，其结果是互利共赢。

一段时期以来，如何看待中美经贸关系，成为国际上特别是美国国内舆论关注的焦点。面对形形色色的说法，要想看清真相、把握主流，不妨从数据出发，对中美经贸往来的现实情况做一番细致梳理。

先看贸易领域。中美贸易联系非常紧密，中国已成为美国第一大贸易伙伴，美国是中国第二大贸易伙伴。据海关统计，2018 年前三季度，中国对美国进出口 3.06 万亿元，同比增长 6.5%，占中国外贸总值的 13.8%，美国仍为中国第二大贸易伙伴。其中，对美出口 2.27 万亿元，增长 7.4%；从美进口 7981.3 亿元，增长 3.8%。2018 年 9 月当月，中国对美国进出口 4055.4 亿元，增长 13.1%。其中，对美出口 3193.1 亿元，增长 16.6%；从美进口 862.3 亿元，增长 1.6%。

海关总署新闻发言人、统计分析司司长李魁文指出，总体来看，中美双边贸易互补性比较强，市场选择已让两国形成"你中有我，我中有你"的利益格局。中国有完整的产业链和强大的制造能力，美国市场对中国制造的产品也有比较强的依赖性。

1979 年中美建交时，双边贸易额只有 25 亿美元。到 2016 年，中美之间的贸易额达到 5196 亿美元，增长近 207 倍。中美贸易的活力源自双方经济的互补性，其结果是互利共赢。美国出口的 26% 的波音飞机、56% 的大豆、16% 的汽车、15% 的集成电路，目的地都是中国。早些时候，有中国电商企业提出，要为 100 万美国民众解决就业问题，其逻辑同样是要在中国日益扩大的消费市场和美国生产者之间建立起更紧密的联系。

然而，面对中美贸易的蓬勃活力，美国总喜欢拿中国的贸易顺差说事，渲染所谓中国经济在挖美国经济墙脚、抢美国百姓饭碗的论调。

中国对美国贸易存在顺差，这是由两国不同经济结构造成的。不久前，耶鲁大学高级研究员史蒂芬·罗奇明确地指出，美国与 101 个国家之间都存在贸易逆差。其实，中国对美国贸易存在顺差，并不意味着中国受益、美国受损。对美国消费者而言，中美贸易可帮助美国家庭一年节省超过850美元。在企业层面，有研究发现，中国对美国贸易顺差中，大约40%是由在华经营的美国公司创造的，另有20%是其他在华经营的外资公司创造的。同时，在中国不少外贸行业，中国企业生产的产品利润90%以上是美国企业拿走了。更何况随着中美经济各自进一步转型，双方贸易结构也在发生转变。最近10年，美国对中国出口年均增长11%，而中国对美国出口年均增长只有6.6%。如今，中美服务贸易额已超过1000亿美元，其中美方对华保持顺差。

再看投资领域。2016年，中美双向投资累计已超过1700亿美元。中美相互投资，本是增加各自经济活力、促进各自就业的好事，但也有人始终戴着有色眼镜，一方面对中国投资环境指指点点，另一方面又毫无根据地把中国对美国投资看成一种威胁。

截至2016年底，美国对华投资项目累计达到6.7万个，实际投入资金将近800亿美元，分别占中国已批外资企业和实际利用外资的7.8%和4.5%。美中贸易全国委员会2016年10月发布的中国商业环境调查报告显示，90%的美资企业在中国实现了盈利。随着中国对外开放的力度进一步加大，美国企业在华投资的机会只会进一步增多，营商环境只会进一步改善。

另外，中国投资给美国经济带来的益处是实实在在的。例如，美国汽车城底特律前几年陷入破产，甚至被美国人称作"鬼城"，但中国投资却给这座城市带来了新的活力。2016年，密歇根州在底特律成立"密歇根中国创新中心"，如今中国企业在该州的投资已超过30亿美元。从整体看，到2016年底，中国企业在美国累计非金融类直接投资已经将近500亿美元，遍布美国44个州，创造了近10万个就业岗位。

以全球视角来看，中国和美国是最大的发展中国家、最大的发达国家和世界前两大经济体，两国人口总和占世界人口近1/4，两国经济总量约占世界1/3，双边贸易额占世界1/5。中美发展长期健康稳定的合作关系，不仅符合两国人民的切身利益，而且是世界的共同期待。

在中美投资关系领域，美国对中国投资占主体的情况持续了数十年。

进入 21 世纪，中美投资越来越呈现双向互动、共赢共生的新特色。尤其是近年来，随着中企对美投资迅速增长，中美双向投资规模显著扩大，对全球产业的引领作用也逐步显现。

根据美国美中关系全国委员会的数据，2016 年，中美两国双向直接投资额达约 600 亿美元，创历史新高。其中，中国企业在美直接投资近 460 亿美元，较 2015 年猛增两倍。

除了投资规模猛增，中美投资合作呈现的一些新趋势更令人印象深刻：双方投资领域不断扩大，而且新增投资更多流向新能源、互联网及高端制造业等全球价值链的中高端行业。这种趋势变化不仅印证了中国经济转型升级的变化，更成为全球产业新变局的催化剂。

2017 年 3 月，中国腾讯投资 17.8 亿美元购入美国电动车巨头特斯拉 5% 的股权，以推动特斯拉在新能源汽车领域的研发和生产；11 月初，特斯拉宣布未来在中国建厂的计划。除了腾讯和特斯拉的合作，中国万向集团收购美国新能源电池生产企业 A123、比亚迪在加利福尼亚州兰卡斯特扩建北美地区最大电动大巴工厂，都堪称中美在新能源汽车领域的合作典范。分析人士认为，这些投资合作未来很可能将左右全球新能源汽车的产业格局。

在太阳能发电领域，尚德电力、保利协鑫等中资企业对美国的投资，不仅为当地创造了就业、发展了经济，还丰富了其清洁能源利用方式，引领了产业技术进步。美国哥伦比亚大学教授约瑟夫·斯蒂格利茨认为，在推动太阳能电池板技术进步方面，中国对全球的贡献被低估了，尤其是在全球共同面对气候变化挑战的背景下。

在互联网领域，以百度、阿里巴巴、腾讯（BAT）为代表的中国科技企业在美国也频频投资布局，并逐步从以往的跟风创新向引领产业创新转变。腾讯除了对特斯拉的投资，还向两家美国游戏开发商分别投资 4 亿美元，并与阿里巴巴共同投资了移动出行平台 Lyft；阿里巴巴对增强现实初创公司 Magic Leap、社交媒体公司 Snap 等多家美国公司投资总计超过 10 亿美元；百度则向无人驾驶领域的激光雷达公司、移动安全公司以及地图绘制公司等进行了投资。

与此同时，中国吸引外资的结构和质量也在不断优化，外商投资向高端产业集聚态势明显，已经成为中国产业升级的重要推动力量。中方统计数字显示，2016 年，中国高技术服务业实际使用外资超过 955 亿元，同比增长 86%。

2017 年 7 月，总部设在纽约、全球领先的共享办公企业 We Work 宣布投资设立"中国 We Work"，加速拓展中国市场。在商业楼宇面临过剩的背景下，一桌难求的 We Work 为"分享经济"和"共享社区"带来了全新基因。

在人工智能和金融科技等方面，中美之间的竞争与合作已显示出未来引领这些行业发展方向的潜力。

在华尔街，人工智能与传统金融行业的结合，已催生出量化交易、智能顾投等金融新业态，悄然改变着华尔街的传统旧格局。而得益于电子支付等金融科技服务的广泛应用，中国金融科技应用水平已被外界普遍认为高于包括美国在内的其他国家，且代表了该领域未来发展的方向。

美国人工智能公司特鲁普斯创始人格雷格·拉特纳认为，在中国应用已较为成熟的基于社交媒体平台的金融科技服务模式，将成为该领域未来的发展方向，"我相信未来五年内美国市场也会逐步采用这种方式"。

当前，以"互联网+"为代表的新经济、新金融等网络经济在中国方兴未艾，人工智能和绿色产业等革新性经济形态正成为中国经济增长新引擎。有海外专家认为，中国市场巨大且经济增长富有革新含金量，而美国是世界最大的发达国家，中美双向投资新浪潮必将推动重塑世界产业格局。

中美两国作为世界前两大经济体，两国经济互补性强，合作规模和领域不断扩大，难免会出现一些摩擦乃至争端，但这些负面因素并不能改变中美经贸关系互利共赢的本质。事实上，在中美建交四十年来的历史风雨中，经贸合作始终是中美关系的"压舱石"和"稳定器"。当前，中美经贸关系中存在的一系列深层问题，实际上由来已久，解决起来不可能一蹴而就，需要两国政治家、企业家和社会各界共同以理性、务实、负责任的态度与方式，共同努力，相向而行，从中美大局出发，从维护全球发展共同利益着眼，通过对话协商解决双方的分歧，避免对中美合作大局造成损害，促进中美经贸关系继续健康稳定发展。

经贸合作的最终目的是互利互惠，处理经贸摩擦和问题最终也必须回到磋商的理性轨道之上。打"贸易战"解决不了问题。中美互为重要贸易伙伴，经过数十年发展，双方经贸利益相互交织，经贸发展我中有你、你中有我，经济相互依存程度已经达到较高水平。中国对美国存在较大贸易顺差，原因是多方面的，美国政府应正视产生贸易赤字的国内深层次结构性原因，而不能简单归咎于经济全球化和主要贸易伙伴。

二、借船出海，中国受益于世界经济格局

具体来看，世界经济格局的稳定和 40 年的对外开放给中国带来了全方位的改变。

一是提供巨大的外部市场。在经济全球化背景下，庞大的国际市场为中国经济增长提供了源源不断的动能。1980~2017 年，出口对中国 GDP 的贡献率平均为 20%，最高年份达 35%。

二是弥补供给不足，满足消费者多元化需求。中国从世界各国进口大量产品，弥补了自身产品技术能力和供给能力的不足，丰富了国内消费者日益增长的美好生活需要。1980~2017 年，中国进口与 GDP 的比例平均为 18%，最高年份近 30%。

三是引进先进设备、技术与管理经验。通过扩大进口、吸收外商投资、对外直接投资，中国得以引进大量先进设备、先进技术与管理经验。同时，跨国企业的技术创新、市场管理、制度创新，对中国企业产生了示范作用和溢出效应，促进了市场竞争，提升了行业效率。

四是促进市场化改革与思想观念进步。中国的对内改革强调让市场在经济运行和资源配置中起决定性作用，并有效发挥政府的宏观调控职能。在这方面，为包括美国在内的发达国家提供了很好的经验参照。

众所周知，目前的世界经济格局是美国自"冷战"后主导、重构的格

局,这种国际格局是不同于以往的一种"新格局"。在国际格局的原则和规则上,各国已达成一致意见;同时,原则和规则确立了对权力的限制;此外,原则和规则不可以随意变更。

当代国际格局是由主权国家、自由贸易市场、国际制度、集体安全等一系列实体和概念组成,虽然反映了霸权国的利益,却未必有害于其他国家。在当代国际格局中,中国应该说是受益颇丰的。这主要体现在以下几个方面:

当代国际格局是一种自由开放的国际格局,参与国往往能够从世界自由贸易市场中获利。中国自改革开放以来,从世界自由贸易市场中获得了快速发展所需的巨额投资、原料、技术和管理经验。

在现代经济学开山之作《国富论》中,亚当·斯密提出专业化分工是提高劳动生产率的终极源泉,并研究了专业化分工与自由贸易的关系。之后,大卫·李嘉图提出比较优势原理,奠定了现代贸易理论的基础。当代经济学家则把要素禀赋纳入其中,不断完善基于比较优势原理的贸易理论,形成了赫克歇尔—俄林—萨缪尔森贸易理论,并已载入经济学教科书,成为各国经济学家和政策制定者倡导自由贸易的学理依据。

在漫长的世界经济发展史上,虽然国际贸易的发展也经历了起伏,但当代发达国家的经济发展无一例外得益于国际分工和国际贸易发展。以自由贸易为核心的经济全球化促成了贸易大繁荣、投资大便利、人员大流动、技术大发展,已经成为当今世界不可逆转的时代潮流。在经济全球化的带动下,科技进步日新月异,交通、通信等基础设施快速发展,货物和信息在国际范围的流通成本大幅降低;金融的深入发展使国际范围的融资更加便利,全球资本流动规模日趋扩大;越来越多的国家和地区加大对外开放力度,选择融入世界经济体系与面向国际市场发展经济,大大拓展了国际分工的深度和广度。自20世纪90年代以来,经济全球化发展迎来了新高潮,全球贸易和外商直接投资以更快速度增长,直到2008年国际金融危机前,世界贸易增长速度都稳定地快于世界经济增长速度。新兴市场国家和发展中国家成为这一轮经济全球化高潮的积极参与者,贸易依存度迅速提升，并在全球产业链中占据了重要地位，分享了经济全球化红利。经济全球化帮助新兴市场国家和发展中国家取得减贫的突出成效，缩小了与发达国家的发展差距。

中国是经济全球化的受益者，更是贡献者。20 世纪 70 年代末，中国开启改革开放。1986 年，中国向关贸总协定（世界贸易组织的前身）提出恢复创始缔约方地位的申请，并于 2001 年加入世界贸易组织，全面参与国际分工和经济全球化，逐步发展成为全球供应体系的重要组成部分和"世界工厂"。1978～2016 年，中国货物贸易出口和进口总额分别以 19.33% 和 18.12% 的年均增速快速增长。1983～2016 年，中国实际利用外商直接投资额名义增长了近 136 倍，成为举世公认的开放大国。

40 年来，中国坚持改革开放，遵循世界贸易组织原则和相关国际规则，积极参与经济全球化和国际分工，把丰富的劳动力资源转化为人口红利，形成了有利于经济增长的劳动力供给、较高储蓄率和投资回报率，促进了资源配置效率提高，显著提升了制造业产品的比较优势和国际竞争力。中国经济持续快速增长，为全球经济稳定增长做出越来越大的贡献。中国同一大批国家联动发展，使全球经济发展更加平衡。中国减贫事业取得巨大成就，使全球经济增长更加包容。中国改革开放持续推进，为开放型世界经济发展提供了重要动力。

中国的和平崛起有赖于世界秩序的稳定，而美国作为现行格局的领导者，虽然出现了波澜，但仍然是现行格局的稳定剂。中国崛起迫切需要和平的外部环境，这是中国几代领导人所持有的理念。尽管局部冲突时有发生，但当代国际格局仍然是稳定的、和平的，这对中国来说是极其有利的。

当然，当代国际格局有利于中国崛起的同时，中国的不断崛起也对世界经济增长的贡献巨大。西班牙《起义报》网站 2018 年 9 月 26 日刊登文章称，这一时期最突出的是中国的不断崛起。起初，中国经济也受到了危机的严重冲击，但中国成功地迅速复苏，并崛起为今天的经济强国，同时在国际秩序中稳步走向舞台的中央。文章称，自 2009 年以来，中国经济规模翻了一番多，并超过日本成为世界第二大经济体。在 2011 年之前，中国经济以每年10%左右的速度快速增长。在最近6年中，中国经济的增长速度逐渐下降到可持续的"新常态"，但每年约7%的增速仍远高于3.9%的全球平均增速。

文章还称，从2009年到2017年，中国的人均年收入持续增长，这种势头使中国有望在8年内进入高收入国家的行列。中国的城市人口每年增长约1500万。2017年，中国创造了1300万个新工作岗位，而印度仅创造了100万个。

以外，中国还从当代国际格局中获得不少其他的益处。在安全领域，中国在联合国安理会拥有否决权，在国际重大决策中拥有举足轻重的话语权；在经济领域，中国分享了世界贸易组织多年来致力于降低贸易壁垒的成果，并从国际复兴和开发银行（世界银行）获得了为数巨大的贷款；在民生领域，中国从世界卫生组织获得预防和管理跨境传染病的经验。

上述事实证明，40年来中国的发展迅猛，在开放的世界自由贸易市场、稳定的国际格局和第二次世界大战以来创立的各项国际制度中，中国得大于失。中国绝无理由去挑战乃至颠覆美国主导的当代国际格局。这就从大战略层面上保护了中美共同构建新型大国关系的可行性。

一方面，中国发展受益于世界经济格局；另一方面，中国改变全球经济格局的能力日益提升。中国改革开放以来的40年间，不仅在国际地位及角色上实现了巨大的转变，并且仍以高速前进，继续着改变步伐。如今，中国俨然发展为一个成熟的经济强国。根据世界银行的预测，2017～2019年，中国占全球GDP增长的比重将达到35.2%，成为塑造全球趋势的主要推动力。

三、中国战略资源对外高度依存

在人际关系中，相互过分依赖往往没有好结果，而从美国与中国之间不断升级的贸易摩擦来看亦是如此。

自改革开放以来，中国不断发展外向型经济，战略资源对外依存度比较高，繁忙的进出口对中国经济的持续发展以及国内政治稳定至关重要。

战略资源是指攸关国家工业命脉的矿产资源，如石油、天然气、铁矿石等。中国是全球第三大矿业国，人均资源却仅为世界平均水平的58%。2010年，在45种主要矿产资源中，只有1/3的矿产能够以国产资源保证供应。目前中国每年要花费近千亿美元进口铁矿，花费2500亿美元进口原油和成品油，花费近300亿美元进口煤炭。

石油被称为国民经济的"血液"，是经济建设的战略资源。伴随着我国经济的持续增长，中国的石油进口量也在不断增长，长期依赖进口石油来满足国民经济发展的需求已成为一个不可逆转的现实。

据中国石油企业协会发布的《2017中国油气产业发展分析与展望报告蓝皮书》指出，2016年中国原油对外依存度升至65.4%，比2015年提高4.6个百分点，这一对外依存度水平和美国历史上最高值（66%）非常接近。

据海关总署公布的数据显示，中国2017年全年铁矿石进口同比增长5.0%，达10.75亿吨，创纪录新高。中国2017年原油进口同比增长10.1%，达4.20亿吨至纪录高位。中国2017年天然气进口同比增长26.9%，达6857万吨。

中国每年要花费巨额外汇在国外购买十几亿吨的石油和各种工业矿砂，从繁忙的国际海运航道源源不断地运回中国。加上经由管道从俄罗斯和中亚运来巨量的天然气，制成数量同样庞大的工业产品，再经由国际海运航道运往世界各地。同时，每年中国从美、加等国购买近一亿吨的粮食，弥补国内口粮的短缺。

如果当代国际格局由怀有敌意的大国联盟主导，在此严峻的国际形势下，一个大国在崛起的过程中，其经济运行以及进出口贸易的最佳状况是在本国或国家集团内部自行运行，不受境外敌对势力的干扰或影响。即使做不到这一点，这个大国也不能过分依赖战略资源和口粮的海外供应渠道。当年，苏联经济体系以及经济互助委员会的内部运转体制，基本上就是如此一个经济格局。

当前中国是一个大进大出的格局，过去40年来，中国最大限度地利用了国际原料产地和国际市场，搭乘了当代世界经济格局的"顺风车"，进而迅速崛起。然而，这种大进大出的经济格局，恰恰说明当今中国在经济发展的问题上严重受制于外部世界。一旦中国与美国发生严重的经济、军事冲突，这种大进大出的经济格局必然会被打破，中国或为此付出巨大的代价。

目前国际上有 16 条战略性的海峡和水道，美国海军、空军拥有在危机阶段或者战时进行全部控制的能力。今天的世界经济是一个全球化的经济，90% 的世界贸易运输是通过海运实现的。美海军之所以坚持要控制马六甲海峡、望加锡海峡、巽他海峡、朝鲜海峡、苏伊士运河、曼德海峡、波斯湾、霍尔木兹海峡、直布罗陀海峡、斯卡格拉克海峡、卡特加特海峡、格陵兰—冰岛—联合王国海峡、巴拿马运河、佛罗里达海峡、阿拉斯加湾、非洲以南和北美航道这 16 个海峡，是因为这些海峡分别为经济发达地区的洲际海峡、沟通大洋的海峡、唯一通道的海峡和主要航线上的海峡，它们均为海上交通的咽喉要道，可扼控舰船航行和缩短海上航行，具有十分重要的政治、经济和军事意义，在美国的全球战略中占有极为重要的位置。美军控制了这些海洋通道，就等于控制了全球战略资源，有剥夺他国持续获得全球战略资源的能力。这样美国在与敌对国进行一场持久战中，就能够独自利用全球战略资源。敌对国若同美国交战，等于是在同全世界的资源交战。

基于此，可以预期将来中国崛起的过程势必是在已经拥有更强大的海军、空军的前提下完成。目前中国外向型经济的发展有赖于更多地与美国进行合作。中美贸易及中国战略资源对外依存度高的现状决定了中国在决策理性的情况下，一般不宜挑战美国主导下的世界经济格局。

当然，目前不宜挑战美国主导下的世界经济格局，并不意味着我们示弱或软弱。当下，美国主导的世界既有秩序正在发生深刻变革，这种变革不以某个国家的意志为转移，也不以特朗普或美国政府的意志为转移。发达国家的相对衰落，发展中国家的兴起，正在成为一种趋势。我们需要摒弃将美国、西方发达国家神化的思想，不认可西方文明是历史文明终结的思想。

世界格局的变革不是一朝一夕之事，而是需要一种水滴石穿的恒久力量，要打破美国的独家霸权，要打破美国对全球事务的垄断，要打破西方文明是历史终结的思想，必须打破现有力量格局，重新实现全球力量的再平衡，这需要世界上各种力量特别是发展中国的共同努力，形成合力。

中国的崛起，并不是因为中国人自豪感的上升，也不是因为某些人对统计数据的过度解读，而是趋势使然，是因为中国已经发展到美国认为中国对其的霸主地位构成了威胁。中美竞争是一种必然，不是我们说"合作共赢"美国就同意"合作共赢"，不是我们提出"中美婚姻论"中美就真的成了"夫妻"。回顾历史，世界秩序的变革，大国关系的转换，必然伴随着激烈冲突甚至战争，当前中美之间发生的种种贸易冲突还只是中美更加激烈冲突的开始。

四、全球经济增长，中国"功莫大焉"

正是由于对外开放，迅速融入经济全球化，中国的综合国力迅猛增长。在加入世界贸易组织后的十多年，我国进出口总额已从 1978 年的 206 亿美元增加到 2010 年的 29740 亿美元。1979～2010 年，累计使用外商直接投资达 10483.8 亿美元。我国同 163 个国家和地区建立了双边经贸合作机制，签署了 10 个自由贸易区协定，同 129 个国家签署了双边投资保护协定，同 96 个国家签署避免双重征税协定。关税总水平也从加入世界贸易组织前的 15.3% 降到 2011 年的 9.8%。我国成了贸易和投资自由化、便利化的积极实践者。更重要的是，中国在不断扩大对外开放的过程中，为世界经济的稳定发展做出了重要贡献。同样的，在加入世界贸易组织后的十年，中国年均进口近 7500 亿美元商品，相当于为相关国家和地区创造了 1400 多万个就业岗位。在华外商投资企业从中国累计汇出利润 2617 亿美元，年均增长 30%。

2017 年，中国经济交出亮丽"成绩单"：国内生产总值首次迈过 80 万亿元大关，6.9% 的增速是我国经济年度增速自 2011 年下行的首次回升，就业稳、物价稳、国际收支稳，形成经济"多稳"格局。特别是供给侧结构性改革持续深入，经济结构优化，发展的质量效益稳步提升。

据国家统计局国民经济核算司司长董礼华介绍，2017年，我国GDP比上年增加83537亿元，折合成美元相当于2016年世界排名第14位的澳大利亚GDP总量规模。这也是党的十八大以来我国经济发展稳中向好的延续。此前5年，我国GDP从54万亿元增长到82万亿元，稳居世界第二位，城镇新增就业年均超过1300万人。2013~2016年，中国实现7.2%的年均经济增长速度、2%的通胀率、5%左右的调查失业率，这种较高增速、较多就业、较低物价搭配的运行格局难能可贵，在世界范围内一枝独秀。

中国经济不仅实现自身跨越式发展，更成为全球经济增长的"主引擎"。国家统计局国际统计信息中心主任王军披露了这样一组数据：世界银行数据测算，2012~2016年主要国家和地区对世界经济增长的贡献率，美国为10%，欧盟为8%，日本为2%，中国达34%，超过美、欧、日贡献之和。"中国经济的稳定增长，成为全球经济增长的主要推动力，在世界经济稳步复苏的进程中，持续发挥着'压舱石'和'助推器'的作用。"王军说，作为世界上制造业规模最大的国家，2017年中国实体经济回暖迹象明显，对世界实体经济恢复起着举足轻重的作用。此外，中国对外贸易好转不仅对世界贸易产生积极影响，也对世界经济稳定复苏做出了贡献。

此外，中国市场为世界市场开拓了广阔空间。中国拥有全球最大的内需市场。不论是超过13亿的总人口，还是960万平方公里的土地，这都是世界上许多国家无法比拟的先天优势。中国正围绕新型城镇化，加大户籍制度等改革力度，预计到"十三五"末期，将会有约1亿的农业转移人口得以落户城镇，约1亿人所居住的棚户区和城中村得以改造，约1亿人在中西部地区得以就近城镇化，这是中国拉动内需最大的潜力所在，也为扩大货物或服务进口、消化国际市场生产能力等提供了广阔舞台。同时，中国加快优化区域发展格局，在支持京津冀、长江经济带、珠江三角洲等龙头地区发展的同时，"向西"突出西部大开发，"向北"突出东北等老工业基地振兴，"居中"突出中部地区崛起，"向内"突出贫困地区、苏区老区、民族地区等发展，一个更加均衡、更为纵深的中国大市场，将为世界经济发展提供强大的需求动力。

五、美国依然"一骑绝尘"

大国崛起的过程也是世界政治权力再分配的过程，权力逐渐缩小的国家对崛起国家的遏制是不可避免的。"中国威胁论"最早出现于 20 世纪 90 年代初，第一个事件是以购买力平价为标准，我国的 GDP 扩大了 4 倍，引起一些国家对中国强大的恐惧。"中国威胁论"已经存在许多年，这已不是新现象，"中国威胁论"将会伴随我国崛起的全过程。

从国际关系原理的角度讲，崛起过程伴随威胁论是符合规律的，其原理是实力小于其权力的国家要尽力维护自己的影响力。"世界根本变化"是一个很重大的判断。从人类 5000 余年的文明历史讲，现在的世界变化还谈不上重大，人类经历了很多重大战争，国家从城邦到民族国家的多次转型，工业革命对人类的改变，以这些历史变化为标准，当前的世界变化还达不到重大等级。如果从近 100 年的世界史看，目前的变化显然超不过"二战"对国际政治的影响，能否超过"冷战"结束的影响也还需要观察。

作为世界上最大的发展中国家和发达国家，中美关系的发展变化关乎亚太乃至世界和平、稳定与繁荣。21 世纪中美关系必须摆脱大国零和博弈的历史逻辑，走出一条和平共处、互利共赢的新型大国关系之路。正是在此背景下，"中美新型大国关系"这一理念在 2012 年 5 月第四轮中美战略与经济对话期间被正式提出。随后，中美在二十国集团领导人峰会和东盟地区论坛上逐步将构建新型大国关系提升到战略高度。党的十八大报告也将与发达国家建立长期稳定、健康发展的新型大国关系作为中国外交的重要内容。2013 年 6 月，中美两国元首在美国安纳伯格庄园会晤时确认"共同构建不冲突、不对抗、相互尊重、合作共赢的新型大国关系"，为两国关系未来发展指明了方向。

事实上，在可以预期的未来，美国仍然将执全球之牛耳。姑且不谈美国在资源丰富和家底厚实等方面得天独厚的优势，即使在科技产业创新、企业活力、金融体系完整、教育健全、学术专业、民族凝聚力、国内社会和谐度、世界话语权、国际统合力和军事优势等方面,美国依然傲视世界,独步全球。

此外,在综合国力竞争上,美国拥有的优势也是其他国家无法比拟的。可以预期,未来美国不但在 GDP 的质量上而且在 GDP 的数值上,必然还是雄居全球首位。美国综合国力到底有多强大?下面,我们从领土与人口、政治影响力、经济实力、军事实力、文化影响力、科技和教育六个方面介绍一下美国强大的综合国力。

第一是美国人口和领土。美国人口总数为 3.24 亿,仅次于中国和印度,排行世界第三;美国的领土面积为 962.9 万平方公里,同样排行世界第三,仅次于俄罗斯和加拿大。更重要的是,美国的领土面积虽然排行世界第三,却占据了世界上最好的一块领土。不同于俄罗斯和加拿大的大部分领土靠近北冰洋,并不适合人类居住。美国领土多处于温带,东西两面临大西洋与太平洋,地理位置极佳。美国领土地形以平原为主,有多达 156.5 万平方公里的耕地,是世界上耕地面积最大的国家,也是世界上农业最发达的国家。

第二是美国强大的政治影响力。第二次世界大战结束以后,美国通过"雅尔塔体系"和"布雷顿森林体系"奠定了美国世界霸主的宝座。美国是联合国安理会五大常任理事国,是北约、WTO、世界银行、国家货币与基金组织的创建者。美洲,被美国视为自家后院;在亚太地区,美国有日本、韩国、新加坡等盟友;在中东,除了伊朗、叙利亚、黎巴嫩真主党,其他国家都成为了美国的盟友,或者是美国盟友的盟友;在欧洲,美国通过北约,发挥着广泛的影响力;甚至在孤悬海外的大洋洲,澳大利亚也是美国忠实的盟友。

第三是美国雄厚的经济实力。2017 年,美国经济总量已经高达 19.36 万亿美元,甚至有希望在 2018 年突破 20 万亿美元。美国纽约是世界金融中心,美国硅谷是世界互联网中心。美国的黄金储备为 8133.5 吨,是第二名德国 3373.6 吨的 2.4 倍。2018 年 6 月,在加拿大举行的 G7 峰会上,美国总统特朗普一人独自与其他六国领导人打"口水战"。特朗普的底气在哪里？在于日本、德国、法国、英国、加拿大、意大利六国的 GDP 总量加在一起为 17 万亿美元，不敌美国一国。

第四是美国强大的军事实力。2018 年，美国的军费预算为 6920 亿美元，2019 年更是将超过 7000 亿美元。一直以来，美国的军费都超过世界上军费前十名国家另外九个国家之和。美国有 10 艘核动力航母，除美国之外，只有法国拥有一艘"戴高乐"号核动力航母。美国的第五代 F-22 战斗机性能领先世界，美国研制的低配版 F-35 战斗机，依旧是除 F-22 以外最先进的战斗机。在全世界 142 个国家和地区，美国有 600 多个海外军事基地，有能力在世界任何一个角落与敌人打一场局部战争。

第五是美国无处不在的文化影响力。美国不仅硬实力非常强，还特别重视软实力的提升。美国的文化无处不在，深深影响着全世界。以美国电影为例，特别是漫威的超级英雄系列，每一部都会在全球范围内热映，如《复仇者联盟》《美国队长》《钢铁侠》《雷神》《银河护卫队》等。这些电影在带给全世界影迷视觉盛宴的同时，也在潜移默化地输出美国的价值观。

第六是美国领先世界的科技和教育。美国的科技之强大众所周知；在教育上，世界前十大名校中，除了英国的剑桥和牛津之外都是美国高校，如哈佛、斯坦福、麻省理工等。

分析美国的综合国力，并非崇洋媚外，而是客观了解对手，知己知彼，百战不殆。2018 年以来，中国经济面临下行的压力，外部环境更加严峻复杂、国内长期积累的结构性矛盾仍然突出。中国要想赶超美国经济，还需要一段漫长的过程。

第三节　结语

虽然中美两国的现实差距依然存在，中美贸易摩擦时而缓解，时而加剧,但中国崛起并不是突然出现的现象。数十年来,全世界都知道中国无可争议地崛起的事实,也知道中国经济如果持续增长,总有一天可能成为世界最大经济体。发生重大改变的是对中国崛起的判断和认知,这体现为美国最近数年朝野大辩论所形成的对华遏制共识,以及特朗普上台后对现有自由主义国际秩序的颠覆。这两大正在迅速发生的改变,如今将中美关系置于剧烈的不稳定之中。

但如本章所述,中美关系的基本面仍未改变,国际秩序的基本架构仍然存在。在今后相当长时间内,中美关系仍然要被定性为必须互相合作的战略竞争对手。中美关系既复杂又简单,其中有几个互相纠葛的方面,对任何一个的误解或遗漏都会导致中国全球战略的失范。

一个正在崛起的大国和仍在向前稳健发展的超级大国之间存在矛盾和冲突是难以避免的,中美之间在地区和全球范围内的互相遏制和竞争也会是必然现象,所以美国对中国的崛起进行地缘政治上的遏制是很自然的。

然而,中美也不是必然的敌人。许多人将中美关系概括为非友即敌的关系,却未加考虑这两个国家的本质和民族性。民族性温和的中国自然不是一个具有侵略性质的霸权国家。而美国虽然有独霸的倾向,但却总带有一种理想主义色彩,也没有殖民他国和消灭他国的欲望。中美两个民族都是建设性的而非掠夺性的民族,信奉幸福生活来自勤奋工作而非对外掠夺,这一点已经为历史所证实。改革开放后中国创造的经济奇迹,以及海外华人在世界各地的商业成功事例已经说明,中国人只要有一个稳定的环境和相对自由的经济制度,就能用自己的双手创造财富和幸福。美国的情况也是如此。自从美国崛起以来,它首先是作为世界上最大的工农业生产基地和最重要的市场存在的。这种民族心态与日本以及战前的德国和俄国等奉行掠夺他国充实自己的信条迥然不同。

因此,中美两国虽然竞争,虽然会有剧烈的贸易摩擦,但都没有置对方于死地的打算。相比之下,国土狭小资源有限的日本当年则以基本国策的形式明目张胆地要吞并中国。美国目前对中国处于相当矛盾的心态:一方面,对于中国挑战其独霸地位非常警戒和排斥;另一方面,又希望将中国纳入现有的国际经济和法律轨道，遵守国际游戏规则，而美国人自豪地认为在这样的体系中美国自身永远是有着最强的竞争力的。

因此，中美关系永远具有两面性。在战略领域互相遏制与反遏制、互相对抗和防范之外，中美两国必然在众多领域合作，两国也都有稳定世界秩序、维护世界和平的愿望。

第二章

如何看清当前迷局?

不知诸侯之谋者，不能豫交；不知山林、险阻、沮泽之形者，不能行军；不用乡导者，不能得地利。

——孙子兵法·军争篇

那是最美好的时代，那是最糟糕的时代……那是希望的春天，那是失望的冬天……我们全都在直奔天堂，我们全都在直奔相反的方向……

——查尔斯·狄更斯：《双城记》

第一节　中美贸易争端有例可循

一、冒尖遭打，新兴国家常被"碾压"

据《人民日报》刊发的文章《从强国兴衰规律看我国面临的外部挑战》分析，新兴国家在崛起的关键性阶段，往往会与守成国家发生国家利益的激烈碰撞。如英国在崛起过程中先后受到西班牙、荷兰打压。地理大发现后首先成为海上霸主的是西班牙，16世纪后期，英国进行海外扩张，与西班牙发生利益冲突。

1588年，西班牙派遣"无敌舰队"妄图依靠强大的海军力量将英国扼杀于摇篮。结果，英国海军以弱胜强，打败西班牙，第一次以欧洲强国地位出现在世界舞台上。此后两国为争夺海上主导权反复较量，双方元气大伤。荷兰趁机崛起，成为海上霸主，垄断了全球贸易的一半。在此后100多年时间里，荷兰与英国又进行了三次战争，一直到1780~1784年的第四次英荷战争，英国才彻底战胜了荷兰。

法国在发展的关键性阶段同样受到了英国的打压。英国成为世界霸主后，对于挑战其地位的国家毫不手软，典型的是主导反法同盟。针对称霸欧洲大陆的法国，欧洲君主国先后七次组成反法同盟予以围剿，最终于1815 年彻底打败法国军队。参加反法同盟的国家时有变化，但英国始终是主要成员，其他国家是为了维护君主制度，而英国则是为了维护霸主地位。

美国在崛起过程中也受到了英国的打压。早在美国南北战争期间，英国就图谋趁机分裂美国，乃至幻想重新将美国变为自己的殖民地，于是口头上宣称中立，实际上支持南方，接济南方军火，为南方建造多艘军舰，给北方造成很大困扰和损失。第一次世界大战后，美国首先提出包括成立国际联盟在内的"十四点原则"，实质是保障世界和平和国际合作的幌子下，建立由美国掌控的国际组织，试图主导世界秩序。用时任美国总统顾问豪斯上校的话说，就是要"按照我们的心愿完成对世界地图的重新绘制"。英国当然洞悉美国图谋，联手法国，百般掣肘，最终迫使美国放弃加入国联。

美国成为世界强国后，转而对威胁其地位的国家进行遏制和打压。20世纪80 年代，美国对军事强国苏联和经济强国日本进行打压。尽管美国视前者为最大的敌人，视后者为亲密的盟友，但当它们威胁到美国自身地位时，美国对其都毫不留情。

对苏联，美国的手段层出不穷：向苏联大力输出西方价值观，进行意识形态渗透，培植"第五纵队"，诱导苏联进行所谓民主改革；同苏联大搞军备竞赛、金融货币战，限制苏联油气出口；挑拨离间苏联各民族之间、各加盟共和国之间的关系；等等。苏联这个超级大国之所以在瞬间轰然倒塌，固然有国内的因素，但来自美国的一套"组合拳"是主要外部因素。美国中央情报局前雇员彼得·施瓦茨写到："谈论苏联崩溃而不知道美国秘密战略的作用，就像调查一件突然死亡神秘案子而不考虑谋杀、死亡事件是否存在着特殊反常和预谋一样。"

对日本，美国也丝毫没有手下留情。20 世纪80 年代，日本产品充斥全球，对美国贸易大幅顺差，随之而来的是其大国雄心迅速膨胀，公开叫板美国，招致美国的打压。1985年9月，美国召集五国财长和央行行长会议，签署"广场协议"，逼迫日元升值。在之后不到三年时间里，日元对美元升值达50%，严重打击了日本出口，加之日本应对战略出现失误，导致经济持续低迷，经历了"失去的20年"。日本经济总量从20世纪80年代相当于美国的60%左右，下降到2017年美国的25%左右。

由此可见，新兴国家在发展关键性阶段受到守成国家的打压，也是一个普遍的历史现象。但由于目前中美关系有别于历史上其他国家的剧烈冲突，中美之间高度依存着经贸关系与共同利益，因此，中美贸易摩擦也有别于"新冷战"。

作为新兴崛起的国家，中国与美国发生贸易冲突也是正常的。随着中国经济实力和综合国力的增强，中国的反制能力也会此消彼长。目前中美贸易之争尚未全面升级，中国在应对跨领域多维度的贸易争端上仍相对缺乏经验。若此次贸易摩擦全面升级，缺乏经验可能会给中国带来意想不到的困难。从国际和历史经验上看，美国擅长制造多维贸易摩擦，中国须在经济、金融、汇率及外交、政治、文化等多领域做好充足的应对之策，以避免贸易摩擦全面升级后由于缺乏经验而导致本可避免的损失。

二、中美贸易争端，由来已久

中美贸易摩擦由来已久。据了解，中国在2001年加入WTO之前，尚被排除在主流贸易体系之外，1980年对外贸易几近于零。随着改革开放的推进，中国贸易得到了较快发展，其中进出口贸易占比接近90%，服务贸易仅有10%左右。进出口贸易差额在20世纪90年代中后期上升明显，服务贸易差额则有所下行。1993年之前，中国出口以一般贸易为主，但之后加工贸易成为主流。工业制品贸易额远高于初级产品，且差距呈现扩大走势。考虑到2001年中国进出口贸易金额仅为当时全球贸易总额的4.1%，只有2017年中国贸易额的12.4%，出口规模尚小使得美国仅会在某些特定领域及行业与中国发生贸易摩擦。

在2001年加入WTO之后，中国贸易额快速增长，贸易额占全球比重也从 2001 年的 4.1% 增长为 11.6%；中国实际 GDP 与贸易额增长显著，除 2009 年及 2015~2016 年外，中美贸易额均为正增长。中美贸易顺差随着中美贸易合作深入而有所扩大，目前已显著高于中欧顺差的规模，而中日贸易却常年维持逆差状态。另外，美中逆差占美国逆差的比例也明显上行，但近一两年增速趋缓。

中国加入 WTO 之后，美国与中国在纺织品、钢铁、汽车、化工、轻工等领域的贸易摩擦时有发生。在 2008 年金融危机后发生频率明显加快，这也符合贸易争端易在经济危机期间爆发的历史规律。在贸易争端中，中国在逐渐适应 WTO 相关规则后开始利用反倾销、反补贴政策在农产品、汽车、医疗设备等领域展开反制。可见随着中国经济实力和综合国力的增强，贸易争端反制能力也相应有所加强。

纵观中美双边贸易的历史，尽管中美贸易关系几经起伏和曲折，甚至一度出现过中断，但是由于中美经济具有巨大的互补性和市场容量，只要外部条件成熟，中美贸易关系就能够得到迅速的发展。需要指出的是，中美贸易发展的历史同时也是中美贸易摩擦的历史。在中美经贸关系开始的初期，中美贸易就已经出现了债务纠纷、质量纠纷等贸易摩擦。

20 世纪 80 年代，中美贸易摩擦以经济性为主，并主要集中在配额（尤其是纺织品）和反倾销（主要是工业品）方面。自 1989 年以后，政治因素和经济因素在中美贸易摩擦和争端中并存，一方面美对华采取了经济制裁、歧视性地出口管制和禁运、审议最惠国等政治手段，另一方面中美在纺织品配额、反倾销、贸易平衡等问题上存在较大分歧。

尽管中美贸易统计存在差异，但贸易失衡迅速扩大是不争的事实。1993 年美国开始对华贸易逆差，2000 年中国成为美国的第一大贸易逆差国，且中美双方贸易逆差呈不断扩大趋势。美国政府将贸易失衡视为中美经贸关系中的头等问题，尤其是国会中一些人试图把贸易逆差问题政治化，要求采取对华反倾销措施。美国对华贸易政策也出现了越来越多的保护主义色彩。贸易不平衡是目前中美贸易摩擦最重要的消极因素。

中美两国的摩擦近年来不断发生，2009 年的轮胎特保案是美国向中国开始发起贸易攻势的标志，此后中美贸易摩擦加剧。从 2010 年的输美油井管双反案，再到 2012 年光伏"双反"案，特别是在步入 2012 年后，美国连续对中国产品发起"双反"调查和"337 调查"，均对中国的企业产生了巨大的损害。

实际上，中美两国分别作为目前世界上经济增长最快的发展中国家和经济最发达的国家，两国贸易发展出现不平衡具有某种程度上的必然性，这是由全球化的产业结构调整和国际分工所决定的。20 世纪 90 年代以来，美国开始了从传统工业经济向高科技经济的转型。在转型过程中，传统产业丧失成本优势，高科技经济又不能迅速开辟市场，这必然增大贸易逆差。

伴随着我国产业结构和出口产品结构的升级，不断有新的行业和产品成为中美贸易摩擦的对象，中美贸易摩擦涉及的领域不断扩大。除农产品、纺织品、贸易逆差以及知识产权等传统议题外，高附加值产品和服务贸易领域正在成为中美贸易摩擦的新焦点。

近年来，美国对华发起贸易摩擦所使用的手段日益呈现多样化的特征。除传统的反倾销措施外，更具隐蔽性和灵活性的保障措施和技术性贸易壁垒已成为美国对华实行贸易保护的新手段。美国制定的技术贸易标准涉及制造运输、医疗卫生、农林水产、环境保护等多个领域。

三、刀架在了脖子上？

据国新办网站 2018 年 9 月 25 日消息，在 9 月 25 日国务院新闻办公室举行的新闻发布会上，商务部副部长兼国际贸易谈判副代表王受文表示，何时重启中美高级别经贸磋商完全取决于美方的意愿。中方对通过磋商、谈判解决经贸分歧的大门是敞开的，但是要想让谈判磋商有效果，首先，必须要平等对待、相互尊重。现在美方采取了如此大规模的贸易限制措施，把刀架在别人的脖子上，这种情况下谈判怎么进行？它不是一个平等的谈判和磋商。其次，谈判、磋商一定要有诚意，遵守诺言。中美高级别的磋商已经进行了四轮，这些磋商取得了不少共识，双方甚至发布了联合声明，但是美方出尔反尔，抛弃这些共识，采取了贸易限制措施，这使得谈判无法进行下去。所以中方强调，只要有诚意，只要在谈判中平等相待，遵守诺言，谈判是可以找到出路的。

"美方把刀架在中国的脖子上导致谈判难以进行。" 9 月 25 日，多家国际主流媒体都以这样的标题，对中国六部委主要负责人参加的新闻发布会进行报道。当天，商务部、国家发展改革委、工业和信息化部、财政部、国家知识产权局以及国务院新闻办公室召开记者会，就此前一天发布的《关于中美经贸摩擦的事实与中方立场》白皮书进行解读和介绍。

英国《金融时报》（*Financial Times*）报道说，王受文原定于 9 月 20 日抵达华盛顿，探讨美方的一个提议，即安排中国副总理刘鹤同美国财长姆努钦在当月下旬或 10 月初举行进一步谈判。但王受文的行程已被推迟。王受文表示，中美高级别的磋商已经进行了四轮，这些磋商取得了不少共识，双方甚至发布了联合声明，但是美方出尔反尔，抛弃这些共识，采取了贸易限制措施，这使得谈判没法进行下去。他强调，谈判、磋商一定要有诚意，遵守诺言。当地时间 24 日，中国国务委员兼外长王毅在纽约会见美中关系全国委员会、美中贸易全国委员会负责人时，也批评美国出尔反尔的做法。他说，美方在新一轮对话前夕启动更大规模的单边征税行动，只能说明没有解决问题的诚意。王毅警告称，近一段时期美国对华政策中的消极面明显抬头，一些势力在经贸、安全等领域频繁对中国进行无端指责，人为制造对立情绪，毒化两国关系氛围。这种做法既不符合事实，也极不负责任，如果任其发展，将使中美关系 40 年来取得的成果毁于一旦，这显然对中美两国不利，对全世界也不利。

紧接着，中国国庆长假期间，美国副总统彭斯在华盛顿智库哈德逊研究所就美国对华政策发表长篇演讲。虽然早有预告，外界仍对这篇演讲的内容有些意外。彭斯在讲话中历数中国几大"罪状"，但即便是美国媒体也认为他的话语中充斥无端指责和不实指控。正因为如此，观察家们感受到演讲背后流露出浓浓的"冷战"气息。

彭斯的演讲应该有两个目的：一是为特朗普政府的中期选举争取选票，因为 2018 年 3 月之后，美国社会负面的对华观点成为主流；二是为特朗普的对华政策争取社会支持，因为美国很多人认为特朗普的对华政策不够专业。

虽然彭斯发表了如此反华的演讲，但在结尾处却表达了与中国合作的意愿。这种做法有点自相矛盾，但也反映了双边关系还有积极的一面。全球化条件下特朗普政府无法让中美关系完全"脱钩"，无法像对苏联那样完全关闭大门。美国仍需要在防止核扩散、反恐、打击国际犯罪上与中国合作，还需要与中国保持高层交往，需要中国游客去美国消费，需要进口中国商品。这给我国通过加大开放稳定双边关系的策略提供了条件。

虽然美国咄咄逼人，但我们还是要多借鉴1992年邓小平同志南方谈话破解西方封锁的经验。加大各领域开放力度是当年成功的主要经验。加大开放不仅有助于我们赢得贸易争端，而且可以推动中国崛起的早日成功。

四、谁是敌人？谁是朋友？

美国副总统彭斯对中国内外政策进行种种无端指责的演讲，给中美关系再添阴影。中国官方对此严厉驳斥，称彭斯的演讲内容"捕风捉影、混淆是非、无中生有"。就连美国前国务卿们也看不下去了。小布什总统任命的美国第一位非洲裔国务卿鲍威尔、克林顿总统任命的美国第一位女国务卿奥尔布莱特联袂接受美国有线电视新闻网（CNN）著名主持人扎卡里亚采访时，明确表示"中国不是美国的敌人，美国不应该跟中国进行'新冷战'"。

奥尔布莱特指出，中国是正在崛起的大国，这一方面源于中国自身的历史和当代中国人民奋斗的结果；另一方面也是由于美国未能担负起本应担当的国际责任而给了中国崛起的空间。

鲍威尔则指出，中国的发展给美国带来了不少的好处，价廉质优的中国产品满足了美国人民的需求。如今美国跟中国打贸易战，伤害的是美国消费者。他认为，30多万名中国留学生给美国的大学支付了全额的学费，而白宫居然有人建议要赶走中国留学生，大多数大学校长们都是不会答应的。

鲍威尔曾担任过美国总统国家安全事务助理、美军参谋长联席会议主席、国务卿，对于美中军事较量与外交合作均有深刻的体会。因此，他主张通过外交对话的方式解决问题。鲍威尔列举了在自己任期内中美双方处理南海撞机事件的做法，强调必须尊重对方，而非总是威胁对方；要避免将小事扩大、升级成危机。在他看来，眼下的白宫显然缺乏对华战略，五角大楼也忙着将中国、俄罗斯等国定位成美国的敌人。对此，鲍威尔郑重表示，美国不应该这么做，必须找到对话和接触的方法，必须承认别的国家跟美国不同。

作为美国对华接触的开拓者，另一位前国务卿基辛格也深有体会。在美国智库威尔逊中心成立50周年的庆典活动上，基辛格在跟美国前驻华大使芮效俭对话时指出，中美两国都有足够的实力按照自己的意愿去塑造世界，美国的自信源于民主宪法政治体制的保障，而中国则仰仗着数千年独特的管理手法发展而来的智慧。

基辛格说，他视中国为建设国际秩序的潜在伙伴，不然的话，世界将陷入冲突，因此，美国不应在世界各地寻找盟友跟中国冲突。他强调，中美双方若真是兵戎相向的话，根本都不需要盟友。

基辛格认为，当今世界的和平与繁荣取决于中美两国能否找到一个共同努力的方式，虽然双方的想法并非总是一致，但至少应该能够管控双方的分歧；此外，还应当设立一些能将双方拉近的目标，让世界找到这样一个架构。

基辛格强调，中美之间的问题不在于输赢，而是两国如何保持对话以延续国际秩序和国际正义。他指出，中国人将政策看作一个长期的过程并持续推进，而美国人则十分务实，希望立竿见影。这体现在美国人在两国谈判中希望短时间内解决一系列问题，而中国人则有一个更长远的目标。在基辛格看来，中美双方能够互相学习，而且也需要互相学习。

虽然中国的崛起让美国感受到了压力，但其担心被中国取代领导地位，有点杞人忧天。习近平强调，中国"不是想成为所谓的'世界警察'，更不是要取代谁"。这句话是有道理的。首先，快速发展的中国在许多方面与美国相比还有不小的差距，中国还需要继续从发达国家"取经"以便继续

"以开放促改革"；其次，核武器时代世界大战很难爆发，而在和平年代里，中国很难建立起一套与美国抗衡的国际机制与军事同盟体系；最后，中国的天下治理理念确实不同于其他很多国家，"划分敌我并通过结盟实现安全""强制同化他者"等并非中国人的治世理念，这一点非常重要，但被西方国家理解还需要漫长过程。

第二节　中美角力的新常态

一、中美贸易，美国吃亏了吗？

从目前中美货物贸易的差额上看，的确存在"失衡"现象，但若从全球产业分工和全球价值链的角度看，美国不仅没有吃亏，反而占了很大的便宜。美国在中美双边贸易中有没有吃亏，企业和消费者心里最清楚。

2018 年 9 月 25 日，国务院新闻办就《关于中美经贸摩擦的事实与中方立场》白皮书举办发布会。就中美贸易摩擦，国务院新闻办阐明美国政府的贸易保护主义和贸易霸凌主义行为对世界经济发展的危害以及中方立场。

自 2018 年 3 月起，中美贸易摩擦不断升级。而美国一再对中国进行极限施压的一个重要理由就是，美国受到不公平待遇，导致美国对华货物贸易出现巨额逆差。一句话就是美国吃亏了。事实果真如此吗？

从国际贸易的比较优势理论上看，贸易并非是一种"零和竞争"，一国的贸易所得并非是以另一国的失去为条件，贸易各方均可从贸易中得到贸易利益，即贸易具有一种互利性质。在此基础上发展起来的"合作性博弈理论"同样认为，博弈参与者之间不存在"你得即我失"这样一种简单的关系。在贸易合作条件下，各方所获得利益远远大于不合作。这种"非零和博弈"理论为国际贸易提供了一个理论基础，即竞争与合作是相辅相成的，合作性博弈则扩大双赢的可能，在节约生产成本的同时，更可以提高消费者的福利。正如美国时代周刊著名撰稿人罗伯特·赖特在《非零和年代——人类命运的逻辑》一书中所说，人类命运的昌盛必然要懂得从"零和"年代走向"非零和"年代。从中美经贸的实践上看，近40年的发展也充分证明了中美贸易并非"零和博弈"，合作共赢一直是中美经贸关系的主旋律。目前，中美贸易规模已达到7000亿美元，双向投资存量超过2300亿美元，美资企业在华年销售收入7000亿美元，利润超过500亿美元。如果不是"共赢"，就不能产生如此翻天覆地的变化。

美国之所以一再宣称自己吃了大亏，主要是因为美国一直对中美之间"巨额贸易逆差"耿耿于怀。但如果我们把美国"吃的亏"放在经济全球化和全球价值链的视角下进行分析，就不难发现，美国不仅没有吃亏，反而受益颇大。

从全球产业分工和全球价值链的角度看，美国居于全球价值链"微笑曲线"的两端，控制了专利技术、核心零部件以及研发设计、营销网络等高附加值环节，获取了巨大商业利益。以苹果手机为例，苹果公司凭借其知识产权技术和市场营销网络，获取价值链上40%左右的利润。而中国居于价值链的中低端，对美出口主要以劳动密集型产品为主。经济合作与发展组织的统计显示，2015年，资本密集型产品、技术密集型产品和劳动密集型产品占中国对美贸易顺差的比重分别是119%、98.3%和-117.3%，表明美国对华贸易在技术和资本密集型产品的出口上均处于顺差。逆差主要来源于劳动密集型产品，而中国的劳动密集型劳动产品又主要源于加工贸易，处于全球价值链的中低端。以苹果手机为例，中国仅获取了价值链上5%的利润，但由于手机最后是在中国组装完成，以制成品出口至美国，价值链上的全部利润均记录在中国的出口额上了。因此，贸易顺差大并不能说明获利最高。苹果手机的例子从另一方面也说明了，贸易利益实际在美国这个事实。

从跨国公司的角度看，大量美国公司以"商业存在"的方式在中国开展各种业务，所获的超额利润也是在货物贸易统计中无法反映出来的。中国向美国销售的几乎所有产品都是在中国国内生产，然后海运至美国，但其中包含了来自各国跨国公司生产的产品。据统计，中国出口至美国的商品中，超过 50% 出自跨国公司的产品，包括将中国作为生产地的美国、日本、韩国或其他国家和地区的企业生产的产品。2015 年德意志银行的一份报告认为，在中国对美的货物出口额中，约 37% 来源于全球供应链上从其他国家进口的中间品价值。此外，美国很多以"市场寻找"为投资目的的跨国企业，其在华生产的产品直接在本地销售，获得了巨额利润。据统计，2015 年美资企业在华销售额高达 4814 亿美元，而中资企业在美销售额仅为 256 亿美元，比中国多 4558 亿美元，而这部分利润是没有在统计中体现的。若将这两部分因素都考虑在内的话，不仅美国的对华贸易逆差额会大幅度下降，中美在两国贸易中的利益格局也会发生逆转。

因此，从目前中美货物贸易的差额上看，的确存在"失衡"现象，但若从全球产业分工和全球价值链的角度看，美国不仅没有吃亏，反而占了很大的便宜。

二、中美贸易摩擦将是一场持久战

2018 年 9 月 18 日，特朗普当局声明：从 9 月 24 日起，对 2000 亿美元中国商品加征 10% 关税，并从 2019 年 1 月开始将税率进一步调高至 25%。并且威胁，如果中方反制，美国将对额外 2670 亿美元中国商品加征关税。

对此，中国商务部回应："对此我们深表遗憾""中方将不得不同步进行反制""希望美方采取令人信服的手段及时加以纠正"。见招拆招的中国，能不能顶住压力？中美贸易摩擦，会是一场"持久战"吗？

对价值 2000 亿美元的中国商品征税，是一场政治豪赌。特朗普当局认定可以真正透支美国的战略筹码，包括正处于上行通道的美国经济、短期减税经济刺激带来的效果，以及相对中国仍然比较显著的经济优势，以短期内施加超级压力的方式，迫使中国做出让步，这种让步能够在经济上给美国以实质性回馈，同时让特朗普在国内政治中获得高额回报。

特朗普的 2000 亿美元关税升级筹码在显示其汹汹气势的同时，也折射出其内心的脆弱本质：号称要加 25%，结果在 2018 年底之前只加 10%，无疑是冲着 11 月 6 日美国国会中期选举的选票去的；压倒一切的气势，本质上仍是精于政治算计，而不是真正意义上为美国谋长远利益的战略勇气使然。所谓美国的长远利益，无论是听证会，还是经济学研究报告，都已经说得很清楚了：对中国搞关税战，不符合美国的长期利益。

自从 8 月 23 日商务部副部长王受文在华盛顿结束新一轮谈判开始，人们对中美贸易摩擦降温的期待明显放低，而最近的一系列情况表明，中国仍须做好打持久战的准备。

在谈判开始前，就有媒体放出风来，对此次谈判不抱多少希望，甚至美方负责关税问题的贸易代表办公室希望暂缓谈判，认为增税在 10 月之前将使美国拥有更多的谈判筹码，理由是美国经济表现强劲。尽管大众并不认同这一看法，但结果却如他们所愿，虽然谈了但没谈成，美国手里就"继续握有筹码"。

最新的数据显示，原本希望通过贸易摩擦的形式缩小美方贸易逆差，但事与愿违。7 月的贸易逆差比 6 月更大，这从中国减少对美国大豆、石油等产品的进口数据能看出来。新的数据印证了这一分析，贸易逆差达到 722 亿美元，为 3 年来最大，媒体惊呼"特朗普演砸了"。若贸易摩擦继续升级，不排除美国贸易逆差将继续扩大，并呈"失控"状态。这一局面给特朗普出了一道难题，作为商人精于算计赚钱可能很容易，但是对于整个贸易全局来说，不是买卖一件单一商品那么简单。对于主权国家之间的生意，要考虑更多的因素，计算起来很复杂。而这次数据就给特朗普提了个醒。

然而，特朗普还是相信自己的判断，认为目前不是和中国谈判的时机。所以，他并未参加 11 月 12~18 日在巴布亚新几内亚举行的 APEC 峰会，而让副总统彭斯去。这意味着，外界期待的中美首脑在峰会期间举行会晤，以结束中美贸易摩擦僵局的愿望就要暂时搁置了。特朗普还要继续检验他的施压成效，有点"不撞南墙不回头"的意思。

事实上，美方在升级的道路上不断加码。美方为 2000 亿美元的中国商品加征关税，这是更大规模的贸易制裁措施。对美方而言，还是延续特朗普极限施压的思路。特朗普仍然希望通过这种施压的举措迫使中国接受他的要求，达成协议，为中期选举争取筹码。目前，他拿到的筹码似乎就是与墨西哥达成协议，再迫使加拿大接受条件，使新的北美自贸协定诞生。但是，从美加双方的进展看，这一愿望暂时落空，加拿大并未满足特朗普的要求而是"要为加拿大国家利益负责"。特朗普依旧在推特上表达了自己的愤怒。但是，愤怒归愤怒，各方都得为国家利益负责。与此同时，与欧盟、日本的谈判也并不像特朗普想象的那样顺利。

对中国来说，既要跟踪美方与各方谈判的进展情况，同时也要清醒地理解特朗普的意图和动作，不抱任何幻想，做好打持久战的准备，周密谋划应对措施，把影响降到最低。此外，要始终保持定力，目前美方的压力不比中国小，要应对不同方面贸易反击的挑战。

由于中美贸易摩擦本身的长期性、复杂性，中美之间的博弈将是一个长期的过程。中美贸易摩擦时而紧，时而松，时而急，时而缓，但一劳永逸达成妥协的可能性很小。即使暂时握手言和，往往也是暂时的。

尽管中美贸易摩擦硝烟弥漫，但是中国也要坚持不放弃接触、谈判。持久战的打法，拼智慧、拼耐力，同时也要不断借力，为结束摩擦创造有利时机。

第三节　结语

人类较大规模的经济交换活动是从大航海时代开始的。1870年，全球贸易总额占全球经济总量的比重上升至20%。但此后的100余年中，再没有大的进步，这一比重一直在10%~30%徘徊。直至最近的这40余年，全球贸易达到了前所未有之繁荣。这一比重突破30%后迅速上升至60%~70%的高水平，这是全球化最典型的特征。全球化改变了全球的格局，以至于美国乃至整个西方世界内部的经济、社会、政治结构都发生了重大的断裂。

过去的40余年中，至少在三个维度上几乎同时出现了颠覆性的变化。

一是政治上"冷战"的"铁幕"徐徐降下，两个在政治上和军事上对峙的强权，最后以一方轰然倒塌而告终结。中国开启的改革开放是促成这一格局解体的至关重要因素。作为结果，一大批廉价的资源要素突然呈现在西方资本面前，形成了巨大的结合机会。

二是信息和互联网革命技术到来。无论是信息产业的"摩尔定律"，还是依托信息革命的互联网经济，所谓"云大物移"，技术的伟大进步强力地驱动着要素之间结合效率的提升。

三是金融自 20 世纪 70 年代经历了巨大的制度变迁。布雷顿森体系瓦解，美元信用本位确立，金融高度内生化。金融不再仅仅是将储蓄转化为资本形成的中介，已成为内生变量进入了生产函数，并逐渐成为最后财富分配的主宰。今天的商业金融系统将资源要素快速地实现标准化、证券化和资本化，三者结合的空间被无限地打开。在当下高度发达的资本市场中，很小的一笔实物形态的投资往往可能对应着一笔巨额的财富实现。

这三个方向的合力促成了史无前例的全球化浪潮。历史行进至今，参与这一过程的各方可能都进入了某种临界状态。

跨国资本赚得盆满钵满。随着资本属性从工商资本跃升为金融资本，再到科创资本，获取了极大的财富。如果没有新的突破性技术进步的发生，今天这种极端悬殊的财富两极分化会给系统带来巨大的不稳定性。

与跨国资本结合的新兴经济体，通过贡献要素收入，迅速完成了自己的工业化和城市化。我们应该为中国 40 年的改革开放实践，特别是入世以来的经济崛起感到由衷的自豪，我们几乎完美地抓住了历史的际遇。

毋庸置疑的是，在全球化过程中，像中国这样的巨大体量而体制又是迥然不同的国家，成为全球化最大的受益者。换言之，全球化过程本身超出了作为这一轮全球化主导者的西方国家尤其是美国的预期和想象。

应该认识到，随着全球化带来的产业集聚和规模效应的发酵，这种逐渐不可逆转的趋势，造成了美国本土实体产业的"空心化"和制造业的边缘化。以至于今天美国的产业结构呈现极致的两端，一头是知识和技术密集型的高端，另一头是高效的农业，中间演化成了全球代工厂的产业链和供应链。

全球化如果用最简化的经济学模型来表达就是资本套利，资本是可以跨境自由流动的，但劳动力却因为主权和政治壁垒很难自由流动，所以人工要素的价差就转化成为了资本的利润。随着全球化的深入，美国本土劳工不能有效地参与到国际化分工的生产活动中。作为一个被抛弃的群体，他们的实际收入和生活水平是长期下降的。因为制造业边缘化导致投资萎缩，阻碍了劳动生产率的提高，国内要素收入增长就会变得缓慢。贫富悬殊，人与资本的矛盾冲突达到历史的高限值。今天美国有0.1%的人所获取的收入与90%的人获取的收入相当，上一次出现相似的场景是在1929年大萧条的前夜。

所以2011年9月在全球化高涨当中发生了"占领华尔街"事件；2016年11月，带有民粹主义和极端保守主义色彩的特朗普当选。

贫富差距扩大使不可持续的信用债务扩张成为维持经济增长的关键，而信用债务扩张又进一步拉大贫富悬殊。从宏观上看，西方经济面临总需求长期不足，有可能滑入"长期停滞的陷阱"。

挑战贸易争端，虽然作为全球化受益方的美国"精英"阶层的短期利益可能会受损，但长期来看，精明的他们会在"效率"和"公平"之间权衡，向受损过多的一方倾斜，可能才是真正的长治久安之计。

从这个意义上讲，美国从包容、多元化与全球化向反建制、反多元化、反全球化的方向演变，最终以特朗普为代表的强烈右倾的政治集团上台，透露着某种历史的必然性。

特朗普当局诞生于西方经济、社会和政治结构的断裂时期，所以其政治目标是"反建制"，即如班农所说的由大资本、大金融、大技术构成的一个全球化精英集团。建制的长期利益结合体是新兴经济体，而把两者连接在一起的纽带叫"全球化"。全球化经过近半个世纪达到今天这一前所未有的高度后，原有的全球化规制已经无法容纳"资本无界人有界"的套利膨胀，造成了西方和美国国内的资本抽逃和阶层坍塌。这种来自相对贫困化的中下层民众的不满在经济下行周期集中爆发出来，英国脱欧、特朗普上台、中美贸易摩擦都是其不同的表现形式而已。

从这个意义上讲，中美贸易摩擦，躲不过、逃不掉、避不开。这是对过去近半个世纪全球化进程的某种历史性"清算"，至少也是一次重大的利益边际修正。尽管从长时段来看，全球化不会终结，但阶段性的逆转则是完全可能的。未来新一轮的全球化需要新的全球规制的构建和人类更高层次的技术水平的支持，这可能需要一个相当长的时间。

所以贸易争端不会轻易结束，也不会因为某一政治事件戛然而止，它的结束需要以西方特别是美国国内分配机制的优化、阶层矛盾的缓和为前提。在这之前，保守主义、单边主义、民粹主义很难避免。

第三章

贸易纷争，对中国有何影响？

没有哪个胜利者信仰机遇。

——尼采

人们可支配自己的命运，若我们受制于人，那错不在命运，而在于我们自己。

——莎士比亚

第一节　贸易摩擦中的汇率、税负以及企业发展战略

一、人民币汇率有何影响？

近段时期以来，人民币持续面临贬值压力。2018 年 10 月 31 日，人民币兑美元汇率中间价在 6.9646 元，11 月 1 日较上一日下跌 24 个基点，报 6.9670 元，创 2008 年 5 月中旬以来的逾 10 年新低。从走势看，人民币破"7"似乎只有一步之遥。人民币贬值究竟原因何在？未来能否稳定？

复旦大学经济学院世界经济系教授华民认为，本次人民币贬值主要由两个因素导致：一是在金融层面，受美联储加息影响；二是在基本层面，受中美贸易摩擦加剧造成的出口下降影响。"虽然美国进一步对中国出口商品加征关税的时间窗口期未至，还没产生实际影响，但预期已经形成。"

也有观点认为，如果下一阶段中国的出口继续下跌，美元继续加息，短期内人民币贬值趋势或将难以改变，进一步还会影响投资。因为在本币贬值的情况下，投资带来的远期收益会因之折价。本币持续贬值也会影响

资产价格，首先就是反应敏感的股市。在本币贬值预期的作用下，对出口也会产生不利影响，因为买方会期望更低的价格。

近期，市场舆论再度集中于人民币兑美元是否会破"7"的讨论。《中国经济周刊》首席评论员钮文新认为，只要人民币升值贬值是在有序、可控的范围之内，那就应当允许它更加自由地波动，不必干预。从金融市场预期和市场运行的角度说，一味强调"7"、过度关注"7"，反而会使"7"失去柔和性而变得十分僵硬。

钮文新认为人民币是否破"7"不是中国单方说了算的，它取决于对手货币政策和币值的变化。比如，人民币兑美元汇率，它必然受制于美联储货币政策的变化，尽管人民币不是美元指数的成分货币，但美元对世界主要货币的升值预期，必然加大人民币相对于美元的贬值压力，而人民币贬值压力也会影响到人民币相对于其他主要货币汇率的变化。

然而，有一些人士却简单地将外汇市场与股市、债市的波动一样看待，好像人民币贬值就一定是坏事一样，这其实是一种误解。人民币贬值很可能只是美元升值的反映，并不意味着人民币本身出了什么问题，这种相对波动是外汇市场的特点。

那么，人民币汇率是不是也应当反映中国经济基本面的变化？中国经济下行压力加大，人民币难道就必然贬值吗？这种理解也是错误的。严格地说，汇率应当反映的是"两国经济基本面的相对变化"，这种相对变化才是决定两国货币汇率的关键因素。人民币汇率从根本上应当取决于中美两国经济基本面的相对变化，而不单纯取决于中国经济基本面变化。

人民币存在贬值压力不一定是坏事吗？当然不一定。经济下行压力加大导致人民币贬值，恰恰是市场修复中国经济下行压力的自然动能。换句话说，在正常情况下，人民币贬值有利于中国经济破除下行压力，恢复稳定。

为什么要强调在"正常情况"下？因为从历史经验看，发展中国家货币存在贬值压力之时，极易遭到国际金融大鳄的做空攻击，尤其是对那些外汇储备不足的发展中国家，国际金融大鳄的攻击就更显凶悍。

因外汇储备不足而遭遇货币做空攻击是非常糟糕的情况，被攻击的国家央行不得不通过加息，即向外国投资者输送利益的方式阻止货币贬值，但在阻止货币贬值的同时，高企的利率也扼杀了本国经济的健康。

因此，必须防止市场出现"异常情况"，这也是中国金融管理者之所以经常出手击退人民币恶意做空势力的关键原因。但这并不意味着人民币必须保"7"。确保某一汇率价格不破，必须消耗大量外汇储备，尽管中国外汇储备比较充裕，但也并非可以无限消耗。

当然，为防止人民币持续贬值，在相关政策上有所作为也是必需的。比如，出台一些促进出口的政策。促进出口才能增加外汇供给，方法是以减税对冲关税上升，而不能指望汇率贬值。如果以汇率贬值来促进出口，则与稳定外汇的政策目标冲突，不利于稳住人民币汇率。

二、企业减税，何去何从？

2017 年 12 月 2 日，美国参议院通过了特朗普的税改法案，美国企业税税率从 35% 大幅降低到 20%。同时，美国还提高了个税扣除额，以较低的税率对美国企业转移回国的海外资产进行一次性征税等。

一句话，企业和个人的税负都减轻了。减税政策必将使美国成为全球税收洼地，企业、资金、人才等都会回流美国，这是大趋势。

为什么要减税？减税会带来经济增长，水一涨，众船高，也就是共和党一直信奉的"涓滴经济学"。里根当年的减税计划一实施，股市就开始腾飞。提出"拉弗曲线"的经济学家阿瑟·拉弗就认为，1982 年所得税税率（企业和个人的）和资本利得税税率促成了我们现在认定的、世界历史上规模最大、期限最长的财富创造期。

此番对美国减税法案的讨论中，人们提及最多的就是 1986 年里根时代的减税案例。特朗普减税的背景与当年背景有颇多相似——经济处于复苏周期，货币政策处于加息周期，两人均为共和党人。而特朗普经济学也被视为里根经济学的延续。在特朗普的政策组合中，除了削减财政开支的主张和里根经济学不同，其他都高度相似。

从 1986 年起减税后的 4 年内，美国的消费、投资、就业等各方面都获得了提振。因此，当前市场支持者一方也普遍憧憬特朗普能够复制里根的成功，实现其竞选口号——"Make America Great Again"（让美国再次伟大）。

许多人还在猜测美国减税政策的效果，英国、法国、印度等其他市场化、全球化程度较高的经济体早已采取减税行动，跟美国竞争。

具体来说，英国计划将企业所得税率由 20% 调整为 15%，到 2020 年将企业税率调低到 17%。印度于 2017 年 2 月宣布将消费税从 10% 调低至 8%，服务税下调 2 个百分点至 10%，同时对于年收入在 25 万~50 万卢比的人群，个人所得税税率从 10% 下调到 5%。法国总统马克龙也在竞选期间表示要将企业税税率由 33% 下调至 25%。

中国该怎么办？当前中国企业的税负是比较沉重的。据世界银行《世界纳税指数 2017》报告显示，中国宏观税负高达 68%，远超过大部分发达国家。相比之下，德国总税率为 48.9%，美国总税率为 44%，英国总税率为 30.9%。由于统计口径和计算方法不同，许多人测算出的中国实际宏观税负可能没有那么高，在 30%~40%，既低于美国、日本和德国等发达国家，又低于韩国、巴西和俄罗斯等国，在全球主要经济体中属于偏低水平。然而，无论怎么计算，中国企业对税负苦不堪言是实实在在的。

让中国企业痛苦的还有劳动力成本的迅速上升、劳动生产率的低下等。2016 年年末，随着福耀玻璃集团董事长曹德旺对比中美制造业成本，一些企业反映的当前企业税负重、涉企收费项目多等问题在社会上引发了诸多争论。在这场讨论中，企业家与学界、官方对中国企业税负是否过重的问题看法不尽相同，各执一词甚至截然相反。"中国企业的税负到底高不高"也成为人民代表大会上企业代表们热议的话题。

天津财经大学李炜光教授率领课题组对民营企业家税费负担进行了调研，期间与 100 多位企业家座谈。调研初步结果显示，企业家认为税收负担很重和较重的比例很高，达到 87%。李炜光表示，目前 30%~40% 宏观税负对企业来说过高，甚至可以称作"死亡税率"。因为我国大部分企业利润率不到 10%，30%~40% 的税费负担会导致大多数东部沿海加工业企业处于困境之中，甚至亏损倒闭。

对于李炜光教授以"死亡税率"来判定中国宏观经济的发展是否过于偏颇？尽管一些选择离开的制造业企业依然会将中国作为业务重心，但这也留给我们许多反思，接下来的税制改革又该如何走？

三、中国企业，如何应对？

对于中国企业，应对贸易争端最好的方法无疑是以更大的勇气与决心，投入到技术与产业升级之中。对于中国企业而言，崛起中的"阵痛"难以避免，但也更坚定了科技自强的决心。从传统货物贸易，蔓延至知识产权、市场准入；从对单一产品采取"双反"关税等贸易救济措施，升级为大范围征收高关税、加紧对华高科技出口限制。科技正日益成为中美竞争的核心领域。

中国外交部发言人华春莹曾表示，美国频频以国家安全为由对中美高科技领域的贸易投资设限，"说到底暴露了美方'只能我有，不允许你有'的霸权心态"。"你在中国生活可以看到，苹果手机这样的产品随处可见，我们不觉得是威胁，但在美国如果有人买了华为手机，在美国的一些人看来就成了威胁到美国安全的重要事态。"她反问道，"作为世界上头号强国和科技强国的美国，难道果真已经脆弱到如此地步了吗？"

法国巴黎第一大学教授、贸易问题专家利昂内尔·丰塔涅认为，与贸易战相比，这是一场已经开始的技术战。特朗普在此关注的是美国经济的另外一部分——创新。

在过去的数十年中，全球价值链分工决定了中美贸易格局。在经济全球化背景下，中国逐渐成为世界工厂，以加工组装方式向全球输出商品。根据中国商务部 2017 年 5 月《关于中美经贸关系的研究报告》，在全球价值链中，贸易顺差反映在中国，但利益顺差在美国，总体上双方互利共赢。美国从设计、零部件供应、营销等环节获益巨大。

自 2008 年以来，中美两国产业间的贸易虽然依旧以互补性为主，但竞争性显著加强。中国大力投资于战略性技术领域，产业转向全球价值链高端。在世界"100强"里，中国在家电、通信设备、互联网等领域已经拥有一席之地。随着"中国制造2025"的提出，中国寻求在人工智能、电动汽车、医疗设备等多个领域的突破。外交学院副院长王帆表示，美国将征税目标锁定"中国制造2025"计划，除了有平衡贸易逆差的目的之外，"更根本的意图是削弱'中国制造2025'计划，延缓中国高速发展的速度"。

中美贸易摩擦，美国科技公司被夹在政府与市场之间进退两难。高通被美国政府当作与中国科技竞争的棋子，然而中国是高通最大的市场，2017财年高通收入的65%来自于中国业务。

对于中国企业而言，崛起中的"阵痛"难以避免，但也更坚定了科技自强的决心。中美"芯"战爆发两天后，阿里巴巴集团宣布全资收购中国大陆唯一的自主嵌入式CPU IP Core公司——中天微系统有限公司。阿里巴巴CTO张建锋表示，IP Core是基础芯片能力的核心，进入IP Core领域是中国芯片实现"自主可控"的基础。数据显示，2016年中国进口芯片金额高达2300亿美元，花费几乎是排在第二名的原油进口金额的两倍。但是张建锋认为，在面向未来的一些领域，中国与原本具备先发优势的国家处在同一起跑线上。"如以城市大脑、智慧城市为代表的物联网就带来了新的芯片需求，这是中国企业掌握核心竞争力的机会。"

中国有8亿网民，对于人工智能、大数据来说，犹如坐拥在数据宝库之上。超级电商们成为云计算的领先者。"中国云计算市场已经发展到了深入阶段，电商平台发展云计算有天然的优势。"京东云事业部总裁申元庆说，云计算一直是支撑电商信息系统的基石。2018年4月20日，京东云启用了全新的品牌形象，标志着将全面发力云计算市场。"随着技术转型，围绕人工智能、大数据、云计算深度布局，继承超级电商DNA的京东云也必将成为超级云商。"

中国还是世界上人工智能AI科研人员最密集的国家之一。中国有460万刚刚毕业于工科专业的研究生，人口只有中国1/4的美国，在这个数据上与中国相比，只有其1/8的量。

国家发改委宏观经济研究院常务副院长王昌林表示，美国商务部宣布对中兴通讯采取出口管制措施，将对我国高技术产业发展带来一定影响，但不会阻碍中国高技术产业快速发展步伐。

近几年"中国芯"的进步有目共睹。其中芯片设计在 2017 年所占全球市场份额只有 7.8%，但增速达到 26.1%，并且在政策"东风"和资本高投入下，还在保持高速增长。另有一种观点认为，最近几年迅速崛起的 AI 芯片或将是中国产业界弯道超车的机遇期。

中华人民共和国工业和信息化部电子信息司司长刁石京表示，经过多年创新攻关，国产芯片细分领域实现较大突破，对关键领域支撑能力显著增强。在细分领域，国产芯片支撑下游应用产业竞争力显著提升。以移动智能终端芯片为例，海思半导体、紫光展锐等开发的移动处理芯片全球市场占有率超过 20%，有力支撑我国移动通信终端迈向中高端。同时，在位于产业链高端的设计环节，境内设计业规模从 2014 年的 1047 亿元增长到 2017 年的 1980 亿元，位居全球第二，设计质量不断改善。

毫无疑问，中国的芯片产业正迎来黄金时代。2014 年根据《国家集成电路产业发展推进纲要》成立了国家级的集成电路产业投资基金；"中国制造 2025"对集成电路发展做了详细的规划；2018 年全国"两会"，集成电路更是被列为"加快制造强国建设"的五大产业之首。

政策"东风"之下，产业链上一片沸腾。除了阿里巴巴，紫光展锐也宣布，其旗下全系列智能芯片都可支持 Andriod Go 版本，近两年紫光集团正在大手笔布局芯片领域。小米也在 2017 年推出自主研发手机芯片澎湃 S1。而华为早在 2004 年就着手研发自主芯片，目前其旗下海思麒麟芯片支撑着华为手机飞得更高。

科技产业有自身的规律，核心技术的突破，需要坚持不懈地深入研发。迎难而上，实现更多更关键核心技术的突破，把竞争和发展的主动权掌握在自己手中，才能做到不管"狼来了"还是"狼走了"，都能从容应对。

第二节　贸易摩擦，民众受累

一、中美贸易摩擦会影响赴美留学吗?

2018年对于中国留美家庭来说，是值得关注的一年。仅仅半年时间，人民币兑美元从6.25元跌至6.96元，与此对应的是中美关系的急剧转折，由中国贸易顺差争议转为贸易摩擦，直至美国副总统彭斯演讲后所谓的"新冷战"。

显然，中国社会还没有足够的理论和舆论准备面对这一是否存在的"新冷战"，中国留学家庭及留学生没有做好思想准备。这次转折是1972年《中美建交联合公报》发表以来，中美关系继1989年、1998年两次冰点后的又一次冰点。

美国副总统彭斯于2018年10月4日发表了被《纽约时报》认为是预示"新冷战"的演讲。毫无疑问，这对赴美留学蒙上了一层阴影。这个趋势目前还在演变之中，估计会有三种可能：一是美国关闭对华留学生市场，类似对俄罗斯；二是中国采用加强外汇管制等手段，提高赴美留学难度，部分家庭将选择放弃赴美留学；三是全球性经济衰退，留学成为奢侈行为而失去意义。

目前来看，赴美留学还没有遇到明显的挑战，因为留学产业是一个中长周期产业，短期的国际关系和经济波动对留学的影响不会过于激烈，但是长期的影响趋势一旦形成，则会有深远的影响。

还有一种可能，是中美两国互相提高市场开放门槛。美国经济复苏，美元强势回流，中国经济产能过剩，外资进入成本在不断上升，导致国内针对留学生的就业岗位在逐渐流失。有一位资深"海归"因为美国公司撤销了在上海的分公司而失去了工作。他的观点很直接，当年他从美国留学毕业后在美国世界五百强公司工作两年后，为了家庭团聚和更高的待遇，选择到该公司中国分公司担任高管，负责该公司亚洲地区的发展，十几年前，在上海拿着美国工资，短短几年就完成人生原始积累。而现在，这样的机会几乎没有了。如果不能留在美国拿高薪，去留学干什么？留学本质也是一种投资行为，如果不能留在美国拿高薪，这种留学和国内上大学没有区别，但是要花更大的代价。目前外资撤出，今后类似"海归"这样的机会几乎没有了，而十多年前，这样的机会很多。

中美如果全面对抗，留学美国的学生会面临价值观选择的潜在风险。这是一个比较敏感的话题。中美教育最根本的差异是教育理念的差异，中国注重集体性，强调思想的统一，反对个性突出；美国注重个体性，强调培育批判性思维和逻辑思维。很多留学中介极力向学生家长和学生推荐美国大学的人文学科，其实一个潜在的动机是可以通过冷门学科比较容易申请到美国排名靠前的大学。而排名，是中国家长衡量投入的一个重要参照指标。

实际的情况是，美国人文学科如历史、哲学、政治学等学科的毕业生在美国就业就比较困难，对于没有美国公民身份的留学生来说，就业就更加困难了。横亘在中美之间的意识形态和价值观差异，是留美人文学科的一个巨大挑战，只有极少数天分极高的人才会跨越价值观，达到学术的最高端，这个对于大多数留学生来说是很难突破的，特别是价值观尚未定型的本科学生。

从目前美国的情况来看，由于经济复苏，对就业人口的需求会增加，但是这并不意味着高端人才的需求会增加，美国经济复苏最大的需求是对产业工人的需求，所以，对外国留学生的需求将会由"掐尖"转为附带性资产移民，也就是说，有家庭移民的持有绿卡的留学生，如果在美国从事普通职业，获得职业的可能性可能会加大。

作为欧洲制造业大国，德国75%的学生选择技术学校，而在中国家庭只要学生能够坚持，一般都会坚持普通本科乃至研究生教育，导致大批博士生、硕士生和本科生一起抢饭碗，争夺公务员、国企职工等职位。"海归"多数也是本科研究生学历，回国和要和本土大学生一起争夺工作岗位。在这种形势下，国家的政策将影响"海归"未来就业去向。

人类思想史上有两位伟大的卡尔，一位是卡尔·马克思，他确信人类的未来一定是共产主义，另一位就是卡尔·波普尔，他在《开放社会及其敌人》一书中描述了未来人类社会的前景是：未来对于人类诱惑太大，存在很多不确定性，人类很难把握历史，人类对历史的预期，会深刻地影响未来。

赴美留学就是这样一个波普尔定律，它充满了不确定性。对于普通家庭而言，一要有可行的留学规划，不盲目跟从，一旦选择留学，就要坚定地走下去，越早独立的孩子越早成熟，也就越早具备承担未来就业生活的勇气和能力；二是要更具备开放思维，留学目的国和回归模式多元化，要打破留学美国迷信，更多地选择其他国家，包括英联邦国家和欧洲其他国家留学，以适应越来越多元的世界留学格局。留学毕业后去向也要多元化，既可以回国发展，也可以选择亚洲乃至世界其他国家。随着全球化浪潮的迅速推进，未来的世界更需要世界公民。每一个走出国门求学的学生都要做好这样的思想准备，无论是主动还是被动，未来可能就是努力做一个世界公民。

二、贸易纷争延伸至高科技人才争夺

中美贸易摩擦，硝烟弥漫，目前已经延伸到科技领域，演变为人才争夺大战。从中国企业到中国资本，再到中国学者，美国限制对中国科技的交流一再升级，这对中美两国的科技发展，都将带来负面影响。

据凤凰网报道，2018年2月，美国联邦调查局（FBI）就以涉嫌诈骗为名逮捕中国香港大学新兴技术研究所所长、机器人科学家席宁；同年2月，美国国家海洋和大气管理局（NOAA，隶属于美国商务部）大西洋海洋学与气象实验室（AOML）的华裔海洋学家王春，因接受中国方面的薪金而获刑；2018年6月，FBI逮捕华人工程师张小浪，称后者涉嫌盗取苹果无人驾驶技术机密；7月，FBI又逮捕了另一位华人：通用电气主任工程师郑小清，他被指控涉嫌窃取与动力涡轮相关技术机密提供给中国公司。而以上几人都是中国"千人计划"专家。

其实，美国有关部门早已开始关注和调查中国专家学者，其中"千人计划"学者是重点关注对象，可以肯定的是，"千人计划"学者在美国遇到了前所未有的困境，日子并不好过。在华人学者中，"千人计划"及其处境也变成了敏感话题。仍留在美国的"千人学者"，有一些已经被 FBI 约谈，甚至连警察局也在参与排查。

"千人计划"又分为"大千人"和"小千人"（又称青年"千人计划"），"小千人"名单是公开可查的，"大千人"详细名单并不公开，不过，国内很多单位会把自己引进的"千人学者"名单在网上公布，这些都为美国的排查提供了直接信息。

自 2008 年以来，中国一直在开展"千人计划"，以吸引外国研究人员和在其他国家工作的中国研究人员回国。该计划为这些研究人员提供高工资、大额的启动奖金和研究经费，迄今已经支持了超过 7000 名参与者。根据公开资料显示，目前，除了中国共产党中央委员会组织部的"千人计划""万人计划""青年千人计划"外，国家各类人才项目还包括教育部、国家自然科学基金委员会、人力资源社会保障部、科技部等部门设立的各项人才计划。

据了解，2018 年 5 月，美国众议院通过一项国防授权法案，其中包括一条修正案，即允许国防部中止向参与中国、伊朗、朝鲜或俄罗斯人才计划的个人提供资金和其他奖励。当时，该修正案的提出者，众议员 Mike Gallagher 称，如果中国学者正在参加"千人计划"类项目，可能无法获得美国国防部的教育培训以及研究经费。

中国于 2008 年开始推行"千人计划"，即海外高层人才引进计划，除"千人计划"外，国内还有不少类似的人才引进计划，包括教育部"长江学者奖励计划"、中国科学院"百人计划"、自然科学基金委"国家杰出青年科学基金"，以及其他部门和各省、区、市的人才引进项目。参与这些人才引进计划的专家学者，能够获得人均 100 万~200 万元人民币的资助经费，回国工作后，薪资水平也会高出岗位平均工资的 2~4 倍，此外还有不少特殊福利。国家支持的"千人计划"学者的前提是这些学者必须保证每年在国内有一定的任职时间。这一点是让美国相关部门警惕的主要原因。

德州理工大学的声明中提到，中国大力推行"千人计划"，旨在建立有高度竞争力的研究项目，使中国能够缩小与发达国家的技术差距。美国国会对该项目的进展十分关注，FBI 认为这一项目与正在调查的中国"科学与工业间谍"有关联，并认为"千人计划"的部分成员与中国军方关系密切。

对于中国来说，一旦遭遇技术封锁，不少涉及前沿技术的行业发展将受限。海外人才引进对于国内先进技术产业发展，起到了明显促进作用，以人工智能（AI）行业为例，目前国内 AI 独角兽和准独角兽公司中，大部分创始成员都有在美国学习、工作背景，而大科技公司的 AI 负责人，也多以有留美背景为主。

美国针对中国"千人计划"学者进行无差别排查，以及限制敏感专业中国学生签证的行为，对于吸引更多华人学者加入美国科研行业，将产生消极影响。从中国企业到中国资本再到中国学者，美国限制对中国的科技交流已经全面启动，这对中美两国的科技发展都将带来负面影响。

三、"赴美生子"产业生变? 中国妈"美国梦"恐碎

自特朗普上台以来，不断收紧移民政策，已经陆续出台了一系列针对出入境与移民的指令，比如加强旅游、公务和探亲签证的审查，还要在墨西哥和美国之间修一堵墙。

2018 年 10 月 30 日，特朗普接受媒体采访时表示："随便什么人来美国生个孩子，就能获得公民权和福利，太荒谬了，这必须停止。"

据《国会山》消息，特朗普在密苏里州一场活动中表示："'赴美生子'这个疯狂的政策，已经形成了一种名叫'生育旅游'的产业。"他还点名中国："这个国家（赴美生子人数）是最多的。"

这一言论是特朗普近期一系列针对非法移民政策的延续，作为电视采访片段被媒体 Axios 先行曝光，引起了广泛争议与震动。虽然近年来保守派

不断对出生地公民权进行攻击，并声称这是美国非法移民问题的根源之一，但出生地公民权属于美国宪法修正案第 14 条明确规定的权利，任何与此相冲突的法案或行政命令都有可能导致违宪的结果。

消息一出，有人认为中国赴美生子的产业链可能要结束。近十年，中国赴美产子人数逐年上升，2016 年，这个数字保守估计超过 8 万人次。如今赴美生子产业链规模已达数十亿美元，关乎几万人的饭碗，一旦赴美生子的通道关闭，意味着整个产业的消失。

翻看中介打出的广告，赴美产子的"好处"有这些：

（1）出生即拥有美国身份，享受社会和医疗福利，即便一辈子没回过美国，到老年也可领取养老金。

（2）孩子满月可带回中国抚养，在美国可享受公立小学至高中 13 年免费义务教育。

（3）拥有低门槛进入美国名牌大学，学费为外国学生的 10%～50%，享受公民专项奖学金和低利率助学金等。

（4）在美国出生的公民才能在美国政府、联邦单位及企业任职，官方军务、国防外交、高科技和核心实验室等关键职位严格限于美国公民，甚至竞选总统。

（5）21 岁时可为父母申请永久绿卡。

（6）享受近 200 个邦交国免签待遇，出入境非常便利。

美国是目前全世界公民身份制度最宽松的国家之一，在出生公民权问题上实行"落地国籍"原则，凡在美国出生的婴儿都自动成为美国公民。这一规定 1868 年被写入美国《宪法》，至今已经 150 年。

说起"落地国籍"，其实早在我国唐朝已经实行了。《唐六典》明确规定："凡内附后所生子，即同百姓，不得为蕃户也。"有一种说法认为，唐朝这一律法，促成我国第三大民族——回族的形成。进而被美国效仿写进宪法。

为什么说唐朝的"落地国籍"催生中国的回族？那是因为外国人在大唐生的孩子都会被看作大唐的百姓，所以，当时在中国生活的很多穆斯林的后代就直接成为了唐朝人，这些人后来慢慢就形成了回族，此后一直繁衍生息到今天，到今天人口已经超过了 1058 万（依据全国第六次人口普查数据），是继汉族、壮族之后的第三大民族。

再说美国的"落地国籍"，支持者认为"出生公民权"是美国作为移民国家的优良传统，既有助于吸引国外人才定居，也体现美国开放包容的价值观。但在批评者看来，该项权利正在被无证移民和兜售"生育旅游"的公司滥用，非法移民也是美国犯罪率攀升的根源。

数据显示，2007 年，中国赴美生子人数只有 600 人左右；2010 年达到 5000 人；2012 年，超过了 1 万；2015 年，赴美生子人数已高达 6 万人；2016 年保守估计已超过 8 万人次，至今热潮不减。

赴美产子人数猛增的同时，相关产业链也快速发展，目前国内已经形成赴美产子"一条龙"服务，从签证、入关到生产、坐月子等，价格根据档次的高低，20 万~60 万元不等。

该行业最初门槛低，利润高，行业龙头之一的某企业在 2012 年就签单 3000 多份，以每单 20 万元来算，营收高达 6 亿元，堪比上市公司。但是随着监管趋严以及业内的激烈竞争，违规经营的民宿月子中心逐渐被淘汰，行业集中度也在不断提高。

整套赴美生子的服务中，月子中心是消费大头，据估计，2016 年美国月子中心来自中国市场的收入就高达 40 亿美元，预计这一数据在 2020 年或达到百亿美元以上。

特朗普一向反对非法移民，2015 年在竞选总统时就曾说，出生公民权是吸引非法移民的磁石，是非法移民的最大根源之一。自特朗普上台以来，不断收紧移民政策，已经陆续出台了一系列针对出入境与移民的指令，比如加强旅游、公务和探亲签证的审查。此外，美国国防部官员于 2018 年 10 月 29 日宣布，将在本周向美国与墨西哥边境派出 5200 名军人，以应对中美洲移民潮。

在特朗普的带领下，美国正在由开放走向封闭，当压缩移民的高墙筑起时，"美国人的父母"就不再那么好当了。

第三节　结语

姑且不谈具体的数据，从中美两国贸易结构着眼，美国对华出口产品集中在初级产业部门，如农产品、天然矿石以及先进制造业如汽车、飞机等，中国对美国出口产品主要是机械（占出口总量51%）以及劳动力密集、附加价值低的产品。

至于两国对贸易摩擦的承受程度，美国GDP体量几乎是中国的两倍，出口仅占GDP的10%，何况可以从其他国家进口同类产品，也可以将本国产品销往其他国家，所以论及对两国正常贸易的依赖程度，美国远不如中国之高。据此，特朗普或许认为，若两国爆发贸易战，美国的承受能力大于中国。一旦由于特朗普政府单方面对中国输美产品征收重税，在欧洲、日本则可能引起连锁反应。假若中美两国爆发贸易战，在中国投资的相关外商觉得无利可图，另谋出路，涟漪所及，可能在战略上对美国更有利。倘若中美两国经贸关系降级，外商业界迟早会诉诸或将在华投资的企业外迁至越南、印度等国，或索性迁回本国。无论单向还是双向，均在战略上有利于美国。

如果在华低端产业迁往越、印等国，产业链容易建立。况且迁出中国，就直接地削弱了中国经济，而迁入这些国家，又扶植了中国的假想敌国，也就间接地动摇了中国的地区战略优势地位。

若在华高端产业迁回美、欧、日，当地原本就存在产业链，不仅有利于增加本国的就业机会，促使美、欧、日产业复兴，而且在根本上削弱了中国的经济竞争力。

2017年中国的经济总量已经达到12.7万亿美元，对外出口达到2.26万亿美元，中美贸易摩擦产生的损失，相对我国经济总量和未来发展空间来看，在一定程度上是可以承受、可以消化的。但是，贸易摩擦对其他经济领域以及政治、外交、社会心理等方面可能产生"外溢效应",不可小觑。目前,针对美国的高关税打压,我国已经出台相应方案予以同步反制;针对在华跨国公司,包括在华美国企业出口可能遇到的不利影响,我们既有策略安排,更有大量措施储备;针对美方在高技术上"卡脖子"和试图阻断我国产业链的行动,我们积极开展更加广泛的国际交流与合作,让国内巨大市场空间成为与世界融通的重要平台,在迎接新一轮科技和产业革命重大机遇、应对外部环境的重大挑战中,锻造充满希望的未来。

第四章

中美贸易纷争的
国际影响

国虽大，好战必亡；天下虽安，忘战必危。

——司马穰苴

谁忘记历史，谁就会在灵魂上生病。

——勃兰特

第一节 贸易纷争，各受其害

一、特朗普"美国优先"的本质

美国总统特朗普摒弃历届政府奉为圭臬的"全球主义"，把"美国优先"作为原则，宣告"从今日起，一种新愿景将治理我们国家，从今日起，只能是美国优先"。虽然"特朗普主义"作为一项总体外交战略尚未明确，但"美国优先"已构成其关键的内容，代表美国外交的调整方向。

"美国优先"起源于20世纪30年代的民族主义和保护主义思潮。1940～1941年，孤立主义者曾以"美国优先"为口号，反对美国参加第二次世界大战。这一口号随着美国卷入"二战"，继而成为全球霸主、奉行积极干预政策而被弃置一边。时至今日，特朗普重拾该原则，并赋予了其新的内涵。

特朗普把"美国优先"作为实现"使美国再度伟大"目标的原则，试图通过这一理念表明其政策出发点均是其本国利益。他在竞选时曾阐述，"美国优先"即在外交上永远避免卷入任何外国冲突，除非美国的经济和战略利益受到直接威胁；在贸易上，改变当下美国受到羞辱的局面，保护美国工人免受外国不公平竞争的侵害；在能源上，开发美国自身的能源潜力，为本国的工业带来繁荣；在经济上，通过调整税收和监管政策，留住美国的就业机会和财富；在移民政策上，要保护美国人的工作、工资和福利保障。在执政首年里，特朗普外交经历了一条比较明显的"学习曲线"，逐渐从竞选需要过渡到现实政治，一些曾经具有颠覆性的主张，如重塑联盟关系、改善美俄关系等，接受了现实的打磨，逐步归于平庸。但其中不变的是，他对"美国优先"的诉求愈加坚定，因这攸关他抨击精英政治、颠覆"政治正确"、把自身塑造为劳工阶层救星的政治基础。

"美国优先"意味着政府优先关注自身问题，不再援助发展中国家，不再远赴伊拉克、利比亚推动"政权更迭"，不再坐视本国工业被全球经济甩在后面。例如，特朗普决定退出《巴黎协定》，认为协定对美国能源生产设置诸多限制，将摧毁就业、推动能源价格并伤及制造业；前任奥巴马政府为达成该协定做出的妥协，使美国在国际竞争中处于不利地位。因此，特朗普现在要卸下这个包袱。

特朗普在就职演说中坦言："所有国家都有权以自己的利益为先，我们不寻求将自己的生活方式强加于人，而是要让它发光发亮，成为所有人效仿的榜样。"特朗普还是第一位质疑战后美国积极创立的国际制度体系的美国总统，认为美国被国际秩序绑架了，同盟关系是负担，多边协议捆住了行动的手脚，质疑在世界各地保持美军存在的必要性，寻求把美国从沉重的全球事务负担中解脱出来。

为澄清外界对于美国转向孤立主义的担忧，2017年6月，总统国家安全事务助理麦克马斯特和时任白宫国家经济委员会主任科恩在《华尔街日报》联合撰文，阐释"美国优先"并非"美国唯一"。具体而言，根据"美国优先"理念，首要利益是美国公民的安全，为此美国鼓励各国加大力度打击恐怖组织；关键利益是确保美国经济繁荣，为此"坚决反对一切不公正贸易行为"；牢固的同盟关系和繁荣的伙伴国家是第三项重大利益。文章还提出对世界的新认知："世界不是一个'全球共同体'，而是国家、非政府组织和企业彼此接触、争夺优势的一个舞台。"可以说，把世界看作一个敌意重重的丛林，这正是特朗普世界观的精髓。

特朗普还是首位认为美国综合国力相对衰落的总统，认为全球主义和多边主义"走得过头"，世界多国都在贸易上"占美国的便宜"，近几十年的贸易协定许多都是美国人妥协的结果。"美国优先"首先要在对外贸易领域改变"世界受益、美国吃亏"的局面。此外，特朗普还郑重宣告"经济投降的时代已经结束"，美国不再容忍"经济侵略"，将构建以公平、对等为基础的贸易关系。在他看来，出口是好事，进口是坏事，双边贸易差额便是输赢的计分表。美国"要动用一切可以动用的手段来为美国出口打开外国市场；不会容忍汇率操纵、不公平的政府补贴、盗用知识产权等扭曲市场的不公平贸易做法"。除了纠正贸易失衡外，美国还加强对外来投资的审查，发起多项"双反"调查，重谈多项贸易安排，表达了在贸易领域止损甚至求偿的心理，即使这会伤及盟国的利益。

具体来看，美国退出"跨太平洋伙伴关系协定"（TPP），尽管对美国外交信誉产生重大打击，会产生复杂的地缘政治和经济影响。推动重新谈判北美自由贸易协定（NAFTA），对墨西哥和加拿大提出苛刻条件，以至于谈判几无进展。明确表达对世界贸易组织（WTO）的轻蔑，威胁无视其冲突解决机制做出的任何对美国不利的裁决。这些表面上的贸易纷争和摩擦，实则是经济实力之争，是美国修改全球贸易规则、重塑贸易体系，以更好地体现自身利益的新一轮战略设计。

特朗普的"美国优先"是要重回另一种大国竞争。实际上，美国的目光从未离开过主要的竞争对象。前任美国政府在强调反恐的同时，就把防范俄罗斯、中国的崛起确立为重要战略目标，试图通过"重启"美俄关系和把中国定位为"负责任的利益相关方"等，采用接触与防范的两手对策，对俄、中进行同化和管理，以降低两国在实力上升后挑战美国霸权的可能性。

特朗普的不同之处在于，他公开提出要用"对抗性"的方法来解决全球性挑战。在2017年12月发布的《国家安全战略报告》中，特朗普政府将美国面临的威胁归为三类，一是俄罗斯和中国作为"修正主义国家"在全球各地挑战美国的主导地位；二是伊朗、朝鲜等"危险的无赖政权"决意制造地区动荡；三是由恐怖主义组织、有组织犯罪集团带来的跨国威胁。报告指出，"历史的一条主线是对权力的竞争"，"大国竞争不再是20世纪的现象，而是已经回归"，"不同的世界观之间开展地缘政治竞争"。这些同特朗普在公开讲话中一贯表达的国家是应对挑战的首要责任方、国家之间互相竞争等主张一脉相承，被视为特朗普外交在理论上成形的标志。

二、美国单边主义作祟

2018年7月30日，国务委员兼外交部部长王毅在北京同英国外交大臣亨特主持第九次中英战略对话后共见记者。王毅应询就中美贸易摩擦问题阐明立场。

王毅说："贸易自由化是国际社会普遍共识，更是不可阻挡的历史潮流。中国始终站在维护自由贸易体制一边，站在历史的正确一边。谁搞单边，谁才会被孤立。过去、现在和今后的国际实践都会继续证明这一点。刚才会谈中我同亨特外交大臣已达成共识，就是中方将同英方以及国际社会一道，继续共同维护多边主义进程，维护全球自由贸易体系和世贸组织规则。

我想强调的是，国与国交往与人与人交往相同，都要以信用为基础，以事实为依据，以规则为准绳。我愿向大家介绍一些基本事实，相信大家会做出客观和理性判断。

第一，中美贸易不平衡的主要责任不在中方。贸易首先是市场的自发行为，中国从来没有强买强卖。贸易结构又是国际分工的自然结果，中国的出口商品很多是最终组装，大量中间产品并非中国生产。此外，中美贸易不平衡还源于美元的国际货币地位、美国国内的低储蓄率和大量消费，以及美方对高科技产品的出口限制等。因此，美国贸易逆差问题的根子在美国自身。

第二，顺差和逆差并不是判断是非的标准。顺差并不意味着占便宜，逆差也未必就是吃亏。事实上，美国一直从对华贸易中得到很多实惠，比如获得了大量廉价资源和商品，增加了消费者福利，支撑了美元强势地位。

美方的所谓'吃亏论'令人费解。好比有人去超市买了 100 元商品，商品拿在手里，却抱怨自己亏损了 100 块钱，这一逻辑能成立吗？

第三，中美之间的贸易摩擦是美方首先挑起的。美国今年 3 月不顾中方反对，启动对华'301 调查'，瞄准中国开了第一枪，之后不断采取各种升级举动。中方不想打贸易战，但面对美方咄咄逼人的态度和侵权行为，我们不得不作出必要反制，这纯粹属于合法合理的'正当防卫'。

第四，美国挑动贸易争端的做法缺乏合法性和正当性。中美都是世贸组织成员，理应在世贸组织框架内解决摩擦。但美方却抛开世贸组织争端解决机制，根据自己的国内法处理对外贸易摩擦，完全背离了世贸组织的基本原则，违反了美国承诺的关税减让和最惠国待遇义务。这是典型的单边主义和经济霸权主义做法，任何主权独立国家都不可能接受。

2018 年以来，中美双方就贸易问题进行过几次磋商，也曾达成过很重要的共识。但遗憾的是，美方并没有承担履行的义务，也没有和我们相向而行。改革开放是中国的既定国策，通过对话而非对抗来处理贸易摩擦，是中方的一贯立场，也是解决问题的正确途径。中方对话谈判的大门始终敞开，但对话必须建立在相互平等和尊重的基础之上，建立在规则的基础之上，单方面威胁和施压只会适得其反。"

"冷战"结束之后，美国单边主义政策便不断发展。特别是在"9·11"恐怖袭击后，美国以反恐为名，强力推行其单边主义政策。2002 年 9 月，小布什总统向美国国会提交《美国国家安全战略》报告，正式提出"先发制人"战略。随后，美国在没有得到联合国授权的情况下，在全世界的普遍反对声中悍然入侵伊拉克。

在小布什执政期间，美国曾退出联合国人权理事会，直到 2009 年才重返该理事会。美国的再次退出，又一次调低了世界对美国政府作为的认知下限。

同样，特朗普宣布退出《巴黎协定》也有"先例"可循。2001 年 3 月，小布什刚上任不久，就以"减少温室气体排放会影响美国经济发展"和"发展中国家也应该承担减排义务"为由，宣布单方面退出由克林顿政府签署的全球气候协定《京都议定书》。

有媒体分析认为，美国政府在贸易、环保和军事领域一次次挥舞单边主义大棒，正在对多边主义造成一次次"撕裂"和"颠覆"。在"以结果为导向"的"美国优先"政策下，美国不断从"二战"后建立起来的世界秩序中抽身，逃避承担应有的责任和义务。这种幻想只享利益、不担责任的外交霸权主义行径，换来的只能是对美国形象的巨大透支。

种种单边主义做法背后有着美国看世界、看自己眼光的微妙变化。美国总统国家安全事务助理博尔顿曾扬言，"如果让我重新打造安理会，我会只设立一个常任理事国（美国），因为这样才能真实反映全球的力量分布"。不得不说，类似的"独行"心态正在支配当前美国的外交决策。

布鲁金斯学会外交政策项目研究员、美国国安委前中国事务主任何瑞恩表示，美国现任政府排斥对美国使用权力添加任何限制，并把经济实力和军事实力当作衡量美国实力的主要指标。"特朗普政府认为美国在相对实力上胜过任何竞争者，在利用这种优势推行'美国优先'方面，不希望有任何制约。"

将世界简单定义为一个零和竞争的世界，这种观念在美国政府 2017 年底发布的首份国家安全战略中得到了充分体现。当时，特朗普表示，此份国家安全战略基于"有原则的现实主义"，称美国正处于一个新的竞争环境中，激烈的军事、经济与政治竞争正在全球层面展开，美国必须动用全部实力与手段参与竞争。特朗普还着重强调，经济安全即美国国家安全。

作为唯一的超级大国，美国的一举一动都会产生明显的连带效应。当华盛顿外交决策日渐倒向零和博弈和单边主义，整个国际体系都感受到了明显压力，这反映在全球治理维系、多边机构运转、世界经济复苏等方面。美国普林斯顿大学教授罗伯特·基欧汉就表示，目前全球治理领域表现出的最大问题，是多边国际机制因为美国政策的调整感受到压力。

"美国选择背弃多边主义可能产生显著的系统性影响。"美国宾夕法尼亚大学政治系教授、东亚研究中心主任戴杰认为，"二战"后建立的一系列国际机制尽管有自身的问题，特别是在平等性方面需要加强，但目前美国政策的变化给这些传统机制带来了全新挑战，这可能会给国际经济与安全秩序增添不稳定因素，而这些秩序原本属于国际公共产品，对包括美国在内的各国都有益处。

在经济上，国际多边贸易体制正遭受严峻挑战。过去一段时期，美国政府针对加拿大、墨西哥、欧盟、中国、日本等国家和地区挑起了贸易争端，并屡屡以关税措施为大棒发出威胁。美国在贸易问题上的好战姿态，不仅伤及双边层面的正常经贸关系，也已成为全球经济的一大隐忧。国际货币基金组织总裁拉加德警告说，笼罩世界经济的乌云正越来越多，其中最大、最重的乌云是那些挑战常规贸易开展方式、多边机构运行方式的做法。在同一场合，德国总理默克尔则说得更直白，称美国政府的关税措施让"多边主义处在一个复杂而困难的阶段"。

美国政治哲学家弗朗西斯·福山发表文章称，"美国给世界政治注入了巨大的不稳定因素。'美国优先'主义的政治，所走向的只能是'美国独行'的世界"。

印度观察家研究基金会主席森卓·乔希评论说，没有一个国家可以单独引领世界。在多样化的世界，重视国际合作的多边主义是必要的，但问题在于多边主义被蒙上了阴影。

单边主义思维也加剧了美国同传统友好国家之间的裂隙。2017年10月，一群长期研究外交问题的德国学者在《纽约时报》和德国《时代周报》发表了一份联合声明，声明第一部分的标题就是"国际秩序——德美新的利益冲突点"。伊核问题、贸易问题是当前最为突出的例子。此前，法、德、英三国领导人轮番到访华盛顿，游说美国继续留在伊核全面协议框架内，但美国政府还是执意选择退出。G7峰会期间，美国又围绕联合公报玩了一出"反转戏"，在大西洋两岸引发了批评潮。"世界处在非常严峻的时期"，近日，美国前国务卿基辛格在接受《金融时报》采访时表示，"美国将成为一个地缘政治孤岛，夹在两个大洋之间，没有一个基于规则的秩序要维护"。

尽管美国种种单边主义做法在国内外招致普遍质疑与批评，有分析认为，出于国内政治的一系列考虑，美国政府短时间内不会改变外交决策基调。

更令各方担忧的是，美国在国际形势复杂化的背景下，抱定任性心态，这不仅对当前国际局势产生明显冲击，也增加了未来国际关系体系整体转型的不确定性。戴杰表示，过去 200 多年来，美国的外交政策始终在多边主义和孤立主义之间摇摆，但目前美国排斥国际合作的情况却有其独特之处——这是美国首次在成为全球超级大国之后陷入对多边主义的排斥，这一点将对未来的国际秩序产生深远影响。

三、鹬蚌相争，两败俱伤

从 2018 年开始，美国依据其国内法 "232 条款" 以及 "301 条款" 主动发动了针对全球很多国家的贸易争端。美国挑起的贸易争端，严重危害全球产业链和价值链安全，阻碍全球经济复苏步伐，引发全球市场动荡，还将波及全球更多无辜的跨国公司、一般企业和普通消费者，对中美两国以及世界经济都将带来影响。

据英国《金融时报》报道，巴西巴拉那瓜港出口的大豆每吨售价为 396.6 美元，比美国南部墨西哥湾沿岸出售的大豆价格高出 66.1 美元。报道称，从 2018 年 7 月 6 日中国对从美国进口的大豆加征 25% 关税的贸易反制政策生效以来，中国买家纷纷取消美国订单。自 2018 年 4 月以来，超过 83 万吨出口中国的大豆订单已被取消，相当于约 14 艘船的货运量，这意味着三个月来，美国挑起的贸易摩擦，就让美国豆农损失 2.74 亿美元。而在 2017 年，美国大豆出口额为 215.91 亿美元，其中对中国出口额为 123.56 亿美元，占比约为 57.23%。

商务部研究院外贸所所长梁明表示，美国大豆大部分还是依赖中国的市场，另外其他的市场额度都非常小。相反中方进口大豆可以做到多源化，比如说可以从巴西、南美进口大豆，现在也正在从俄罗斯进口大豆，也能弥补这个损失，当然这个可能是弥补度的一个问题，或多或少还会对大豆包括下游的生产商成本有一定程度的提升，这个还要进一步地测算。

换个角度来看，美国对我国出口商品加征关税，自损影响不可小觑。

经过听证之后，美国对我国 301 加征关税清单由原来的 19 章 1333 项减少到清单 1 的 9 章 818 项，第一批征税金额为 340 亿美元。而且，美国加税清单部分产品对我国依赖较重，其中，美国从我国进口占比 50%以上的有 11 项，20%以上的有 198 项。为了进一步减少自损，美国还特别提出 340 亿美元的"豁免"程序，如果关税给企业造成"严重的经济损害"，且相关产品无法从中国境外获得，也不"被视为受益于中国的产业政策"，那么该产品可以被排除在外。

中美两国之间的贸易摩擦引发了国内外经济机构对两国 GDP 的担心。2018 年 5 月，标准普尔的测算结果显示，美国向 500 亿美元中国商品征税 25%，中国也进行反击，那么美国经济增速下滑 0.1%；如果中美互相对 1500 亿美元商品征税 25%，那么美国经济增速下滑 0.6%。中国国家发改委的研究显示，对 500 亿美元商品加征 25%的关税，对中国 GDP 的影响在 2018 年、2019 年、2020 年平均在 0.12%左右，如果在这个基础上对 2000 亿美元的中国商品加征 10%的关税，对中国 GDP 的影响在 0.25%左右。

美国和中国作为当今世界最大的两个经济体，相互之间的贸易摩擦还将直接或间接影响到其他国家。国际货币基金组织日前预测，预计到 2020 年的全球经济增长速度可能将会放缓 0.5%。此外，亚洲新兴市场国家国内生产总值将减少 0.7%，中南美减少 0.6%，欧元区减少 0.3%。因此，结论很明显，美国挑起贸易摩擦没有赢家，不仅会两败俱伤，还会损害世界经济的稳定发展。

第二节　中美贸易摩擦，没有"吃瓜"群众

一、日本：影响有限，难收渔翁之利

中美贸易争端会给日本带来什么样的影响？日本舆论有观点认为日本将

受到大的牵连，也有观点认为日本将在中美"交恶"中坐收"渔翁之利"。

对于这个问题，日本官方机构独立行政法人日本贸易振兴机构（JETRO）专家的态度比较谨慎冷静。JETRO海外调查部中国北亚课长箱崎大在接受媒体采访时甚至不愿称之为"中美贸易战"，而是称"中美贸易摩擦"。

箱崎大表示，现阶段来看中美贸易摩擦对日本企业和民众的直接影响有限，但是不可否认日本会受到间接影响。同时，他也认为日本很难从中美贸易摩擦中获得好处，"大规模的贸易摩擦对任何一个国家来说都不是好事"。

谈到中美贸易摩擦对日本的影响时，箱崎大表示，当前受中美贸易摩擦影响的主要是在华日资企业，因为在华日资企业也会向美国出口商品，但是现在看来影响应该不会很大。

JETRO每年都会对千余家主要在华日资企业实施问卷调查，调查结果显示，2017年在华日企面向中国内场市场的销售比重为59.9%，对东南亚的出口占11%，对中国香港地区的出口占7.7%，其次才是美国，所占比重为5.1%。箱崎大称，"在华日企对美国的出口并不多，从5.1%这个数据来看，中美贸易摩擦对于日本企业的影响应该不会很大"。

此外，在华日企的原材料和零部件采购也以当地采购为主。2017年在华日企在中国的采购占总体的67.3%，在日本的采购占26.3%，其次是在东南亚的采购占2.1%，在美国的采购则更少。这样看来，在华日企对于美国的贸易依赖程度并不高。箱崎大称，现阶段中美贸易摩擦对日本一般民众生活的影响还没有显现出来。

但是，中、美、日是经济规模最大的三个国家，三国相互间贸易往来紧密，中美爆发大规模贸易摩擦，日本必然无法保持事不关己的态度。

数据显示，2017年美国和中国分别是日本第一大和第二大贸易出口对象国，日本对美、对华出口额分别为1347.9亿美元和1328.6亿美元，且都在增长，尤其是对华出口同比增加16.7%。与此同时，日本最大的贸易进口对象国是中国，第二大进口对象国则是美国，2017年进口额分别为1644.2亿美元和720.3亿美元。中美贸易方面，中国是美国的最大进出口贸易国、第三大出口对象国，也是最大的进口对象国。

箱崎大认为，日本还是应当对中美贸易摩擦保持谨慎态度，不能因为在华日企对美贸易比重只有 5.1% 就掉以轻心。他说："就算在华日企不直接面向美国出口，但是中国和美国经贸关系紧密，客人的客人也是自己的客人，日本企业可能受到的间接影响是不能被忽视的。"

在被问到哪些行业的日本企业最容易受中美贸易摩擦影响时，箱崎大称，中美贸易摩擦涉及的制造业相关商品比较多，而且在华日企中制造业企业也相对较多，因此制造业企业比较容易受中美贸易摩擦的影响。

在华日企的制造业企业中，面向日本的出口占据压倒性地位，达到 55.9%，其次是东南亚和中国香港，然后才是美国，占 6%。进一步细分来看，汽车零部件等运输机械企业面向美国出口的比重最高，为 10.3%，其次是电机，为 7.4%，继而是食品和精密机械，分别为 7.3% 和 5.3%。

箱崎大称，如果面向美国的出口受阻，那么在华日企就需要寻找新的替代出口目的地，或者扩大在中国市场的销售，以此来降低中美贸易摩擦带来的不利影响，但这并不容易。

针对有观点认为日本可以在中美贸易摩擦中"坐收渔翁之利"，箱崎大称这样的可能性不大。中美都对对方国家的商品征收高额关税时，两国确实可能改换进出口对象，但日本是否能够满足中美两国的需求，这还是一个问题。假设中国和日本生产一样的东西，品质也一样，美国确实有可能把进口对象转为日本，但现实是中国和日本生产的产品不同，美国并不见得会把进口对象转向日本，因此日本也很难从中直接获利。

在采访的最后，箱崎大说，希望中美贸易摩擦不要像多米诺骨牌倒塌一样，波及到更多国家，这对任何一个国家来说都不是好事。

二、韩国：或为受害者

在中美贸易争端"阴云"下，中国的近邻——韩国可能成为一个被忽视的受害者。

与中国类似，韩国同样是一个严重依赖出口的经济体，近年来一直与日本争夺中国最大进口来源国的地位。

2017 年，韩国对中国出口了价值 1420 亿美元的商品，其中 79% 为中间产品，尤其集中在机械、电子、光学和化工领域。据韩国现代研究所（Hyundai Research Institute）估计，若中国对美出口下滑，相应地韩国对中国出口将下降大约一半。

雪上加霜的是，与中国近年来内需不断增强相比，韩国居民消费对 GDP 的贡献率却在逐年下降。这意味着，一旦中美贸易战全面开打，韩国经济恐将很难找到一条替代性的发展道路。

根据韩联社 2018 年 4 月 3 日消息，韩国央行发布数据，2017 年韩国居民消费对 GDP 的贡献率为 48.1%，是自 2012 年以来的第 6 年下跌，数值也跌至该国有此项统计以来最低。更严重的是，这一数据是自 2008 年以来长期下滑趋势的延续。

投资、出口和消费是拉动一国 GDP 的"三驾马车"，三者在 GDP 中所占的比重分别构成投资率、消费率和净出口贡献率。消费率水平，在一定程度上能够反映经济发展惠及国内民众的情况。

韩联社称，以往消费占比下滑很大程度上与不断增长的贸易投资有一定的关系，但最近占比下滑更多的是工作及收入不稳定、老龄化加剧、福利制度不发达致使消费者捂紧钱袋的结果。且与美国 68.1%、英国 64.9%、日本 56.6%、德国 53.9% 等其他发达国家消费占 GDP 比重相比，韩国的消费占 GDP 比重一直偏低，且 21 世纪以来呈快速下滑势头。从历史上看，即使是 1988 年（1987~1988 年全球金融危机）、1992 年（英镑危机）和 1998 年（亚洲金融风暴）等个别特殊年份的数据，也没有低至目前的水平。

2018 年 2 月，韩国央行维持指标利率（KROCRT = ECI）不变，符合外界预期。该行认为，通胀压力温和，在全球贸易战的担忧中需保持谨慎。

韩国央行预计 2018 年韩国 GDP 将增长 3%，但这一估计将很大程度上取决于全球对韩国存储芯片和其他制成品的需求。半导体行业是韩国支柱产业之一，这一行业也会受到中美贸易战的波及。

中国国际经济交流中心研究员张茉楠 2018 年 4 月 4 日接受《中国经济日报》采访时表示，"当前全球产业链是'一荣俱荣、一损俱损'。现在很多产品是中国从欧盟、美国、日本、韩国进口零部件和中间产品，通过中国加工组装再出口至第三方。美国如果对中国的产品征税，对很多高科技领域的产品来说会增加中间产品零部件出口商的成本。欧盟也好，日韩也好，不管它们是否加入美国阵营，在贸易战中都不可能是旁观者，更不会产生什么'鹬蚌相争，渔翁得利'的结果"。

"如韩国的一项研究显示，中国是韩国最大的中间品贸易国，中方很多高端的零部件都是从韩国进口的，再通过我们的加工制造出口到美国或欧洲，如果美国对中国进口有关产品征收 10% 的关税，韩国对中国的出口就有可能损失 280 多亿美元。如果再考虑到两国的经济体量，那么中美贸易战对韩国的冲击远比对中国的冲击要大。"

"更何况，一旦中美发生贸易战，即便不从全球产业链考虑，也能看到全球经济贸易会受到重创，从而导致外部需求的萎缩，反过来对欧洲及其他国家和地区也会产生影响。没有一个国家会置身于全球产业和全球贸易往来之外的。贸易战里只会双输甚至多输，没有赢家，这不是一句空话。"

另据财经媒体"BWC 中文网"2017 年 12 月报道，目前韩国老龄化现象相当严重。韩国企划财政部称，作为世界上人口老龄化速度最快的国家，宏观经济面临着沉重负担。据韩媒报道，韩国行政安全部 2017 年 9 月 3 日发布数据显示，截至 2016 年底，韩国 65 岁以上的人口为 725.7288 万，占总人口 5175.382 万的比例约为 14.02%，在所有发达国家中，韩国迈向老龄社会的速度已经超过日本，排在第一位。预计 2026 年韩国 65 岁以上的人口将超过韩国总人口的 20%。与此同时，2016 年韩国生育率为 1.17%，创 7 年来新低，并且韩国生育率还会不断下降。

路透社称，韩国目前的债务规模达到纪录高位，而劳动力人口正在萎缩，随着利率上升，这或将在 2018 年打压支出。韩国工作年龄人口数量将在 2018 年加速萎缩，远远快于日本和美国。

韩国在 2018 年的经济预案中，已把创造更多就业岗位列为要务，希望更多地通过家庭消费而非出口来推动经济增长。为此已将 2018 年最低薪资提高 16% 至每小时 7530 韩元（约合人民币 44.9 元），为近 20 年来的最大涨幅。

9 年之内，韩国将进入"超老龄社会"的陷阱，如果说高负债是韩国社会消费不振的长期结构性障碍，中美贸易争端可能成为韩国经济近期最大的外部不利因素，而老龄化则可能成为压垮韩国经济的最后一根稻草。

另据韩国"中央日报中文网"报道，随着作为韩国第一、第二位贸易对象的美国和中国之间贸易摩擦日益加剧，出口依赖度较高的韩国经济正遭受巨大打击。

由于中国从韩国进口中间材料制造成品后再出口至美国，中、美、韩的"三角贸易"结构决定了一旦美国对这些产品征收巨额关税，韩国必然受其影响。根据韩国贸易协会的数据，韩国对中国的主要出口产品规模是半导体、平板显示器、无线通信设备、合成树脂、石油化工中间原料，中国将这些产品进行加工再制成电器等，随后向美国出口。根据美国贸易代表办公室的数据，中国对美国出口的主要产品有电器、机械设备、家具及床上用品、玩具及体育用品、鞋子等。其中，除家具之外的大部分产品可能都使用了韩国产的原材料或中间材料。根据韩国贸易协会的数据，2017 年韩国对中国的出口规模是 1421 亿美元。其中中间材料所占比重达到 78.9%。

如果因为美国征收关税而导致中国对美出口额减少，那么对韩国生产中间材料的需求必然会随之减少。在中国对美国的出口产品中，电脑、手机、电视等家电产品较多，其中大多使用了从韩国进口的半导体、平板显示器等中间材料。特别是引领韩国出口势头的半导体行业可能会由此惨遭"横祸"。

相反，也有分析认为，通过中国迂回出口规模不大的汽车和汽车零件、无线通信设备与电脑等都可以获得反射利益。汽车和汽车零件虽说是韩国向美国出口的代表商品，但通过中国的迂回出口或是与中国汽车的竞争几乎不存在。而手机、电视、冰箱等在美国市场上韩国与中国竞争的家电产品若也包含在高关税商品中，那么韩国就能在对美出口中获益。

但也有人指出，韩国也应该做好万全准备以防继中国之后再次成为美国的目标。仁荷大学对外副校长郑仁教表示，"虽然美国暂时免征对韩国钢铁制品的关税，但从对美贸易顺差较大这一点来看，韩国也有可能和中国一样成为特朗普总统的目标"，"韩国政府与工业界必须做好万全准备来应对美国贸易保护主义的扩张"。

据 KB 证券的资料显示，2015~2017 年在美国积累的贸易逆差中约 58% 来自汽车、电子和机械产品。KB 证券研究员吴宰英指出，"韩国汽车和 IT 产业的对美贸易顺差规模较大，由于出口数额仍在增加，因此不排除会被美列为追加征税对象的可能性"，并指出"若具体分析就会发现电脑、冰箱、无线通信设备、半导体等是贸易顺差较大的产业"。

虽然个别行业的损失是问题，但因征收关税导致贸易规模减小而引起的经济增长放缓才是最糟糕的状况。尤其是世界上经济规模最大的两国产生贸易萎缩必然在世界范围内引起轩然大波。若全球贸易萎缩，那么对外依赖度较高的韩国将很有可能出现出口减少、增长减缓的危机。

三、东盟国家：城门失火，殃及池鱼

中国—东盟商务理事会（CABC）是中国与东盟对话合作机制之一，是中国与东盟代表商界的合作对话机制。日前，中国—东盟商务理事会执行理事长许宁宁在接受记者采访时表示，中国与东盟增进合作，是地区经济增长的现实选择，更是夯实双方战略伙伴关系的共同需要，也就是说，不管有没有中美经贸摩擦，都有必要加强中国与东盟经贸合作，这是双方发展利益决定的。

据了解，在东盟 2017 年的对外贸易中，中美共占 20%，中国是东盟最大的贸易伙伴，美国是东盟第四大贸易伙伴。

首先，中美经贸摩擦将使得更多中国企业投资东盟。

一些中国企业为绕开美国市场壁垒，将会到邻近的东盟地区投资设厂，在东盟生产后销往美国。由于产业配套的掣肘，生产所需的机器设备、原料辅料等需要从中国进口，所以这种投资带来的贸易转移将增加中国与东盟贸易额，东盟将增加对外贸易额尤其是对美贸易额，这也可能扩大东盟对美贸易逆差。

以柬埔寨为例，据美国统计局发布的最新数据报告显示，2018 年 1~7

月，柬埔寨—美国双边贸易总额达 23.6 亿美元，同比增长 25.3%，贸易顺差达 18.7 亿美元。该报告显示，2018 年前 7 个月，柬埔寨出口美国的商品为 21 亿美元，同比增长 26.9%；美国出口柬埔寨的商品为 2.5 亿美元，同比增长 12.8%。美国是继欧盟之后，柬埔寨第二大出口市场，柬埔寨 25% 的出口商品目的地是美国。柬埔寨出口到美国的大部分商品是纺织品、鞋子。2017 年柬埔寨对美国的出口额为 30.7 亿美元，美国对柬埔寨出口额为 4 亿美元。据柬埔寨商业部此前发布的新闻通告，根据美国总统特朗普签署总额为 1.3 万亿美元的政府预算案，柬埔寨继续享有两年的美国优惠关税，从 2018 年 1 月 1 日至 2020 年 12 月 31 日。

许宁宁指出，中国与东盟既是友好近邻，又互为重要经贸合作伙伴。2018 年是双方建立战略伙伴关系 15 周年。中国与东盟经济持续快速增长，成为全球发展版图中耀眼的"双子星"，为构建开放型世界经济注入了正能量。目前，中国是东盟十国中八个国家的第一大贸易伙伴，是东盟第四大外资来源地。中国—东盟商务理事会一直在致力于协助双方企业合作。

许宁宁谈道，中国—东盟企业合作有着诸多优势：第一，有着合作的区位优势。中国与东盟山水相连、毗邻而居、交通便利，东盟是海上丝绸之路建设的最近一站。第二，有着良好的合作基础。中国已连续 9 年成为东盟第一大贸易伙伴，东盟连续 7 年是中国第三大贸易伙伴。东盟是中国企业近 5 年第一大国外投资目的地，是中国第五大服务贸易出口市场和进口来源地。第三，有着中国—东盟自由贸易区相互开放市场的合作政策。第四，有着共同的合作需要，中国和东盟国家都在致力于以经济增长带来商机，东盟经济共同体建设与海上丝绸之路建设相得益彰。基于此，近些年来，走进东盟的中国企业越来越多，中美经贸摩擦是更多中国企业投资东盟的因素之一。

其次，中美经贸摩擦将影响东亚地区经济增长。

中国与东盟经济相关性大，若中国经济增速因中美经贸摩擦而有所减缓，则必会传导至东盟使其经济增长减速。中国经济增速快则进口东盟产品多，尤其是大宗产品；同样，东盟经济增速快则进口中国产品多，包括机械产品、建材产品、日用产品等，中国产品在东盟有着性价比销售优势。

近些年来，中国与东盟有关国家币值互换，在贸易中使用人民币增多，中国人民币值与东盟国家币值的稳定性相关。中国与东盟有关国家的股市也相互影响。美国挑起的经贸争端，不仅危害中国经济，而且也危害东盟经济乃至全球经济。

世界银行 2018 年 6 月 5 日发布的《全球经济展望》报告指出，全球关税广泛上升将会给全球贸易带来重大负面影响，至 2020 年全球贸易额下降可达 9%，对新兴市场和发展中经济体的影响尤为明显，特别是那些与美国贸易或金融市场关联度较高的经济体。

再次，中美经贸摩擦将破坏中国与东盟相关产业链。

中美经贸摩擦不仅使中美产业链发生变化，而且与之相关的产业链包括中国与东盟都会发生相应变化，包括电子产品、衣服鞋帽等。美国产品在中国—东盟生产的产业链分工，如美国电子产品在新加坡、马来西亚等生产有关元器件，在中国组装为成品后销往美国市场，这一产业链将因美国对中国实施的高关税而被破坏，从而切断了供应链，降低生产效率，提高销售成本和价格。

国际货币基金组织 2018 年 4 月 17 日发布的《世界经济展望》报告指出，关税和非关税贸易壁垒的增加将破坏全球价值链，减缓新技术的扩散，导致全球生产率和投资下降。美国知名智库彼得森国际经济研究所认为，若美国对中国施加贸易制裁并导致中国反制，许多向中国出口中间产品和原材料的国家与地区也将遭受严重冲击。

最后，美国制约中国高科技产品发展将影响东盟产业升级。

美国挑起经贸争端的重要目的之一是限制中国高科技产品的发展，遏制中国实施"中国制造 2025"规划。而中国实施的这一规划，不仅仅是中国受益，许多国家都会受益，尤其是邻近中国的经济快速发展的东盟。美国挑起经贸争端将抑制企业投资，阻碍新技术普及，不利于东盟的产业升级和经济增长。

美中关系全国委员会会长欧伦斯表示，特朗普早在 20 世纪 90 年代就认为美国与中国贸易失衡。即便不是特朗普任总统，中美也会出现经贸争端问题，2018 年以来，面对中美经贸摩擦，美国国会议员表决出现了难得的大多数一致。

中美经贸摩擦，不仅仅是特朗普白宫圈子里一些对华"鹰派"分子所挑起，在一定程度上代表美国主流政治精英圈子的共识；也不是特朗普为了 2018 年中期选举或未来竞选连任采取的暂时性策略，中期选举之后经贸摩擦不会完全结束，美国对中国发展的担忧不仅只局限于特朗普政府。美国挑起对中国的贸易争端，是美国调整对华总体战略的一部分，根本目的就是遏制中国崛起，遏制中国成为世界主要大国和强国。贸易摩擦只是全面遏制战略的一部分。

四、欧盟：隔岸观火

中美贸易争端爆发以来，双方火力逐渐升级。作为世界贸易中的第一大和第二大经济体，两国爆发贸易争端，甚至升级为贸易战，对整个世界贸易而言都足以引发巨大震动。世界贸易组织发布的年度预测报告估计，2018 年全球货物贸易额预计增长 4.4%，显著高于 2008 年全球危机爆发前的 3% 平均值。但是，美中两国的贸易对立，有可能对全球贸易的增长造成不利影响。

据德国知名财经媒体《经理人杂志》题为《世界贸易指数下降，对此默克尔应当紧急与特朗普谈中国》的文章中写道，世界贸易指数（Welt-Handelsindex）是德国科隆资本市场分析研究所（IFK）计算并常态发布的，已经从 2018 年 3 月的 79.2 下降到 4 月的 77.7。在美国挑起与世界其他国家的贸易争端之前，该指数还接近 85，之后就在一路下行。

德国科隆资本市场分析研究所资产管理部主任马库斯·查伯（Markus Zschaber）认为其中的联系非常清楚，这种状况的背景就是人为所致的。事实上，由于美国以及其他国家的措施引起了中国相应的反制措施，所造成的对全球商品和服务交流的攻击将可能显著地拖慢全球化和影响世界贸易的繁荣。

查伯认为罪魁祸首除了美国总统，没有其他人，其目的无非就是强迫中国降低关税水平，否则其将继续提高美国的关税水平。根据查伯的计算，目前美国的平均关税水平大约只是欧洲的一半，而中国的关税水平大约是欧洲关税水平的 1 倍。因此这种差距对美国而言是巨大的。

根据 IFK 的研究，中美两国的贸易争端会威胁德国公司的利益，尤其是对那些在中美两国都非常活跃的公司。查伯认为，德国企业在中美两国均有上千家分支机构和合资公司，两国市场相互征收关税因此不可避免也会影响德国的经济。

他的研究还显示，仅仅是宝马公司和戴姆勒公司就将会比美国的汽车生产商更强烈地感受到中国惩罚性关税的威力。相比较其竞争对手通用汽车、福特和菲亚特克莱斯勒公司，宝马公司和戴姆勒公司输往中国的成车要比输送到美国的多得多。

事实是否真的像查伯所研究的那样，中美贸易争端对德国到底有什么影响？对这个问题，德国举足轻重的国家级媒体《南德意志报》在 2018 年 4 月 9 日的一篇题为《德国外贸趋弱》的文章中报道说，2018 年 2 月，德国出口下降 3.2%，是 3 年来最大降幅。如果美国和中国继续相互孤立，将在世界范围内形成保护主义的恶性循环。德国工业联合会的约阿希姆·朗（Joachim Lang）警告说，这将使世界经济的整体发展势头受到削弱。

德国慕尼黑 IFO 经济研究所研究专家加布里尔·费伯麦尔（Gabriel Felbermayr）估算说，如果所有的惩罚性关税都予以落实，没有任何一方是赢家。美国和中国单单在 2018 年的国民生产总值就将减少 0.1% ~ 0.2%。欧洲企业看起来似乎有点像渔翁得利——如果被免除在惩罚性关税之外，那么欧洲企业在中国市场上比美国企业有优势，在美国市场上比中国企业有优势。但与此同时，如果美国和中国的国民经济萎缩，那么他们整体的购买量也会减少，欧洲企业的订单也会随之下降。

德国主流媒体《世界报》题为《欧洲人将会成为中美贸易战中的第三个倒霉蛋》的文章分析称，中美贸易争端，最终受害的并非仅仅是美国的农业从业者和中国相关行业的从业公司。欧盟也可能成为间接的"倒霉蛋"。文章中担心，最终欧洲国家、加拿大等会成为愚蠢的第三方"倒霉蛋"，因为美国农民会得到扶持，那么欧洲地区和加拿大等国家的农民在全球市场上就会更加缺乏竞争力；特朗普的贸易政策可能会把所有人都拉进一场冲突的旋涡，最终，每个人都是输家。

事实上，《世界报》所担心的问题也得到其他德国媒体的证实。德国《萨克森报》2018 年 4 月 7 日刊登的一篇题为《中美贸易争端将会剧烈波及欧盟》的报道同样对该问题做出了详细的分析。文章作者、该报驻布鲁塞尔记者米尔娅姆·摩尔（Mirjam Moll）采访了德国柏林经济研究所所长马塞尔·弗雷兹策尔（Marcel Fratzscher）。弗雷兹策尔担心，欧盟无法保护自己，只能控制损失的规模。他认为，如果中美动真格打起贸易战，欧盟也会受伤，在未来 5 年内就会出现经济增长下滑、失业率上升，德国也会受到牵连，受到影响的行业可能包括机械制造、汽车工业等。

另外，美国针对所有贸易伙伴在钢铁和铝制品行业的惩罚性关税也不会让欧盟好过。在钢铝关税谈判过程中，美国没怎么出声，德国和欧盟却频频发出极其"鹰派"的"回应"。表面上看，强硬姿态只是为了争取更加有利条件的手段，但实际上，在应对美国针对钢铝制品征收惩罚性关税的问题上，欧盟和中国在很大程度上已经形成了"唇亡齿寒"的关系。美国向欧盟开出豁免钢铝关税的条件包括欧盟对美出口钢铁维持在 2017 年水平，以及欧盟承诺对中国"钢铁倾销"采取措施，并同美方在更多贸易议题上开展合作。尽管美国是寻求欧盟作为其对华贸易战的盟友，但是欧盟在寻求美国继续豁免钢铝制品关税的问题上仍然是要仰美国人的鼻息。在一向注重利益的国际政治中，涉及中美贸易争端问题，欧盟所看重的主要还是其自身利益，因此不会也不敢轻易地倒向任何一方。

自中美贸易争端爆发以来，欧盟一直都是中美拉拢的对象。作为传统西方的重要组成部分，欧美实际上并非铁板一块，而且上文已经分析过，美国挑起贸易争端，部分实际上也有针对其西方盟友的意图，欧盟内部如德国等对美国有巨大贸易顺差的国家，日子也并没有更加好过。欧美内部利益犬牙交错，外加特朗普与欧洲领导人的私人关系在某种程度上并没有前任的美国总统们做得好，尤其是特朗普在德国总理默克尔访美期间"公开拒绝握手"事件以及参加北约峰会时粗鲁地推开人流冲到前面的镜头更是让人印象深刻。

特朗普宣布对钢铁和铝征收惩罚性关税，针对的是所有贸易伙伴。然后他开始给一些国家，比如墨西哥和加拿大免除关税，之后是欧盟，最终剩下的国家中主要是中国受到了影响。美国与贸易伙伴因为出口贸易引发的一场争端，早就上升到了另外一个层面。在欧盟对美顺差的问题上，特朗普将提高北约盟国军费开支的要求与征收关税威胁混为一谈。在与中国你来我往的相互角力中，美国也间接地把毫不相关的争议话题混在一起。

德国工商协会（IHK）的发言人托比亚斯·哈瓦斯（Tobias Havers）在接受"德国之声"采访时表示，中美贸易战只有输家没有赢家。"我们比较担忧，贸易战的危险确实存在，但我们希望参与双方最终能够清醒地意识到，这场战争到最后只有输家。就在几个月之前，中国和美国还表态称将继续深化经济合作。对于许多美国产品来说，中国是一个重要的销售市场。而且美国也需要依赖从中国进口商品。除此以外，中国是美国最大的债主。如果中美双方在相互制裁的螺旋上不断上升，最后谁都不会是赢家。对于我们德国本地的经济来说也是如此，因为德国和这两个国家的经济联系都非常紧密。"

哈瓦斯接着说，"对于中美贸易战，好像没有人能从中获益。世界经济总量的1/3是由美国和中国贡献的。两国经济关系的负面发展会给世界经济的走势带来风险。如果像中国这样的出口大国把货物大量转运至欧盟的话，会导致市场的严重位移，甚至有可能导致欧盟采取保护措施。这一系列事件都不符合自由国际贸易精神以及德国的经济利益。在供给和价值链全球化的今天，经济发展需要可靠而优秀的政策架构，单方不能打破这种架构。而且这样做还会带来模仿效应的风险，也就是说可能会导致其他国家也奉行地方保护性政策，加大货品和服务流通的阻力"。

德国主流财经媒体《经济周刊》刊发题为《特朗普的贸易战注定要失败》的文章，认为这场把欧洲也拉下水的贸易战根本不能让美国获得更为公正的中国市场准入。"美国总统既没有一个明确可以实现的战争目标，也没有准备一种让美国能够及时从贸易战中脱身的策略。这位商人政客的脑中有着经济上完全不理智的想法：贸易逆差意味着美国受损，贸易顺差则意味着美国在国际贸易中获益。"

"要赢得贸易战，可没有像特朗普所说的那般容易。它更像美国 2003 年对伊拉克发动的军事冒险，直到 15 年后的今天华盛顿依然没有脱身。而欧洲，是否能够像当年的伊拉克战争那样，与这场贸易战保持距离？这非常值得怀疑。如果欧洲想要在暂时搁置的美欧钢铝争端之后，与华盛顿达成持久的和平，就不得不给特朗普以一定的回报。欧洲固然也是中国不公正贸易的受害者，但是欧洲人必须努力让这场冲突'降温'，防止这场贸易战失控升级，引发 20 世纪 30 年代那般的全球性经济衰退。要实现这一目标，唯有进行艰难的谈判。化解贸易冲突，需要的是规则。在钢铁、铝材等许多领域，WTO 早已制定了规则，只是这些规则应该得以实施。这点尤其针对中国：北京必须明白，国际贸易不是单向的，而是双方互相做生意。特朗普要求中国在市场准入机制方面提供对等待遇，这是正确的。问题在于，贸易战作为手段，只会取得相反的效果，对美国乃至全世界造成损害。"

该文虽然似乎态度明确，但是言辞之间，仍然是要欧洲应当努力为中美贸易冲突"降温"，防止贸易战失控升级，因此主张按照 WTO 规则举行谈判。

在德国埃森出版的《西德意志汇报》同样关注了欧洲在中美贸易战中的角色。该报以《并非庆祝的理由》为题，指出特朗普在最后一刻将欧洲的钢铁、铝材产品排除在关税惩罚之外，这固然是欧洲外交的阶段性胜利，但是欧洲现在还不是这场争端中的赢家。

"从欧洲、德国政界几个星期以来的表态来看，现在已经有了一个欧洲层面上的共识：特朗普以国家安全为由推行的贸易保护主义是对世贸组织规则的侵犯。……欧洲固然可以欢庆阶段性外交胜利，但是绝不能丢失大局观。要是美国开始搞封闭，欧洲必须在长期层面上更多地转向东方。"

2018 年 4 月下旬，欧盟两大核心国家法国和德国的领导人马克龙总统和默克尔总理相继在一周之内造访白宫，十分引人注目。不过目前来看，特朗普表面上营造了与两国领导人的亲密友好形象，但是实际上可以说两国领导人此次造访美国并没有取得实质性的成果。特朗普与马克龙镜头前亲昵的诸多举动瞬间被马克龙在美国国会的犀利演讲打了耳光。而特朗普与默克尔虽然举行了大约两个半小时的会面，双方就贸易问题、伊朗问题、国防开支和环境保护等问题举行了会谈，但是对德国来说，最重要话题是美国暂时豁免德国和欧盟的钢铝进口关税只到 4 月 30 日，就德国期望的长期豁免，默克尔在会谈后只说"（美国）总统会作出决定"。她还说，德国已削减了对美贸易顺差。但特朗普觉得还不够，她表示能够理解。甚至可以说默克尔此次访美实际上是两手空空，德国经济界已经难以掩饰对默克尔此次造访美国的失望和担忧。

德国前总理施密特在谈及德国在世界中的地位以及欧洲一体化问题时，曾经有过一段著名的论断：德国对于欧洲而言太大，但是对于世界而言又太小。在当今的世界政治格局中，能够称得上是"global player"的国家无疑非美国、俄罗斯和中国莫属。虽然欧洲一体化进程进行了有半个世纪之久了，但是无论在政治领域，还是经济、军事领域，欧盟似乎难以称得上能够与中美平起平坐，更遑论单个的欧盟国家了。欧盟对于欧洲而言或许很大，但是对于整个世界而言，还是弱小了一点。

关于欧盟在当今全球权力博弈中的地位和处境，德国多特蒙德工业大学经济政策新闻学教授亨里克·穆勒于 2018 年 4 月 22 日在法德两国首脑相继访问白宫前夕，在德国知名财经媒体《经理人杂志》上以题为《德国逐渐让欧盟贻笑于世》论述道："德国外贸盈余在本年度接近 2800 亿欧元，遥遥领先位居世界最高。这是一项历史纪录，但是也是一个巨大的风险。假如美国发动一场世界性的贸易战，那么德国可能要比任何其他的大经济体都要直接受到波及。世界贸易盈余冠军是极易受到伤害的。德国制止灾难性的贸易保护冲突的兴趣相应地同样巨大。截至目前，特朗普只是小试牛刀地发出了威胁（布鲁塞尔和北京已经做出了针锋相对的反应）。有可能事情到此为止，但是反弹的可能性仍然巨大。默克尔总理在柏林接待来访的法国总统马克龙时谈到，欧洲必须是'当今世界的重要一极'。但是在现实中这意味着什么，以及会在未来产生什么，仍然是模糊不清的。"

这个象征意义究竟是什么呢？耐人寻味。德国和中国一样，对美国有巨大的贸易顺差，在国防开支、气候保护、伊朗问题上与特朗普政府存在明显的分歧，并面临着特朗普政府巨大的压力。这究竟是为什么呢？已经进行了超过半个世纪的欧洲一体化不能给欧盟国家提供和美国讨价还价分庭抗礼的筹码吗？

针对这个问题，穆勒教授同样做出了精彩的论述："欧洲在全球权力博弈中无足轻重。较大的欧洲国家的政府首脑虽然会受到听取看法的待遇，但是在决定性的政治领域里是由美国、中国和俄罗斯一锤定音最终定调的。在国际政治中所尊奉的是强权，这主要意味着从所拥有的权力资源——经济、金融、军事、文化吸引力（'软实力'）中获得的强势的谈判地位。所有这些领域欧洲原本是可以秀秀实力的。经济上，欧元区是世界上三大经济体之一；欧盟总体上是最大的贸易区。身后的文化多样性和活跃的大都市让欧洲格外富有吸引力，就像大规模的游客旅欧和大量的外国留学生赴欧留学所显示的那样。欧盟国家联合起来似乎也能爆发出巨大的战斗力。那么欧洲缺的是什么呢？欧洲所缺乏的，是强大的联合机构。在防务领域，欧洲一直还仰仗着美国的保护。"

欧洲的政治缺陷是一项根本性的不可测因素。欧洲专家委员会曾断言，在欧洲，国家与国家之间缺乏信任，而即使在各个社会内部也同样如此。面对这样的欧洲，美国和中国会怎么想呢？

总结起来就是，欧盟在华有大量的利益存在，中国实际上完全不用担心欧盟站到美国的阵营里去，对美国实际上也有类似的策略。美国的贸易战和关税大棒虽然看似是挥向中国，但是对欧盟未尝不是有威胁和杀伤力的，欧美并非是铁板一块，它们自己也是各自"心怀鬼胎"。而由于欧盟在国际政治的二流地位，对于中美两国，事实上它是谁都不敢轻易得罪。

鉴于上文分析，中美贸易争端中，中国对欧盟所要采取的策略应该是有打有拉，防止欧盟一味倒向美国阵营。中国应该呼应欧盟在知识产权保护和欧盟在华企业经营环境的关切，采取措施予以改善。同时，对欧盟的后续行动也应该动之以情晓之以理，至少争取欧盟在中美贸易争端中保持中立。

此外，还有一种观点，认为中欧关系已成为事实上的新型大国关系。中国和欧洲国家在地缘上远隔万里，如果抛却一个多世纪以前的恩怨，中欧之间几乎没有什么历史遗留问题。同时，虽然中欧在政治理念上有所不同，但欧洲大国的政治家多数比较务实，使得中欧关系近年来发展良好。最近，尽管德国等一些欧洲国家限制中国企业进入其高科技领域，但更多的是聚焦中欧竞争的领域，在其他一些能合作的方面，中欧仍然合作良好。这种类型的大国关系是最近四个多世纪以来不曾出现过的，中欧可能已经超越了传统的大国战略竞争，成为事实上的新型大国关系。

五、加拿大：举棋不定

加拿大的领导人也与其他国家的一些领导人一样，都与中国的工商业发展政策有着关系与纠葛。加拿大领导人目前对于中美贸易战并未作出直接评论，但这场博弈中如果加拿大不能采取中立态度，那么该如何选择？加拿大是该选择北京，还是华盛顿呢？或是在两者之间盘旋不定，力争中立？这个选择对于加拿大而言至关重要，因为这将决定加拿大未来是想要成为全球经济贸易的参与者之一，还是美国永远的下属追随者。

加拿大的经济如今疲态尽显，然而如今更严峻的状况是要迅速做出反应，分析出中美之间的贸易战将会如何影响加拿大国内的工商业发展。有些人也许认为这并不是一个很艰难的选择，因为在他们看来，加拿大似乎和美国的关系更加"密切"，加拿大3/4的出口产品都由美国承包，在能源方面美加两国也同样有些密不可分的联系，所以如果非要选择的话，那么加拿大理所当然该站在美国的立场上。

但其实事情远不像这些人想得那样简单，我们拿体育教练的思维模式来解读一下：如果让教练为球队选择一名队员填补唯一的空缺位置，你认为他该选择一个逐渐年迈的老牌球星，还是选择那个有潜力，正在冉冉升起的"明日之星"?答案显而易见。

从上述比喻中不难看出，在这场中美持续的较量中，加拿大该选择中国。黑石（BlackRock）集团的首席执行官 Larry Fink 表示："黑石集团的未来掌握在那个被特朗普总统形容为'潜在威胁'的国家。亚洲，特别是中国市场对于黑石至关重要。"

关于特鲁多政府是否能在中美僵持战中采取正确的态度和立场，当然也有来自各方的不同声音与担忧。

对于特朗普公然无视北美自由贸易协定的举动，经济专家则称其"毫无长远的战略意义"，而特鲁多的态度很可能会对加拿大与跨太平洋伙伴协定国家的关系产生影响。

虽然特鲁多政府一直在强调与亚洲合作的重要性，但他们的举动仿佛更害怕会"得罪"美国。特鲁多政府被指与美国华盛顿政权来往过密，把全部精力都花在了美国外交上。

前加拿大驻北京外交官、纽约大学政治经济学教授 Gregory Chin 表示："加拿大目前的各种政策和外交都太集中在美国了，明显缺乏与中国和其他 TPP 国家的交流协商。"

而另一位前加拿大驻北京外交官，阿拉姆集团首席执行官 Omar Allam 表示："我们现在应该后退一步，看看自己的贸易形势，这样一来就会发现，我们和美国现阶段的经贸合作是良性的，但是一个很严重的问题就是这种贸易关系略显'狭隘'了，因为我们有些忽略了其他的国家。"

在与全球很多经济学家的交流过程中人们不难发现，多数专家一致认为加拿大政府绝对不可以加入特朗普政府号召的"对抗中国"的提议。世界上明明已经有了可以解决各国经济纠纷的组织——G20，特鲁多应该充分发挥自己在 G20 中的影响力，和众多国家一起努力缓解国家间的贸易纠纷，G20 成员国应该就特朗普政府反复无常的政策以及中国政府对其知识产权问题的坚持展开讨论。

多方专家指出，特鲁多在此问题上应该更积极地参与，常青藤商学院国际关系副教授 Andreas Schotter 曾表示，自己很担心特朗普的经贸政策会迫使中国放弃北美重心，将其焦点调转到"后院"。如果这一担忧变为现实，那么全球的投资者必然会见风使舵，这样一来难免会破坏加拿大成为亚洲与欧洲之间桥梁的设想规划。

加拿大与中国之间不是不存在问题，这些问题中就包括了知识产权的争端。但加拿大政府应该清楚的是，这些争端的解决方式绝不是简单粗暴地提高关税，或者是限制高科技产业发展。"如果中国在知识产权问题上坚持不让步，那么加拿大最恰当的措施可以是要求像华为这样的高科技产业公司与加拿大合作伙伴分享知识产权"，前加拿大国家经贸部门经济学家John Curtis 表示。

加拿大政府应该尽最大努力促进北美自由贸易协定多方谈话，尽可能地让全球多个国家接收到带有战略性共识意义的信息。加拿大现在需要立即梳理清楚各方利弊，然后制定日后方向，但从现在的观察来看，特鲁多本人似乎还并不是很清楚未来该何去何从。

六、俄罗斯：引以为援

在过去几年里，中俄越发有共同应对美国战略压力的需要。相对来说，美国是在挤压俄罗斯的战略空间，将俄罗斯看成了第一战略对手，中国是第二战略对手。而美国总统特朗普上台后，无论是国安报告还是军事战略报告，都将中俄相提并论，甚至现在美国正在调转矛头，将中国而非俄罗斯看成美国的头号战略对手，愈演愈烈的贸易摩擦即是证明。

中美的结构性矛盾越发突出，《人民日报》于 2018 年 9 月 11 日谈到了"关键十年"，从大国兴衰看新兴国家——中国与守成大国——美国之间的较量。中国前外交官也谈到在访美时见到的许多学者都说"美国对华态度彻底改变了，并声称是府学、两党的共识"。中国官方的态度表明，他们已经认识到中美而非美俄成为大国博弈的重中之重。

对于中国来说，美俄联手是一个比较糟糕的结果，中国要同时面对来自两个大国的挤压，不论是"冷战"时期还是"冷战"结束后，中国都在竭力避免这样的状况发生。在大国之间合纵连横、缓解压力很有必要，中国与俄罗斯合作的重要性更显迫切。

过去几年里，中国与俄罗斯在政治和军事上的协作已经达到了一定的高度，但"政热经冷"是现实，尤其是中国与俄罗斯远东地区的贸易额呈现了下降的趋势。据查询，2017 年贸易额为 77.7 亿美元，而 2011 年、2012 年、2013 年和 2014 年的贸易额分别为 84.6 亿美元、100 亿美元、111.9 亿美元和 101.4 亿美元。

欧盟理事会主席图斯克（Donald Tusk）主张改革 WTO，认为这是"欧洲、中国、美国及俄罗斯的共同义务"，是将俄罗斯看成了维护全球贸易体系下的"一极"。习近平在与普京会晤时提到贸易问题，站队的象征意义非常浓厚，是宣告中俄在贸易问题上的同步，将其看成全球贸易"统一战线"中的一环。

近年来，普京明显加大了对远东地区的关注。这在于俄罗斯远东地区的资源优势，比如大豆和能源。中美贸易战打响后，大豆成为中美较量的商品，中国对美国征税的同时，一个必须要解决的问题是如何补上缺口。可以看到，中国开始加大从智利和巴西等南美洲国家进口大豆。

俄罗斯远东地区也是大豆的重要产地，俄罗斯大豆种植历史悠久，从 19 世纪 20 年代就已经开始。如今，俄罗斯大豆主要种植区就在远东（主要是阿穆尔州、滨海边疆和犹太自治州），尤其是阿穆尔州大豆产量约占俄罗斯全国大豆总产量的 1/3。这 3 个州与中国的东北地区接壤，有铁路和公路相连通，占尽地理之便，中国为何不把握家门口的这个生意呢？

并且，俄罗斯远东地区面积约 620 万平方千米，人口约 1000 万，属于俄罗斯地广人稀的区域。俄罗斯此前就曾颁布法令，鼓励俄罗斯公民前往远东种植农作物。不少中国人和日本人也都在此租用耕地，种植粮食作物。

再者，俄罗斯远东地区的能源很丰富，远东萨哈林岛及其近海大陆架中的天然气储量为 14 万亿立方米，石油储量达到 52 亿吨。在中美贸易问题上，特朗普 2017 年 11 月访华期间曾达成能源协议，而特朗普为寻求减少中美贸易逆差，也提出了中国购买更多美国天然气的要求。

中国在石油和天然气上的需求非常之大，美国通过页岩气革命正在改变全球能源结构版图，中国如果不想被美国拿捏住能源的命脉，提前做好应对、寻求更多的合作伙伴是明智之举。如果中俄在远东地区能开发资源，中国在资源问题上受西方国家的掣肘也会相应减少。

在各国经济体量中，美、中两国位居第一、第二。俄罗斯虽然经济体量同世界经济大国相去甚远，可是它幅员辽阔、资源丰富，同美国并列为最大的核武器国家，又以"战斗民族"的姿态积极活跃在国际舞台上。可以说，这三个国家之间未来的互动和较量，勾勒出了未来大国战略博弈的轮廓。美、中、俄三国之间的关系，是既竞争倾轧又接触磋商，一时混乱一时平静，混乱未臻极致，平静不会长久。这似乎是变局呈现的规律。当今世局恰如东汉末年曹操、孙权、刘备三大武装集团既争战又对峙的局面。

俄、中两国既有仰仗对方的实际需要，又存在忌惮对方真正崛起的猜疑心理。寒冷时节，刺猬待在一起，彼此靠拢取暖，又必须保持一定距离，从而既可获得取暖的效果，又避免彼此刺痛。这一现象不仅适用于人际关系，也适用于国际关系。此即"刺猬理论"，或许适合于今后的俄、中关系。

当今中国对外要广积善缘，对内要尽量缓和乃至化解以往经济蓬勃发展时期累积下来的社会矛盾，消化不稳定的因素，然后，才能审时度势，待机而动。

七、澳大利亚：正反两方，各执一词

澳大利亚或将在中美全面贸易摩擦中处于两难境地，毕竟澳大利亚一方面与美国保持密切合作，另一方面与中国有着巨大的经贸往来，中国是澳大利亚最大的经贸合作伙伴国，中国是澳大利亚矿产、能源重要出口国，亦是澳大利亚教育和旅游产业重要的客户来源国。

一方面，就市场表现及情绪来看，短期内由于美国对中国高科技机械及装备、零部件、新能源汽车等商品征收关税会直接导致澳大利亚出口中国的原材料受到影响，而以金属矿砂为主的矿产品一直是澳大利亚对中国出口的主力产品，占澳对中出口总额的70%，澳对中出口又占澳大利亚全球出口总额的33%。

另一方面，澳大利亚最终进入了特朗普钢铁及铝产品征收进口关税的豁免对象名单，但有趣的是名单外国家出口给美国的钢铁和铝制品所占比例仅为总数的1/3左右，这难免给市场造成了"雷声大，雨点小"的假象。但不管怎么说，这次的豁免对澳大利亚来讲是个好消息。

澳大利亚和中美双方都签有自由贸易协定，尤其是中澳两国在2015年6月正式签署《中华人民共和国政府和澳大利亚政府自由贸易协定》后，经过3次降税，这份涵盖了货物、服务、投资等十几个领域的自贸协定的实施，大大刺激了澳大利亚对中国的出口贸易。若中美双方逐步升级对对方的制裁，将关税商品扩大到更多领域，澳大利亚作为肉类、农产品、羊毛、葡萄酒等品类出口国，尤其是对中出口大国，是否有机会填补中美贸易之间的空白将很值得期待。

2017年，澳大利亚央行政策委员会委员Ian Harper曾表示，贸易战后若澳元贬值则将有助于澳大利亚经济，使其能够轻松前行，从而有助于提高澳大利亚经济增速，加快该国从矿业投资向更加倚重服务业和制造业的更全面经济转型。这种需要长期经济实践来印证的有利影响，与短期内市场动荡导致大量资金蒸发的不利影响，尚需时间来印证孰轻孰重。

对于中美贸易争端对于澳大利亚的影响，澳洲境内分为正反两方，各执一词。

认为中美贸易争端利大于弊的正方认为，澳大利亚将从中美之争中获利，理由如下：

如上所述，中美贸易争端中，中国商务部向128种美国进口商品征税，而为了填补关税打压后多余出来的这部分需求，中方不得不向其他贸易伙伴寻求更多的合作。一部分会遭到中国关税打击的美国行业，恰恰是澳大利亚向中国出口，并希望出售更多产品的领域。而澳大利亚作为中国现阶段重要的贸易合作伙伴，具有良好的贸易关系作为基础。比如，旗下拥有著名红酒品牌"奔富"（Penfolds）、"禾富"（Wolf Blass）的富邑葡萄酒集团（Treasury Wines Estates），这些品牌对中国的出口销量表现出色。在澳中自由贸易协议的加持下，澳大利亚的水果出口商也加大了对中国的出口。

还有澳洲牛肉业，也可趁机抢占中国高端牛肉消费市场。这些正值中澳双边贸易"蜜月期"的产业，被视为澳大利亚通过中美贸易争端获益的重要契机。

与此同时，由于特朗普将澳大利亚作为豁免关税新政的对象之一，澳大利亚作为美国的重要盟友地位进一步凸显。

反方的看法是中美贸易之争将"城门失火，殃及池鱼"。反方认为，从长远来看，包括澳大利亚在内，没有人能够从中美贸易争端中获益，理由如下：

《澳大利亚人报》的 Glenda Korporaal 认为，特朗普现阶段所采取的外交政策，以贸易战为代表，似乎是保护主义，也可以视为孤立主义，最根本的，其实还是好战主义。

历届美国政府的共同特征就是，非常乐意将任何经济上的困境归咎于外国的敌人。这种狭隘的观点，非常不利于美国的外交关系。尤其在中国专注于贯彻"一带一路"政策，与各国增强联系的情况下，特朗普却不依不饶地继续为"美国第一"而专横跋扈，形成了鲜明的反差。

澳洲作为全球社会的一员，更加无法在中美贸易争端中独善其身。根据 SBS 新闻的观点，任何重大的关税征收会导致全球通胀和利率上涨，到时澳大利亚的消费者将和其他国家的消费者一样受到连累，诸如物价高涨、房贷压力加重。这正是澳大利亚外长毕晓普表示希望美国和中国将贸易纷争带到世界贸易组织去解决的原因所在。

截至目前，中美贸易争端对澳大利亚造成什么影响？

德勤合伙人 Chris Richardson 表示，中美之间全面爆发的贸易战对澳大利亚来说"不会很好"，但也不会是"世界末日"。Chris Richardson 预测，在贸易战中，澳大利亚的矿业出口、建筑和零售将受到最严重的打击。

然而，客观来说，根据迄今为止来自当地市场专家的分析，中美贸易争端对澳大利亚经济目前影响规模不如想象中庞大。

澳大利亚联邦银行（The Commonwealth Bank）表示，在贸易战的影响方面，澳大利亚相对来说是孤立的。

CBA 首席经济学家迈克尔·布莱斯在最近的一份研究报告中强调了关键数字：中国占澳大利亚全部出口的 30%，相当于 GDP 的 5.6%；其中 77% 在中国消费，其余 23% 以某种方式重新出口（其中 20% 出口到美国）；因此，澳大利亚仅有 1.4% 的贸易，或占 GDP 总量的 0.08%，暴露在美中贸易战中。

瑞士联合银行集团（UBS）经济学家乔治·塔里诺（George Tharenou）也指出，到目前为止，澳大利亚大宗商品价格保持相对弹性，尤其是大宗商品（如铁矿石）和液化天然气——澳大利亚最大的两种出口产品。他说，从短期来看，由于澳元在市场中作为全球增长风险代理的地位，贸易相关放缓的负面影响可能会被澳元下跌所抵消。

第三节　结语

国际货币基金组织（IMF）发布的世界经济前景分析报告指出，如果中美贸易摩擦进一步升级，中美两国 2019 年的经济增长都会受到不利影响。同时，全球经济也将受到冲击。IMF 根据当前已经开征的关税进行了测算，并由此将 2018 年、2019 年的全球经济增长预期从 3.9% 略微调低至 3.7%。英国退欧、美国加息也对全球经济形成了不利影响。

目前，美国已经对大约一半的中国对美出口产品出台了加征关税措施。特朗普总统已经威胁称，要对全部中国商品都加征关税。根据 IMF 的估算，在这种局面下，美国 2019 年的 GDP 将会因此损失 0.9%，而中国的经济增长则将损失 1.6 个百分点。国际货币基金组织同时也指出，测算使用的经济学模型并不十分精确，与最终的实际结果可能有偏差。

在全球层面上，关税壁垒会对市场信心造成不利影响，股市将出现波动。根据 IMF 的测算模型，如果中美双方都对对方的全部产品加征关税，全球经济增长将在 2020 年损失 0.8 个百分点，而长期的损失则大约为 0.4

个百分点。而目前已经出台的关税措施，则会让中美两国 2019 年的经济增长各损失 0.2 个百分点。

IMF 预计，在当前的条件下，2018 年全年，中国经济增长率将会在 6.6% 左右，略低于 2017 年的 6.9%。而到了 2019 年，增长率将会进一步放缓到 6.2%。除了外部需求"降温"，中国国内加强金融监管也会对经济增长造成不利影响。从中期来看，随着中国向可持续增长模式的转型，中国的经济增长率将会逐步下落到 5.6%。

德国慕尼黑大学的莱布尼茨经济学研究所（IFO）也就中美贸易争端经济影响进行过预测。该机构指出，特朗普总统在 2018 年 9 月对第二批 2000 亿美元中国商品加征关税的措施，会导致中国经济增长率再损失 0.1~0.2 个百分点；如果华盛顿方面在 2019 年初将这批关税的税率从 10% 上调到 25%，中国经济增长率的损失将会扩大到 0.3~0.5 个百分点。研究所外贸团队负责人费尔伯麦尔指出，相对于中国 6.5% 左右的全年增长率，这点损失尚在可承受的范围内，"中国在过去几年间采取了措施，努力从出口导向型模式转型，现在这一努力就能体现出成效。但是，中美贸易战显著增加了全球经济的风险"。费尔伯麦尔认为，美元将面临巨大的升值压力，许多新兴发展中国家将会受到冲击。同时，一些高负债的中国企业也会面临更大的压力。

费尔伯麦尔还表示，这场贸易战会让欧洲取得更有利的战略地位。"如果中国在世贸组织框架内作出一些让步，那么欧洲就能获得重大利益。具有竞争力的德国工业的获利程度将会显著超过美国。而且，特朗普向全部贸易伙伴'开火'的时代已经过去了。只要美中之间的贸易战继续升级，欧洲的地位就相对安全。"他解释说，在华美企、在美华企受贸易摩擦的冲击相对更大，因此欧洲产品就能趁机抢占更高的市场份额。当然，像西门子这样的跨国企业在中国、美国也有生产基地，其业务也会受到贸易争端的不小冲击。

第五章

贸易纷争下的
应对之策

上兵伐谋，其次伐交，其次伐兵，其下攻城；攻城之法为不得已。

——孙子兵法·谋攻篇

我没有别的，只有热血、辛劳、眼泪和汗水贡献给国家。……你们问："我们的目的是什么？"我可以用一个词来答复：胜利——不惜一切代价去争取胜利。

——丘吉尔

第一节　放眼未来，奉行稳健战略

一、立足长远，坚守底线

中美之间广泛的经贸关系是中美双边关系的基础，但不可否认的是，伴随着中美贸易与投资的飞速发展，两国之间产生了大量的贸易摩擦。鉴于中美之间经济贸易投资的互补性大于竞争性，尽管随着中国经济的发展，竞争性在增加，但是中美两国仍然存在巨大的合作共赢空间。

中美贸易争端不是一两天形成的，当然也不会一两天就能结束。对于中美贸易争端，这是一场持久战，中国同美国的贸易争端应该有理、有利、有节，从容应对。

特朗普的谈判策略是所谓的"疯人战略"，极限恫吓，先是漫天要价，然后利用对手的心理弱点给予一点让步，以实现不战而屈人之兵的结果。美国政府在第一轮中美贸易谈判中提出的要求是一份无理的最后通牒，中国当然不能接受。面对特朗普的挑战，中国没有退路，只能依照 WTO 规则进行反制。

中美贸易争端，中国不可能对特朗普进行"同等规模、同等力度"的关税报复。中国应该坚持市场化地处理中美贸易的失衡，如降低关税、进一步开放中国的服务业市场（电信、医疗、教育和养老等），特别是金融服务业，并加强知识产权保护。采用提供购物清单的方法达成共识，这是一种非市场的解决办法，对资源配置可能产生会消极影响。

有人主张在关税之外的其他领域，如投资领域，对美国进行报复。其实中国的报复是不得已的、被动的，不应该主动挑起在新领域的冲突。在华美资企业的合法权利必须得到保护。抛售美国国债也是一个坏主意，它对美国造成不了什么伤害，却可能把中国自己置于十分尴尬的境地。

美国每次公布加征关税清单时，都会用数月时间征求各方意见。中国也应该这样做。中国在表明立场之后，不必急于采取行动，应该充分征求公众特别是企业的意见。中国不用急于确定报复清单，也没有必要急于实施报复计划。

贸易争端没有赢家。美国和中国相互加征关税对两个经济体有何影响呢？国内外都有一些利用一般均衡模型测算的结果。大多数研究认为，加征关税对美国影响不大、对中国影响较大。

美国第一批加征关税的产品大概有 818 种，价值大概为 340 亿美元，征税举措于 2018 年 7 月 6 日起生效。美国的清单针对的是从中国产业政策、特别是从"中国制造 2025"战略中受益的产品。中国的反制清单则主要针对美对华出口量较大的产品。

根据美国学者的研究，在被美国加征关税的 500 亿美元中国出口产品中，73%是供美国企业使用的中间产品和资本品，加征关税必然导致美国企业竞争力的下降。而这些产品中的 70%是由在华外资企业生产的，加征关税必然导致这些企业包括美国企业利润的下降。美国想通过对中国出口产品加征关税打痛中国，到头来，被打痛可能是美国自己。

一些研究机构的实证研究显示，美国对中国对美出口商品加征关税对中国经济增长的影响是有限的，中国完全有能力吸收中美贸易摩擦对中国经济的冲击。此外，正如宁南山先生所分析的，中国是有能力对美国的高科技产业和汽车产业予以重击的。中国可以引而不发，但要让特朗普政府明白：如果中美贸易摩擦继续下去，中国必然会报复。

在"二战"后的几十年中，现存世界秩序为中国的发展提供了良好的外部环境。中国应该继续为维护现有国际秩序而努力。具体来说，中国应该继续维护以联合国、世界银行、国际货币基金组织和国际贸易组织为支柱的国际组织的权威，执行由这些组织章程代表的国际法和国际行为准则。国际经济、政治和军事力量对比的变化，会导致对国际组织和国际行为准则进行调整的要求，但这种调整必须在现有国际法的框架下进行。

从法律地位上说，WTO 是国际经贸领域具有普遍约束力的、最重要的多边规则体系，其权威要得到尊重。WTO 的缺陷应该通过新的谈判加以弥补，而不能在完成新一轮 WTO 谈判之前，用单边、双边甚至地区性的解决办法代替 WTO 的解决办法，否则，国际贸易将处于失序状态，危害世界经济发展甚至危害世界和平。特朗普的单边主义正在遭到世界各国越来越多的反对，中国可以联合欧洲、日本、韩国、印度和其他发展中国家，倡导恢复"乌拉圭回合谈判"以来限于停顿状态的 WTO 谈判。应该看到，慑于美国的压力，欧洲和日本也可能会"首鼠两端"，甚至帮助美国打击中国。但无论如何，中国应该尽可能地化解与它们的矛盾，共同反对美国的单边主义。

中美贸易争端是通过中美双边谈判解决，还是通过 WTO 磋商和争端解决机构（DSB）解决，是个值得认真考虑的重要问题。中方采取了"两条腿走路"的方针。2018 年 4 月 5 日，中国就美国进口钢铁和铝产品"232 措施"和"301 措施"，在世贸组织争端解决机制项下向美方提出磋商请求，正式启动了 WTO 争端解决程序。4 月 18 日，美国宣布已同意就钢铝和其他产品的征税措施与中国开展 WTO 磋商。根据 WTO 规则，如果 60 天内磋商无果，争端可以交由 DSB 任命的"小组"（panel）裁决。即便从 4 月底算起，WTO 磋商所规定的 60 天期限已经超过。不知道在 WTO 争端解决机制这个渠道，中美谈判是否还会进行下去。

尽管中美双方进入了 WTO 争端解决程序，但主战场显然仍在中美高层。中美贸易代表团进行的双边谈判，和通过 WTO 争端解决机制进行的谈判如何协调，如何让 WTO 争端解决机制在中美谈判中发挥作用，对于维护 WTO 的权威有着重要意义。

尽管 "301 调查报告" 的结论站不住脚，但中国对 WTO 承诺的履行也并非无可挑剔，"301 报告" 提出的问题也并非完全没有道理。

有学者认为，中国在削减关税等方面确实超额完成了 2001 年做出的 WTO 承诺。但在贸易补贴方面，有些做法即便未违背 WTO 的文字规定，也与 WTO 的精神不符。例如，由于各国税收制度不同，为了使出口商品在税率较低的海外市场免受不利影响，出口国可对出口商品实施退税。WTO 规则允许对出口商品实施退税，但是中国往往把改变退税率作为刺激出口的政策手段。在这种情况下，退税政策就违背了 WTO 的初衷。此外，在一些地区，有违 WTO 规则补贴出口的情况也时有发生。

中国在根据 WTO 承诺开放金融服务业和加强保护知识产权方面，也有不小的改善空间。例如，中国在 2001 年签订的《中华人民共和国加入 WTO 议定书》其附件 9《中华人民共和国服务贸易具体承诺减让表》中承诺：加入 WTO 后五年内，将取消外汇业务的 "所有地域限制"；"允许外国金融机构向所有中国客户提供服务；取消限制所有权、经营及外国金融机构法律形式的任何非审慎性措施，包括关于内部分支机构和营业许可的措施"。此外，中国还承诺在满足一定条件后，"外国金融机构可以在中国设立外国独资银行或外国独资财务公司"。中国政府在 2018 年 4 月的博鳌亚洲论坛上提出进一步开放金融服务业，与中国当年的 WTO 承诺不无关系。在知识产权保护方面，中国也还有大量工作需要去做。

不过，开放金融服务是个纯粹的贸易问题，同资本项目自由化和资本项目下人民币可兑换是两个不同问题；前者同 WTO 有关，后者同 IMF 有关，两者不可混淆。在中国注册的外国银行可以从事人民币业务和外币业务，但不能在违反中国外汇管理条例的情况下，将人民币兑换成外币汇出中国或将外币兑换成人民币以购买中国资产。

2018 年 6 月 29 日中国国家发改委、商务部联合发布了《外商投资准入特别管理措施（负面清单）》，大幅扩大服务业开放、基本放开制造业、放宽农业和能源资源领域准入。相信这是有关部门在对国家经济安全做了充分考虑之后作出的决定。6 月 29 日的"负面清单"也招致了一些非议。其实，中国政府在公布重要的贸易和投资举措之前，应该举行更多、更广泛的公众听证会，听取公众特别是有关企业的意见。中国政府的一些举措恐怕还要有立法机构的批准。在这方面，美国政府的许多做法值得我们借鉴。

二、沉着应对，保持战略定力

"每临大事有静气"，静气来自定力。从国际看，当今世界正处于百年未有之大变局。国际形势中不稳定、不确定、不可测的因素增多，各种力量交锋、各种思潮激荡、各种治理主张登场。大国博弈带来了国际格局的重要变化。这种情况下，中国更需要保持战略定力。

回顾世界历史我们发现，在新兴国家由大变强的过程中，都经历了一个关键性阶段，往往会与守成国家发生国家利益的激烈碰撞，无一例外地会受到刻意打压，这是必然遇到的"成长的烦恼"，是发展历程中绕不开的"坎儿"。当前，中国已成为世界第二大经济体，中美之间出现博弈是必然的，中国作为崛起的新兴大国受到打压也是必然的，不过是时间早晚而已。2018 年以来，挑起了迄今为止规模最大的贸易争端，就是重要体现。其通过利益敲诈、战略遏制、模式打压来打乱中国发展进程的意图暴露无遗。

进一步看，大国之间的博弈不会是一个短期行为。世界历史上新兴大国与守成大国的碰撞，大都经历了一个漫长的交锋过程，这也意味着中美经贸摩擦将长期存在，因此中国要做好打持久战的准备。中美经贸摩擦具有必然性、长期性、全面性。

在百年未有之大变局下，充分认识中美经贸摩擦的必然性和复杂性，保持战略定力，显得非常必要。

世界大国之间的关系，注定具有战略性。中美之间不仅在经济发展方面，而且在意识形态、社会制度、历史文化等重要方面，分歧很多、很深、很复杂。自 19 世纪末美国成为世界第一强国之后，先后遇到德国、苏联、日本的追赶和挑战。而综合起来看，这些国家都不能与当今的中国相比。中国客观上是美国遇到的前所未有的对手，虽然中美两国要避免所谓的"修昔底德陷阱"，但历史的教训值得总结，历史的惯性值得警觉。

战略定力来自于清醒的认识。对当前中美贸易摩擦的判断，无论从数量、规模、层次来看，当前的中美贸易冲突还是层次较低、较为边缘的冲突，也是较为容易控制和平息的冲突，双方还留有很多余地。

同时也要看到，这个贸易摩擦具有诱发性。一方面，贸易摩擦本身可以逐渐升级，从小到大。另一方面，从贸易摩擦升级为更高层级的战略争端也极有可能。当然，在目前的具体应对上，不能把可能性的事情，当作现实性的事情。中美贸易摩擦是不断变化，乃至变化很快的，要根据形势的最新发展进行调整。

对中国而言，最大、最高的战略目标就是实现中华民族的伟大复兴。这是中华民族近代以来矢志不渝的追求目标，是中华民族的根本利益所在。处理中美关系要有利于维护这个大局，要使得中美两国的发展相辅相成、并行不悖。

中国对外的基本战略是和平发展。这是实现现代化、实现中华民族伟大复兴之必要，也符合中国千百年来"和为贵"的文化传统。党的十九大报告中明确指出，中国将矢志不渝走和平发展道路、奉行互利共赢的开放战略，扩大同各国利益的交汇点，推进大国协调与合作。面对复杂多变的国际形势，中美作为在地区和世界上具有重要影响的大国，在维护世界和平稳定方面，肩负的责任更大了。要把握好中美关系发展的大方向，这不仅关系到两国和两国人民根本利益，也深刻影响着国际战略全局。

中国对外经济方面的基本战略是推动经济全球化、坚持对外开放。根据党的十九大做出的战略部署，中国将推动形成全面开放新格局，实施高水平的贸易和投资自由化、便利化政策。中美作为世界前两大经济体，在促进全球发展繁荣方面，合作空间更广阔。要努力促使中美双方加强在国际货币基金组织、世界银行、二十国集团、亚太经合组织等多边机制中的协调与合作，合力推动世界经济强劲、可持续、平衡、包容增长。

因此，从坚守中国基本战略目标出发，处置中美贸易争端要有利于实现中华民族伟大复兴的目标，有利于维护和平与发展的大局，有利于经济全球化和对外开放。须知，经贸合作是中美关系的"稳定器"和"压舱石"。中美经贸关系的本质是互利共赢，经贸合作可以给两国和两国人民带来巨大利益。中美双方应该采取建设性方式，通过对彼此开放市场、做大"合作蛋糕"，妥善解决双方关切的经贸问题，推动经贸合作向更大规模、更高水平、更宽领域迈进。

对于中美贸易争端，应该秉持如下基本原则：

一是不主动挑起对抗。当前美强中弱还是基本现实。中美之间的差距较大，要在经济总量上赶上美国，要在科技水平上赶上美国，要在军事力量上接近美国，特别是要在文化影响力上超越美国，还有很长的路要走。不主动挑战，符合当下中国的利益，符合中华文化的道义。我们更需要用战略耐力对美国展开持久的博弈。

二是有限可控。简言之，有理、有利、有节。有理，不仅是指国内的道理，讲给自己听；还要符合国际法理和国际道义，因为要讲给国际社会听，做给国际社会看。有利，不宜以伤害对方最大化为目标，而以维护自己的利益或至少减少伤害为目标。有节，就是不扩大、不渲染，以平常心处置之。国际贸易交往中，大多是纷争与妥协相结合，甚至是融为一体的。中国要以最大诚意和耐心，坚持通过对话协商以和平方式解决分歧和争端。

三是要保持清醒的自信。中国具有较强的防冲击能力。我们以实力为基础，不说过头话，不做过头事，量力而行，留有余地。要守得住，防患于未然。在此基础上徐图进取，稳守缓攻。要看到，当前中美之间每年有6000亿美元的贸易来往，有600万人次的社会交往，早已呈现出你中有我、我中有你的深度交往现状。我们有信心处理好中美之间的贸易争端，致力于发展相互尊重、平等相待、互利共赢的合作关系。

三、以静制动，寻求解决之道

处理中美贸易争端，中国应该把更多的增长动力转到国内的需求上，以静制动。

中国最可靠的保证首先是民族凝聚力，其次是幅员辽阔、人口众多，并且已经建立了一套比较完整的经济体系，可以依靠庞大的国内市场最大限度地实现规模经济。

2006 年中国出口占 GDP 的比重为 38.6%，之后逐年下降，但在 2016 年这一比重仍高达 20.2%。与此相对照，美国出口占 GDP 的比重为 13%左右。中国出口在世界贸易中的份额为 14%左右。2017 年，中国对美国出口总额为 5056 亿美元、对美国贸易顺差近 3750 亿美元（美方数据）。尽管最近几年有所改善，但在大国中，中国显然是对外部需求特别是对美国需求依赖度最高的国家。

中国的这种经济结构存在三个问题：第一，资源跨时、跨境配置的扭曲。中国严重依赖对外贸易的这种经济结构，是长期执行出口导向政策的结果。而出口导向政策意味着对各种形式的出口补贴措施的使用和汇率的低估；而这些又意味着价格扭曲的存在。价格扭曲必然导致资源错配。深度参与全球分工、发挥比较优势所导致的国民福利增长，可能早就开始被贸易条件恶化、环境污染、资源枯竭、面对外部冲击的脆弱性所导致的国民福利损失所抵消。中国早就有必要对经济的外向程度做些回调。第二，中国在国际市场上"攻城略地"，已经引起其他国家的恐慌和敌视。在 500 多种主要工业产品当中，中国有将近一半的产品产量居世界第一。许多竞争对手不得不接受日益缩减的市场份额，有些对手则陷于倒闭的境地。德国、美国的太阳能板生产商被横扫就是一例。中国不断占领海外市场的局面，是其他国家所不能接受的，因而也是不可持续的。第三，由于美国国内政治气氛的变化，尽管在经济上对美国总体有利，中国已经无法继续维持对美国的大量贸易顺差。美国是中国出口的最大吸收国。减少对美国的贸易顺差，意味着中国必须相应减少对东亚国家的贸易逆差。对美贸易格局的调整，也意味着中国必须降低经济的对外依存度。

为了进一步降低中国的对外依存度，中国必须彻底放弃出口导向政策，转而实行中性的贸易政策。为此，中国必须尽可能减少出口补贴，避免使用出口退税作为刺激出口的手段调节，让人民币汇率发挥调节国际收支平衡的作用。

长期以来，大力吸引外资、以市场换技术，是中国对外经济政策的一个重要特征。中国是一个高储蓄国家，中国不缺乏资本。引进外国直接投资的主要目的是引进国外技术。而这种通过提供优惠来吸引外资的政策存在一系列问题。首先，中国并没有把资本流入有效地转化为贸易逆差，从而形成了一种不合理的国际收支结构和国际投资头寸结构。这种结构的不合理性体现为，中国虽然拥有 2 万亿美元左右的海外净资产，但在过去十几年中，中国的投资收入基本是逆差。其次，以市场换技术的策略已经证明是一种比较失败的策略。随着中国经济竞争日益激化，通过引进外资提高中国技术水平的可能性越来越低。最后，在某些时期和地区，由于地方政府对外资实行优惠政策，而使本地民企受到挤压。因而，中国需要把过去的引资政策改为负面清单管理。在允许外资投资的领域，如果外资希望进入，我们欢迎，但没有优惠政策。为了顺利执行中性的外资政策，地方政府的政绩考核标准也应该作出相应调整。当然，中国应该继续欢迎外资，因为外资的进入会增加对中资企业的竞争压力，有助于改善中国经济增长的质量。

中国外汇储备的安全性也值得注意。有人说中国的外汇储备是中国对付美国的武器，但事实是，中国的外汇储备更是美国对付中国的武器。这就是凯恩斯所说的"如果你欠银行 100 英镑，你有麻烦；但如果你欠银行 100 万英镑，银行有麻烦"。现在美国欠了中国 3 万亿美元，除非能以某种方法确保外汇储备的安全，否则中国应该逐步有序地、"润物细无声"地通过经常项目或资本项目逆差用掉其中的大部分，而仅维持最低限度的美元外汇储备。

既然中国已经不再处于"战略机遇期"，中国对跨境资本流动可能造成的冲击就需要保持更高的警惕性。对于资本项目，在相当一段时期内，我们不应该再进一步推出任何重要的自由化措施。

中国经济同世界经济的一体化，在改革开放初期主要表现为中国按所谓的"雁行模式"参与国际分工，现在则是越来越多地深度参加到全球生产网络的价值链中。中兴事件暴露了参加这种分工的脆弱性。但是，脱离全球价值链对中国经济增长的冲击也是极为巨大的。如何平衡各种关系、建立威慑平衡（类似核武器的恐怖平衡），使美国不敢恣意妄为？如何既不脱离价值链又不会因价值链受到破坏而丧失生存能力？这些都是我们必须仔细考虑的问题。中国全球生产网络企业应该积极同世界其他国家的同行一起努力，使全球生产网络、价值链免遭破坏。同时，中国必须依靠自己的力量掌握核心技术，以避免类似中兴的尴尬。

第二节　着眼当下，多策并举随机应变

一、守正出奇，占据道义制高点

中美经贸摩擦不仅对"二战"后形成的国际多边贸易体制构成极大冲击，更使得处在十字路口的中美关系成为国内外热议话题。面对美国的压力，有人心虚了，生怕一言不慎，引来美国战略转向。在新时代，如何观察美国，怎样看待自己，这是摆在面前的大问题。

无须否认，美国仍然是世界唯一超级大国。按照世界银行统计，2017年美国国内生产总值达 19.39 万亿美元，人均 GDP 达 5.95 万美元；美国2019 财年防务开支预算达 7160 亿美元，军力无人可比，具有很强的全球掌控能力；美国的科研、教育引领世界，体育和文化影响力不容小觑。2018年以来，美国经济高涨，第一季度增长率为 2.2%，第二季度达 4.1%；失业率降至历史较低水平；特朗普的支持率也有所上升。

然而观察美国，不仅要看经济因素，还要看美国政治变化和对外战略是否得人心。

由美国发起的这次中美贸易争端，真正原因并非"贸易逆差"，而是美国对中国崛起的担忧，是"中国制造2025"冲击了美国的高科技优势。这一计划将使中国成为未来高科技产业的全球领导者，从而动摇美国在世界上的霸权地位。美国白宫贸易顾问纳瓦罗更是直接指出，"301关税"毫无疑问将直指"中国制造2025"。

"贸易战"没有赢家，最终会导致两败俱伤。美国贸易保护主义新举措遭受了国际舆论的批评和指责。世界贸易组织总干事阿泽维多表示，由于中美之间的贸易冲突，当前全球经济增长面临"迅速"下降的风险。英国天空新闻台评论称，"美国和中国，世界上最大的两个经济体之间的贸易紧张关系迅速加剧，引发了人们对世界贸易争端的担忧"。韩国《中央日报》报道称，中国有不少产品是使用韩国生产的部件，成品再出口至美国，因此韩国也正面临危机。如果贸易争端不断扩大，韩国所受的损失将逐渐增大。

美国传统基金会国际贸易与经济研究中心研究员詹姆斯·罗伯茨题为《美国应避免与中国的贸易战》的文章称，与中国打贸易战对美国经济造成的损害，要比从关税和其他保护主义措施中获得的"补偿"大得多。美国"国家评论"网站文章指出，贸易战将使美国大多数消费者和制造商沦为"人质"，只有少数在政治上获得了特殊关照的美国企业的利益得到维护，也只有在政治上十分有影响力的少数美国人才能从中获得好处。

从美国内政看，社会并不太平。一是美国党争激烈。美国政坛聚集了一批长期游走于主流社会边缘、抱持民粹主义且政治冒险性很强的保守派人士。此外，共和党与民主党争斗呈白热化，面对2018年11月中期选举，前总统奥巴马、希拉里·克林顿等民主党人士纷纷出场造势，最新拉斯穆森民调显示，目前民主党支持率达45%，高出共和党4个百分点。二是"通俄门"事件调查正慢慢发酵。美国特别检察官穆勒逮捕特朗普前私人律师科恩后，坐实了两件事：一件是特朗普儿子大选期间会见俄罗斯代理人以获取希拉里材料事件；另一件是科恩为特朗普掩盖"艳星门"事件。《纽约时报》《华盛顿邮报》、CNN等主流媒体抓住一切机会对此进行攻击，美国社会对这些事的关注度普遍高于经贸摩擦。三是贸易战对美负面后果正在美国社会显现。2018年7月，美国对华大豆出口连续两周为零，美国政府虽为豆农提供 120 亿美元补贴，但美国大豆协会和相关州仍要求政府停止贸易摩擦，原因很简单，世界上没有哪个国家或地区能够替代中国这个美国大豆的最大进口国。随着经贸摩擦深化，此类现象正在不断发酵。

从美国对外战略看，美国政府 2017 年底以来连续发布《美国国家安全战略报告》等一系列国家安全文件称，中、俄是"修正主义国家"，中国是美国"势均力敌的竞争对手"。这实际上反映了美国多年来在战略上进退失据而出现的战略焦虑。由此，美国政府挥舞"美国优先"大棒，对华意识形态、军事、经济施压"三管齐下"；压迫盟国分摊军费；对与美贸易顺差国实施关税制裁。

然而，在经济全球化和人类共同发展命运日益紧密的今天，美国政府这套充满"冷战"思维的"竞争战略"难以得到国际社会的认同。一是以"美国优先"锚定"公平贸易"的经济支柱，在国际上对中国和包括美国盟国在内的对美顺差国进行关税制裁；以中、俄为"竞争对手"，在全球依托盟国和伙伴关系网络强化安全支柱，谋求遏制中国影响力上升。两个支柱相互打架，目标不明，使盟国离心离德，德国总理默克尔就表示，贸易战冲击所有国家，损害各方利益，"德方愿同中方一道，发出共同支持自由贸易、反对贸易保护主义的声音"。二是国际社会希望和平发展，加速推进平等互利的区域合作。近来日本对东北亚合作转向积极，参与"一带一路"倡议项目，据报道，2018 年 5 月，中欧班列从中国延伸至日本，从而使日本成为连通欧亚大陆的一部分；最近，日本和欧盟面对美国关税制裁，达成经济伙伴关系协议，将取消几乎所有关税；东盟在积极参与"一带一路"建设同时，与中国就南海行为准则达成单一磋商文本草案。

可以看出，经贸摩擦背后反映出美国政治力量的消长，凸显美国对中国的焦虑，经贸问题不过是政治变化的外在表现。当今世界，美国的霸权主义和贸易霸凌主义虽逞狂一时，但和平发展是大势，"冷战"思维不得人心。

从 1972 年中美关系正常化算起，两国关系在跌宕起伏中发展已有 46 个年头了。我们很有必要清醒地认识自己，砥砺前行。40 年来，中国改革开放成果有目共睹：1979~2007 年，中国经济年平均增长率达 9.8%；2010

年，中国 GDP 超过日本，成为仅次于美国的世界第二大经济体；2017 年，中国 GDP 达 82.71 万亿元（12.25 万亿美元），较 2016 年增长 6.9%，经济规模达美国的 63.28%；中国是世界上最重要的贸易大国，2017 年，货物进出口总额达 27.79 万亿元，较 2016 年增长 14.2%；截至 2018 年 6 月，中国外汇储备达 3.1121 万亿美元；据国际货币基金组织统计，中国对世界经济增长贡献率超过美、欧、日三国总和。同时，中国工业门类齐全，数字经济、科技创新能力、教育普及率等提升迅速。

当然，中国也不讳言自己与美国的差距，中国与美国人均 GDP 之比为 1∶6 左右，这是美国"整治"主要对手的重要压力点；中国正处于三期叠加的经济发展新常态中，经济开放、科技创新、国际治理能力仍有较大进步空间，经贸摩擦无疑会对中国经济产生一定影响，必须有艰苦努力、长期应对的充分准备。

回顾往昔，中美关系发展从来都是以国家利益为重，建立在平等互利、相互尊重基础之上，绝非美国对中国的恩赐。邓小平同志曾谈到中美关系："我们对自己也有一个清醒的估计，我们有'块头大'这个好处，还有就是不信邪……中国是敢于面对现实的。"

中美贸易摩擦，关键时刻我们必须坚持原则和发展利益，办好自己的事。风物长宜放眼量，我们同美国政府比的是意志、耐力、道义和国际大势。中国无意扩大贸易摩擦，但绝不惧怕压力和挑战。

二、审时度势，以柔克刚破危局

特朗普在他的自传《做生意的艺术》中曾写到："面对一个远高于预期的条件让对手无从下手，反复无常的变化给对手施加压力，给出次优条件让对手急于接受了事，可以达到最初想要的结果。"显然，对于中美之间的贸易关系，被特朗普看成了一笔"大生意"。那么，面对如此强劲的对手，中方该如何应对呢？

数据显示，中国货物出口的 40%、高科技产品出口的 2/3 都是在华外资企业实现的。在这种情况下，美国对中国的贸易制裁在不同程度上转化为对自己企业的"制裁"。因贸易摩擦引起成本上升，一些受影响的美国企业已开始减产或裁员，有的企业正在谋划把生产线迁出美国。美国商会发出警告称，共计260万个美国就业岗位可能面临风险。

而形成对照的是，中国在反击美国的同时，顺应全球化趋势，高举自由贸易大旗，反对贸易保护主义，进一步扩大对外开放的步伐。

中国在贸易争端过程中，应该一方面与美国针锋相对，另一方面争取国际社会支持。调整改善与周边国家的关系，加强经济合作，同时寻求世贸组织规则和国际舆论的支持。

当然，美国依然是经济强国、军事强国、科技强国、金融强国，"世界老大"的地位依然无可替代。我国虽然处于上升趋势，经济总量直追美国，但经济社会发展程度及综合实力与美国仍然存在较大差距，"大而不强"使我国在不少方面受制于美国等西方国家。

工信部对全国30多家大型企业130多种关键基础材料调研结果显示，32%的关键材料在中国仍为空白，52%依靠进口，绝大多数计算机和服务器通用处理器，95%的高端专用芯片、70%以上智能终端处理器以及绝大多数存储芯片依赖进口。

在如此形势下，中美贸易之争是一场前所未有的硬仗，其未来走势具有很大的不确定性，要争取战略主动和最终胜利，绝非易事。中国不主动挑战美国，当然也不会在贸易战威胁下不战而退，俯首称臣。强者胜并非是天然的历史逻辑，历史上以弱胜强者不乏其例。

中国的优势一方面在于经济发展模式的优势，拥有高度的完整性和统一性；另一方面在于巨大的市场优势，在中国外贸依存度已大幅下降、消费持续扩张、内需型动力结构得到强化的情况下，贸易制裁对我国经济的破坏性呈下降趋势。

随着贸易摩擦的加剧，中国经济可能进入一个特殊时期。这不仅需要我们有自强的能力，更需要我们有突破危局的智慧。

三、制与反制，待机而动

贸易保护主义具有较长的历史，比较知名的贸易保护案例至少可以追溯到 19 世纪英国的《谷物法》。而关于贸易保护的动机，则是因为在国际贸易中，虽然国家总体上会从中受益，但某些产业和某些群体会受损。在国际贸易中受损的产业和群体会反对自由贸易，通过对政府施压使其实行相应的贸易保护政策。由于在国际贸易中受损的往往是本国的弱势产业，因此，我们经常所称的贸易保护主要是指对弱势产业的保护。但是，我们可以从美国对中国的制裁清单看到，美国欲提高关税的产品主要是美国的优势产业，而非弱势产业。这显然与通常的贸易保护主义内涵不同。一般来讲，即便保护本国的优势产业，也应该是有重点地针对某些特定的少数产品加征关税或采用其他贸易保护措施，但此次美国制定清单的种类数很多，超过 1000 种。即便美国保护本国优势产业，也应该是针对所有国家的相关出口产品加征关税，而非仅仅针对中国。仅仅针对中国加征关税并不能起到保护本国相关产业的作用，更何况中国并不具有在制裁清单上产品的生产优势。因此，对于美国此次基于"301 调查"针对中国的制裁，是否可称为"贸易保护"是一个值得商榷的问题。即便称为贸易保护主义，其内涵也发生了变化。

从对清单的分析来看，美国的制裁确实存在对中国高技术产业限制的意图。但我们这是通过结果来判断其意图，会忽视其他可能。一个很显然的逻辑是，不同的意图会导致相同的结果，除制裁中国高科技产品外，美国也会因为其他因素选择制裁清单上的产品。美国的其他意图也会使其得出相同的清单。我们往往忽视美国的另一个意图，那就是尽量降低对本国生产和消费的负面影响。从产业的上下游以及产业用于消费的比例来看，美国的制裁清单也表现出选择的产品要么属于上游产业，要么是用于消费的比重较低。也就是说，清单上的产品尽量不影响自身的消费。除此之外，由于中国在这些产品的生产并不具有明显的优势，别国产品对中国产品的可替代性较强，美国制裁对自身生产的影响也在可控范围内。也就是说，从降低制裁对本国生产和消费的负面影响的角度来看，也会得出美国的制裁清单。

那么，假如美国确实要实施新的制裁，比如其声称的 1000 亿美元清单，如果仅仅从中国对美国出口的多少来选择产品将会不准确。根据分析，美国会考虑降低制裁对本国生产和消费的影响以及限制中国高技术产业发展两个方面，除美国会在 500 亿美元清单上的产业继续选择产品外，还会在上游度高和消费比重低的产业中额外选择产品。

美国的制裁清单对中国总体贸易的影响有限，而且从生产和消费的角度来讲，中国可以相对容易地化解美国的制裁。反而是中国的反制清单会对本国的生产和消费造成较大影响。中国的反制清单存在以下可改进之处：第一，考虑到美国的 500 亿美元之后可能还会有后手，比如 1000 亿美元的制裁清单，而且 500 亿美元对自身的影响可控，中国不需要将会对美国造成较大影响三大产品——黄大豆、飞机、汽车一起放进反制清单中，应该留有后手，比如仅仅将其中一种或两种产品列入反制清单，这样实际的反制效果并不会有明显不同。第二，中国的反制清单应该更加多元化。中国的反制清单中，仅仅三大产业就占比 71.71%，导致留给其他产品的空间非常有限。除上面提到的列入一两种主力产品外，中国还可以留出空间给其他产品，一方面不会降低反制效果，另一方面降低对自身的负面影响。第三，中国可以考虑将木材、芳烃混合物、废铜这三类产品列入反制清单。中国反制对自身影响小、对美国影响大的产品应该满足以下特点：中国从美国进口产品占中国进口总额的比重小，同时美国向中国出口该产品占美国出口总额的比重大。木材、芳烃混合物、废铜这三类产品符合这一特征，应该考虑将其列入反制清单。

美国此次针对中国的制裁往往被解读为限制中国高技术产业发展、遏制中国崛起等。我们并不否认美国很可能确实具有遏制中国崛起的主观意图。而清单显现出来的内容确实彰显美国限制中国高技术产业发展的意图。但是，正如前述指出，即便美国制裁清单的结果是高技术产业占据较大部分，但其他的意图同样可以得出类似的清单。另外，从清单本身来看，并不能得出美国遏制中国崛起的结论。一是清单本身限定了 500 亿美元的金额，其影响有限；二是清单本身并未包含中国具有优势的产业，对中国经济的冲击有限。事实上，美国已明确说明，针对中国的制裁基于"301 调查"，其内容是中国政府在技术转让、知识产权、创新等方面的行为、政策和实践是不合理或歧视性的。一方面，USTR 对 500 亿美元的解释是指中国上述行为对美国造成的损失额，另一方面，美国认为 500 亿美元足以让中国"屈服"，纠正自己的行为。而技术转让、知识产权、创新等归根结底是涉及国际规则的问题。技术转让涉及投资规则，知识产权涉及知识产权相关规则，创新涉及竞争政策。这些内容均是现有高标准经贸规则要包含的内容，也是奥巴马政府力推的 TPP 的内容。特朗普放弃了奥巴马政府试图通过区域贸易协定谈判约束中国的方法，而是试图通过单边制裁和双边谈判使中国接受相关规则。以此来看，特朗普政府和奥巴马政府有相同之处，即试图通过规则约束中国。

另外，美国基于"301 调查"对中国的贸易制裁并非个例。历史上，一个值得借鉴的案例是美国对日本的贸易制裁。20 世纪七八十年代，美国曾对日本实施了至少 23 起"301 调查"和 GATT/WTO 争端起诉，以此施压让日本开放市场。中国目前所处的境况和日本类似，那就是对美国存在巨大贸易顺差，且都是美国的第一大顺差国。所不同的是，当时日本经济发展水平已高度发达，超过当时的大部分欧洲国家。而目前中国经济尚未达到发达水平。虽然从美国的制裁清单来看，其直接目的不是削减贸易逆差，但是背后的原因仍然是削减贸易逆差。美国通过限制顺差国的出口、促进自身出口来达到此目的。美国一贯认为自身的贸易逆差由顺差国引起，而不考虑自身宏观经济层面高投资、低储蓄的原因。总之，对于此次美国的"301 调查"和贸易制裁，中国将其局限为经贸问题，更容易寻找到解决方案，也能避免像日本那样因为自乱阵脚而影响自身整体的经济发展。

中美如果试图通过谈判来缓解目前的贸易紧张关系，对于中国而言，很重要的一点是，应该抛弃诸多迷惑自身的点，抓住问题的要害。对于此次美国的制裁，即便中美坐下来谈判，也应该聚焦技术转让、知识产权、创新政策三大领域，而非让美国列出自身的全部要价清单。美国的制裁很明确地指向了这些领域，那么包括削减贸易差额在内的要价都不在谈判范围内，应该通过其他谈判来解决。技术转让涉及投资规则，中国应坚持重启中美 BIT 谈判，在 BIT 谈判过程中解决该问题。对于知识产权，这符合中国的改革方向，中美之间在改善的速度方面存在差异。由于美国也向 WTO 递交了和中国就知识产权问题进行磋商的请求，说明美国依然注重 WTO 框架下的知识产权规则。WTO 框架下《与贸易有关的知识产权协定》（TRIPs）在 2005 年修改过一次，但已过去十多年，世界各国对知识产权保护的要求发生变化，科技和社会进步也对知识产权保护提出新的要求。此次中美贸易紧张关系，起因是美国不满中国知识产权保护现状，修改 TRIPs 符合美国利益，有助于 WTO 框架下促使中国改善知识产权保护问题。对于中国而言，未来随着发展水平提升、创新能力提高，必然也在国际上有对自身知识产权保护的诉求，也需要通过 TRIPs 保护自身知识产权合法权益。中美双方共同推动修改 TRIPs，既具有可行性也符合双方各自利益。对于创新政策，中国当然不会放弃"中国制造 2025"，一方面中国可承诺运用市场机制来进行创新，另一方面尽量将这一问题弱化。

第三节　结语

中美贸易争端不可避免地发生了，但中国还是应该尽量减少中美彼此间的误解，力争将双方的矛盾最小化。

世界历史上的很多冲突甚至战争是由误会引起的。中国应该努力减少美国对中国意图的误解。从"301 调查"报告就可以看出，美国对中国的意图、战略、政策存在许多误解。基本上，美国过高估计了中国的实力和潜力。而中国自己的宣传则加强了美国的误解。虽然中国已经被美国定位为头号战略竞争对手，中国对中美关系的改善不应抱有更多的幻想；但无论在地缘政治领域还是在国内政治、经济体制改革领域，中国还有很大政策调整的空间。中国应该继续坚持邓小平韬光养晦的战略方针，尽量稳定中美关系，避免使两国陷入"修昔底德陷阱"。

1978 年，当中国开始实施改革开放的时候，中国是世界上最贫困的国家之一，当时的人均 GDP 只有 156 美元，只相当于撒哈拉南部沙漠国家的水平。中国的出口占 GDP 的 4% 左右，进口只占 GDP 的 5% 左右。在这个基础上，中国的 GDP 在过去 40 年保持平均每年 9.5% 的增长。在经济快速发展下，中国已经成为世界第二大经济体，也是第一大贸易国。

美国和中国的经济是互补的。中国的人均 GDP 在 2017 年达到 8640 美元，而美国的人均 GDP 是 6 万美元。根据可变价格来衡量，中国的人均 GDP 只是美国人均 GDP 的 15%。中国的工业部门主要是中低端、低附加值的部门，而美国是高附加值的部门。贸易意味着中国可以向美国的消费者提供廉价的商品以及较低成本的中间品。中国也可以为美国提供巨大的市场，尤其是为美国高附加值的服务提供巨大的市场。

此外，中国需要为全球发展体系承担更多责任，中国将在 2025 年左右成为高收入国家，需要向全世界做出贡献。经济发展是结构型改革的过程，在此过程中，个别发展中国家抓住了发展的机遇与窗口，从农业国转变为制造业国家。如"二战"后的日本及亚洲"四小龙"等。中国如今已经成为中高收入的国家，中国的劳动力密集型行业将向其他国家转移，预计未来中国将在制造业释放 8500 万个就业机会。新的时代不仅意味着中国的复兴，同时也意味着所有国家共同的繁荣。

第六章

中国如何练好内功？

兵者，诡道也。故能而示之不能，用而示之不用，近而示之远，远而示之近。

——孙子兵法·计篇

当我在战和不战之间犹豫不决的时候，我总是选择战斗。

——纳尔逊勋爵（Lord Nelson）

第一节 贸易摩擦带来的发展机遇

一、知耻后勇，迈向产业链高端

2018 年 4 月，美国商务部突然宣布，因中兴未履行和解协定中的部分协议，将禁止美国企业向中兴通讯销售元器件，包括将其产品（如芯片组等）直接或间接的方式出售给中兴，包括高通、英特尔、NVIDIA 等，期限长达 7 年。而在中兴的产品中，有 25%～30% 的零部件来自美国的供应商，美国单方面突然"断货"，不仅让中兴短时间内无法找到新供应商，且几乎无法再生产和出售任何东西。

一时间，一场"中兴保卫战"在两国之间展开，有关"中国芯"的探讨和反思也史无前例地激烈起来。最终，在中兴业务陷入瘫痪 3 个月之久后，美国解除禁令。随后，中兴高层"大换血"，缴纳巨额罚金，并接受美方派驻的特别合规协调员。

继"中兴事件"后，美国又发布"晋华禁令"。美国商务部在官网发布公告称，将对福建省晋华集成电路有限公司实施禁售，自 2018 年 10 月 30 日起正式实施。具体来说，美国方面认为福建晋华即将大规模生产的

DRAM，其技术可能源于美国，且量产之后会威胁到美国军用系统供应商的长期经营利益。

其实，除了中兴、晋华，华为、中国移动等正在崛起的高新企业及技术也都曾多次受到美方的限制。其中最根本的原因，还是依赖性太强，没有核心竞争力。

从产业结构来看，作为全球产业链和供应链上的关键节点，中国既是拥有全球最完整工业体系的"世界工厂"，又拥有全球最大规模的优质人力资源，形成了有较强国际竞争力的基础制造产业。而与中国在全球价值链上总体的中低端位置相比，美国在高科技领域和市场端的先发优势，使其具有更强的科技创新实力和产业竞争力，并占据了全球价值链的中高端位置。

特朗普发起的贸易制裁，剑指中国头部产业的未来，通过惩罚性关税营造一种不确定性，进而打击私人资本投资这一领域的信心。在新材料、生物制药、新能源汽车这些代表"硬实力"的产业中投资过于巨大，因此私人资本的信心和预期变得极为关键。而特朗普的关税战，其核心目的之一就是希望影响到那些有志于在中国投资这些"硬实力"产业的私人资本。现在，特朗普用关税问题释放了一个信号。中国必须看到这个信号背后更为深远的变化。随着"中国制造"的不断升级，中国外贸的"友好"环境已经发生改变。中美贸易摩擦，只是一个开始。

说到底，中国只有突破现有全球产业链中的位置，才能让经济真正转型成功。面对低端制造，挑战者越来越多，若中国依然止步不前的话早晚是要被排除于这个全球体系之外的。党的十九大之后，社会主要矛盾的定义和变化写入宪法，预示着中国经济发展逻辑的彻底转变。高端制造将会逐渐替代低端制造，同时提高消费在经济运行过程中的比重。中国的逻辑从纯生产国变成了未来既生产也消费的经济体，未来趋势是要打牢经济内生性循环的基础。

回过头来看美国，特朗普延续了奥巴马时期制造业回归的逻辑，另外加强了出口的力度，缩减负债率和财政赤字。"页岩油革命"让美国从一个石油净进口国变成了净出口国，在美联储加息周期中，不断缩表。美元资本回流，制造业回流，蓝领工人就业率提高，经济加速复苏中。美国的逻辑从纯消费国变成了资源输出国和生产制造的经济体。

全球两大经济体的彻底转型，必然会打乱原有的产业链生态。美国和中国同样在寻找自己未来的产业定位。有些是互补的，有些则是冲突的。这次特朗普针对中国加征关税的都是高技术产品。首先对生物医药、信息技术、高铁装备等来自中国的产品，加收25%的关税。这就是冲突的地方，未来美国和中国同是高端装备的生产者，正面竞争在所难免。而在同期，特朗普提高钢铁和铝关税的决定生效后，中国商务部也予以反击，拟对鲜水果、干果、葡萄酒和猪肉等美国产品，加征15%～25%的关税，但这却是互补的地方。

这里形成了一个有意思的对比，即美国针对的是中国的工业品，而中国针对的是美国的农产品。因此有人戏称，原来中国已是工业国，而美国是个农业国。这说明中国未来想达成的目标和美国现实利益的价值不对称的扭曲对抗。

此次美国针对的都是未来要和中国发生冲突的产业，而像纺织、小商品等却不在其列。如果对这些美国人的生活必需品征税，必然会提高美国百姓生活成本，从而导致通货膨胀，使得经济复苏的步伐被拖慢。而中国却象征性地拿一些无关痛痒、在经济上互补的东西去制衡美国，这必然无法持之以恒。毕竟现阶段，中国这个巨大的消费市场需要更加开放。不对称的经济反击必然无法持续，于是网络上开始传言中国为了应对美国的贸易救济，退一步打算进口更多的美国半导体，降低美国进口汽车的关税等。而人民币又开始升值了，这也有利于进口商降低成本。

目前，国内舆论场的一种观点是，特朗普有意破坏"中国制造2025"，因为美国加税目录中的产业，几乎都是中国未来要大力发展的先进制造业和高新产业，特朗普要做的是，遏制中国技术的崛起，让美国永远保持技术优势。特朗普已经"出牌"，在未来的全球产业链分工中，美国明确表示高端制造和生产必须由美国人来搞。言下之意，美国只需要中国成为一个终端消费者即可，而不是和美国在高端生产领域竞争的国家。中国退无可退，在人口、土地资源等红利衰退的情况下，迈向高端制造必然免不了和欧美一争高下。

我们应该看到，中国的制造业劳动力需求密集、资源消耗大、出口产品价值低，"世界工厂"早已不堪资源承载能力和环境保持能力的重负，以往的经济模式难以为继。随着中国经济改革进入"深水区"，经济结构不断调整，中国制造业也要随之进行转型升级，由"中国制造"向"中国智造"转变。这一过程中，产业价值链的提升起到了至关重要的作用。

"二战"后各国经济发展的历史经验表明，一个发展中国家只要市场环境稳定、国内政策得当，就能很轻松地从低收入国家晋升至中等收入国家之列。但想要再进一步跨入高收入国家行列却十分困难，往往是经济徘徊不前、人均收入增长放缓，甚至由于经济模式调整缓慢发生经济危机，这就是常说的"中等收入陷阱"。

许多国家，比如亚洲的泰国、马来西亚，南美洲的阿根廷、巴西、墨西哥，非洲的南非等，都掉入了这一"陷阱"。也有少数幸运的国家和地区避开了这一陷阱，成功地由中等收入进入到高收入的行列，像日本、匈牙利、新加坡、韩国和我国的香港地区等。

为什么会出现"中等收入陷阱"这一问题呢？目前通行的理论认为，发展中国家人口或自然资源丰富，如果能够按照本身的要素禀赋，发挥出比较优势，生产并出口劳动力密集型或资源密集型产品，从低收入国家进入到中等收入国家，是相对比较容易的。然而随着经济的增长，工资水平上涨，人口增长率降低，人口红利逐渐消失，同时自然资源并不能无限开采且要面临价格波动风险，劳动力密集型和资源密集型产品的比较优势便会减弱，经济增长后继无力。

在如何克服"中等收入陷阱"这一问题上，经济学家基本上达成了共识，即要不断提高企业生产率，促进企业绩效，不断提升产品的价值链，实现具有比较优势的产品升级。

二、坚持创新，掌握核心技术

此次中美贸易争端，中国经济中存在的一些结构性、深层次的问题暴露出来，这并非坏事；中国核心技术、核心原材料、元器件的缺失，也给我们上了很好的一课。

不管怎样，冲突的关键其实不仅仅在于贸易，而是关于谁将在21世纪领导全球创新变革。钢铁、大豆、太阳能板也不是争夺的关键，真正重要的是电动汽车、自动驾驶汽车和人工智能。

目前，中国高铁的总长度已经超过了世界上其他国家之和，中国的移动端支付是美国的50倍。2017年，在中国卖出的电动汽车数量比世界上其他国家卖掉的总和还多，中国使用的工业机器人是美国的两倍多。

苹果、亚马逊、谷歌、微软一直盘踞全球企业市值排行Top 10。而2017年，阿里巴巴和腾讯也挤进了全球市值10强，而且排名在不断上升。

2012~2016年，美国的人工智能投资额约为180亿美元，而中国仅为20亿美元，那时候美国明显占优势。然而预计到2020年，中国准备在人工智能领域投资1500亿美元，中国将明显占优势。

毫无疑问，最好的基础科技大多数来自美国。实际上，中国得需要努力好几年，甚至是几十年来改变现状。但是中国可以迅速采用并调整美国的科技，大规模投入生产。如果将创新定义为把想法转化成结果，那中国已经是一个创新经济体了。

中美贸易摩擦进一步凸显了创新在一个国家经济社会发展中的基础性作用。从近中期看，加大创新力度是应对中美贸易摩擦的必然选择；从中长期来看，创新是实现中国经济长期持续、稳定发展的根本基础，也是有效应对未来各种外部挑战的根本基础。

中国是发展中的人口大国，国家现代化所需要的核心和关键技术必须立足于自身的创新、创造和发明。在此次中美贸易摩擦中，美国更是运用在高端技术上的优势地位谋求更大的利益。我们要切实增强自主创新的紧迫感，充分发挥市场在资源配置中的决定性作用，更好地发挥政府作用，加快自主创新的步伐。

当前，我国经济总量排在全球第二，工业、科技水平不断进步，有更有利的条件进行自主创新。2017年，中国研发经费投入总量为1.76万亿元，仅次于美国，是世界第二大研发投入国；研发经费投入占 GDP 的比重达 2.13%，超过欧盟 15 个国家 2.08%的平均水平。目前，中国高等教育在校学生总规模达到 3699 万人，占世界高等教育总规模的 20%，位居世界第一。

中国不仅有创新的资源优势，还有创新的制度优势。一方面，要注重发挥市场在创新资源配置中的决定性作用，注重激发企业自主创新的积极性，使企业逐渐成为创新的主体。另一方面，注重发挥社会主义制度能够集中力量办大事的优势，注重统筹社会公共创新资源的配置，以公共创新资源撬动全社会的创新资源，有利于形成创新的强大合力。

自主创新不是闭门造车，而是要在开放条件下，"聚四海之气，借八方之力"，通过创新国际合作，充分利用国际创新资源，不断提高自主创新能力。

新一轮的技术革命和产业变革，其复杂性和艰巨性超过历史上任何一次技术革命和产业变革。在这种背景下，没有哪一个国家的创新能够游离于全球创新体系之外。因此，我们强调自主创新，不是关起门来搞创新，而是要以更加主动的姿态融入全球创新网络，利用全球创新资源，推动科技革命和产业变革。

此外，中国的自主创新绝不是单纯地为了自己。我们要通过参与完善全球科技创新治理体系，在提高自身创新能力的同时，让全球科技创新成果惠及全人类。中国自主创新能力的增强，也有助于形成新型国际关系。中国历来主张公平正义，在推动建立新型国际关系的过程中，肩负重要责任。中国经济实力和创新能力的增强，无疑有助于自身履行这一责任。当然，我们致力于建设新型国际关系，其目的绝不是把自己的意志强加于人，把自己的利益置于其他国家之前，而是坚持共商共建、合作共享。

三、进一步放宽市场准入

放开市场准入是中国继续积极推进多边贸易合作、促进开放的重要举措。

在 2018 博鳌亚洲论坛上，习近平主席宣布了对外开放重大举措：大幅度放宽市场准入；创造更有吸引力的投资环境；加强知识产权保护；主动扩大进口。这四个方面的重大举措，是中国基于发展需要作出的战略抉择，是坚持好对外开放基本国策、贯彻好开放发展理念的务实之举。

习近平主席表示要大幅放宽市场准入，在服务业特别是金融业方面，落实放宽银行、证券、保险行业外资股比限制、放宽外资金融机构设立限制，扩大外资金融机构在华业务范围，让外部资本能更大程度地流入中国，开放本国服务业市场，体现了中国积极推动多边贸易合作的决心，同时，中国将把市场开放的成果共享给 WTO，对多哈回合谈判将起到积极作用。

放宽市场准入意味着其他国家，特别是发达国家，更多的银行业企业及服务业企业会进驻中国国内的市场。这会对国内同行业的企业造成一定程度的竞争。一些绩效较差、竞争力较弱的企业会在这个开放过程中被淘汰出局。但是对那些具有一定积累、基础比较好的企业会在放宽市场准入过程中做大做强。这些企业可以通过与国外企业合资或更加深入地合作，在未来竞争中立于不败之地。

在银行业方面，容许外资银行进入中国市场，对中国银行业到底是一个正面还是负面的冲击，不可一概而论，如果中国银行业能通过与外资银行的深度合作，向外资银行学习先进的管理及运营经验，特别是在降低成本、拓展国际业务方面增强自身实力的话，假以时日，总体水平会大大提高，赶上那些进驻中国的外资银行，继而做大做强。

在制造业方面，目前中国仅保留对汽车、船舶和飞机等少数行业的限制，以汽车行业为例，此前中国对汽车行业有股本的限制，外资车企持股比例最高不得超过 50%，倘若外资持股比例放开，将有利于外资企业与中国企业开展更深入的合作。

面对当前复杂严峻的国际环境和国内较大的经济下行压力，中国政府始终抓着两件大事：一是改革。通过纵深推进重点领域的改革，不断优化营商环境，有效激发市场主体活力，释放发展动力，改善市场预期。二是开放。当前，中国经济正在转向高质量发展，这必须在更加开放的环境下进行。2018 年 7 月 1 日起，中国大幅降低汽车、部分日用品进口关税；2018 年版外商投资准入负面清单，限制性条目压减 24%，大幅度放宽金融等服务业、汽车等制造业外资股比限制。2018 年 11 月 5~10 日在上海举办的首届中国国际进口博览会更是中国政府主动向世界开放市场的重大举措。

需要指出的是，当前在全球单边主义、贸易保护主义、投资保护主义阴霾笼罩之下，中国按自己的节奏推出负面清单，大幅放宽市场准入，彰显了中国深化对外开放的决心和意志。

与前几年的外商投资准入负面清单相比，2018 年版外商投资准入负面清单的最大特点是首次全方位推进开放。其涉及金融、专业服务、制造、能源、资源、农业等多个领域，共 22 项开放措施。其中，服务业领域扩大开放范围是这个负面清单的重点。另外，负面清单延续了此前“越来越短”的特点：全国版负面清单长度由 2017 年版的 63 条减至 2018 年版的 48 条，第一、第二、第三产业全面放宽市场准入；自贸试验区负面清单长度由 2017 年版的 95 条减至 2018 年版的 45 条。值得注意的是，与中国在自贸试验区实施的外商投资准入负面清单不同，市场准入负面清单同时针对境内外投资者，负面清单上列出的是内外资都被禁止或限制的投资领域，体现的是对内外资的一致性管理。

中国推出 2018 年版外商投资准入负面清单，与美国的贸易保护主义形成鲜明对比。2018 年以来，美国与其主要贸易伙伴多边“开战”。先是对进口钢铝产品开征高额关税，引发欧盟、加拿大、墨西哥等美国主要贸易伙伴的强烈反弹。7 月 6 日，美国又开始对价值 340 亿美元的中国商品征收高额关税，并威胁对中国价值 2000 亿美元的产品提高关税。中方已采取对等措施，坚决予以反制。据世界贸易组织（WTO）统计，截至 2018 年 7 月 6 日，美国在 WTO 被告 156 次，而中国被诉次数连美国的零头都不到。仅 2018 年上半年，美国就被告 19 次，在全球占比超过 68%。与此同时，美国将通过落实 CFIUS 改革法案来限制外国企业收购美国的关键技术。

中国自 1978 年改革开放到 2001 年加入 WTO 之前，中国市场向国际投资者与消费者提供的主要是基于合资和独资带来的商机、长期处于短缺状态的市场供给、初级产品以及质优价廉的制成品，这是中国改革开放向国际市场释放的第一波红利。自加入 WTO 到 2016 年，中国在得益于国际产业转移与入世红利的同时，也持续向国际投资者提供实体产业投资机会，基于贸易价值链延伸的投资机会以及随着金融市场不断开放带来的各种收益，这是中国改革开放向国际市场释放的第二波红利。而从 2017 年 10 月中共十九大召开迄今，中国几乎每月都有重大开放措施出台，涵盖大幅放宽市场准入、超预期的金融业开放措施落地时间表、自由贸易港建设、营商环境的进一步优化、不断缩短的外商投资准入负面清单，尤其是着力加强知识产权保护、明确反对强制技术转让、主动扩大进口，等等。这彰显了中国把全面扩大对外开放作为促进经济发展和推动经济全球化重要杠杆的开放胸怀。《中国与世界贸易组织》白皮书显示，中国加入世贸组织后，外商直接投资规模从 2001 年的 468.8 亿美元增加到 2017 年的 1363.2 亿美元，年均增长 6.9%。2017 年全国新设立外商投资企业 35652 家，同比增长 27.8%。中国经济总量增长了 6 倍多，国内生产总值从 2001 年的 95933 亿元增长到 2017 年的 827122 亿元。从 2010 年开始，中国经济总量超越日本成为世界第二大经济体。

近年来，中国社会各界对于引进外资有了不同看法。一个重要原因在于，与中国改革开放的前期相比，中国目前已经不再是一个资本稀缺的国家。不仅如此，近十年来，中国还逐步加大对外投资，目前已成为世界上重要的对外投资国。有观点认为，以前中国给外企超国民待遇，是因为缺乏资金，但随着经济总量的扩大，资金已不再是困扰中国经济增长的主要"瓶颈"。受此影响，中国在引入外资时更加看重质量与投向，这对外资而言，无疑构成了约束。比如说，在落实负面清单管理模式时，一些外资面临着"大门开、小门关"的困境，即中央取消了一些行业的准入限制，但一些部门的文件或地方文件成为难以跨过的门槛，"玻璃门"等隐性壁垒仍亟待打破。

客观而言，中国不仅在改革开放之初需要外资，现在乃至未来同样需要大量的外资。一个强大、开放、繁荣的市场，永远需要有国际资本和企业参与其中。世界上发达的市场经济国家，无一不是如此。诚如专家所分析的，在当前中国经济和产业发展的爬坡阶段，如果缺乏外资参与，中国将在如下方面受到影响：一是中国在产业创新能力、关键技术以及服务业标准方面，可能会立刻出现水准大幅下降的情况，因为中国的很多产业标准和产业模式，都有赖于外资的导入。二是外资大量撤离会对中国制造业和服务业的产业链形成冲击。三是外资大量撤离会影响部分外资集中地区的城市繁荣。四是外资减少会直接影响中国经济增长。2017 年，中国新设立外商投资企业 35652 家，实际使用外资 8775.6 亿元，同比增长 7.9%，外商投资是中国经济发展中不可或缺的一环。五是削弱外资对中国市场的知识产权输入。六是削弱国际市场对中国市场的信心，降低中国参与全球化的程度。2018 年前 5 月中国实际利用外资金额同比仅增 1.3%，外资显著放缓的势头值得警惕。

鉴于此，中国仍需大力引进外资，并对外商投资管理体制进行重大改革。事实上，之前的外资企业无论大小和投资领域，都需要逐项、逐个企业地由中国政府批准，而如今，96% 以上的外资企业设立是通过备案进行的，同时审批时间也减少了 80% 以上。值得一提的是，"准入前国民待遇+负面清单"的外资管理模式将在全国实施。这一变化被认为有可能改善外商在华的营商环境，增加中国市场对外商的吸引力。在中美贸易摩擦升级的背景下，特斯拉落户上海就是典型一例，它必将会产生特别的积极意义。对于此类有标杆意义的美国企业，相信中国政府会给予有力支持。

在中国经济发展寻求稳增长和调结构的平衡过程中，保持有效投资的合理增长极为重要。因此，在政策层面，中国必须破除制约投资的各种羁绊。未来，一方面，各级政府部门要厉行改革，解决市场进入门槛高、审批多、手续繁等问题；另一方面，则要立足建设公平市场和开放市场，从较高层次调整投资环境建设的思路，比如推行以负面清单来实施投资管理，这是外资非常欢迎的改革之举。从某种意义上说，吸引外商投资绝不仅仅是为了解决资本短缺问题，更是建设公平与开放市场的需要，其对于中国构建开放、公平、有吸引力的投资环境极为重要。

四、"栽下梧桐树，引得凤凰来"，投资环境须改善

习近平主席在博鳌亚洲论坛 2018 年年会开幕式上宣布了我国扩大开放新的重大举措，提出创造更好的投资环境吸引更多投资。在当前贸易保护主义明显抬头的国际背景下，习近平主席向亚洲和全球投资者的这一宣示，打消了境外投资者对我国改革开放的疑虑，给投资者以更加明确的市场预期，起到了"定心丸"作用。

当前各国都在千方百计吸引高质量外资，制度政策环境已成为国际跨国公司选择投资目的地的重要考虑因素，吸引外资必须从过去主要靠政策优惠、靠让利，转变到更多靠国际化法治化的投资环境上来。习近平主席此次在博鳌向世界宣布，我们将"加强同国际经贸规则的对接，增强透明度，强化产权保护，鼓励竞争、反对垄断"，这些承诺回应了国际投资者的关切，必将激发外资特别是高质量外资对我国的投资热情。

创造更有吸引力的投资环境不仅仅是为了引进高质量外资，也是促进发展质量提高的重要措施。例如，"加强同国际经贸规则的对接"，可以使我国经济更充分地融入全球经济，通过开放竞争提高发展质量。再如，"强化产权保护"是完善产权制度的重要内容，是经济体制改革的重点之一，是通过产权激励释放社会创新动力、提高经济竞争力和发展质量的有效手段。又如，"鼓励竞争、反对垄断"，才能实现竞争公平有序、市场优胜劣汰，提高资源配置效率和经济发展质量。所以，习近平主席所强调的改善投资环境，不仅是为了吸引外资，也是推动经济转向高质量发展的内在要求。

改善投资环境既需要中央政府在放宽市场准入、推动投资便利化、引导外资形成合理的空间格局等方面进行顶层设计，更需要地方政府的不懈努力。在改善投资环境上，可以充分发挥我国行政系统从上至下政策执行力强的优势，上下形成合力，推动对外开放的重大举措尽快落地，以更具竞争力的投资环境吸引更多更高质量的外资，为经济发展增添新能力。

此外，全面落实"准入前国民待遇+负面清单"管理制度，是中国提高

对外开放水平、改善投资环境的重要举措。习近平在讲话中提到，创造更有吸引力的投资环境，加强同国际经贸规则对接，增强透明度，强化产权保护，坚持依法办事，鼓励竞争反对垄断，2018 上半年将完成修订外商投资负面清单工作，全面落实"准入前国民待遇+负面清单"管理制度，负面清单的核心是"法无禁止即可为"。使用负面清单的原则会使内资企业和外资企业都具有更广泛、更大的自由运营空间，对改善整个中国的投资环境有非常正面的影响。中国在这方面已经取得了成绩，我们可以看到经过原来的 11 个自由贸易区的试验，负面清单已经成为人们广为接受的一种运作模式。

负面清单的概念已经深入人心，它的实施有利于改善中国的投资环境，有利于国际化和国际业务的发展。

第二节　扶强补弱与放眼未来两手抓

一、加强知识产权保护

中国通过对外开放获益良多。大量外资进入中国，在技术、管理、人才、供应链等方面具有很强的外溢效应。中国因此可以快速学习、消化吸收，再结合自身特点进行改良和创新。很多制造业领域比如冰箱、空调、洗衣机，发达国家几乎都退出了生产环节，也没有什么技术创新，主要靠品牌，在这些领域技术创新的驱动者基本都是中国公司。在互联网行业，从支付宝到微信，这样的超级应用都是根据中国独特的用户环境创造出来的。而且不少新兴市场国家现在都在"山寨"中国的产品，比如印尼的电商平台Tokopedia 自称"印尼版的淘宝"，Snapdeal 被称为"印度的阿里巴巴"。

美国的知识产权法律体系比较完善，但也经历了一个比较长的完善过程。美国开国初期为了获得英国的先进技术、建立自己的制造业，可以说无所不用其极。历史学家多伦·本·安塔尔在《商业秘密》中曾说："美国成为世界工业领袖的方式，乃是借助其对欧洲机械及科技革新成果的非法占用。"最典型的例子是被称为"美国工业革命之父"的塞缪尔·斯莱特。他是英国人，21 岁时在家乡英格兰德比郡的报纸上读到一则美国宾夕法尼亚州议会的广告，凡能为美国提供纺织制造最新技术者都能获得奖金。斯莱特在阿克莱特创立的工厂当工头。阿克莱特发明了水力驱动的纺纱机，是现代工厂体系的创建者之一。英国当时对纺织技术严密封锁，把纺织机器和技术泄露出去的人就要坐牢，同时禁止纺织工人移民。斯莱特靠记忆力记下了阿克莱特的发明，1789 年 9 月脱身赶到伦敦，伪装成农夫，搭乘"农场工人"号蒸汽船前往美国。到纽约后，他写了一封信给商人布朗，希望得到支持。当时布朗和他的合伙人已经收集了很多阿克莱特机器的零部件，加上斯莱特的加盟，复制了阿克莱特纺纱机，1791 年在罗德岛建起美国第一家水利棉纺厂。

美国立国之初曾有一场著名的"杰汉之争"，杰斐逊主张自由贸易、发展农业，汉密尔顿主张发展制造业，并通过提高关税的方式保护本国的幼稚工业。作为美国第一任财长，汉密尔顿在 1791 年的《制造业报告》中呼吁，对于从其他地方为美国带来"非凡价值之秘密"的行为要进行奖励。当时一些州政府甚至帮助机械走私者们融资。美国很早就有《专利法》来保护专利权，但颇具讽刺意义的是，当时如果剽窃外国技术成果拿回美国，也能得到专利。

事实上，对知识产权的保护往往是历史演进的过程。以今天已经成为共识的软件专利权为例，比尔·盖茨最早雇人开发 Altair Basic 程序时，大多数使用者也是任意拷贝的。所以他在 1976 年写了著名的《给电脑爱好者的一封信》，提出硬件必须要付款购买，可软件却变成了某种共享的东西，谁会关心开发软件的人是否得到报酬？谁会愿意从事专业的软件开发却分文无获？由此开启了软件专利的新时代。

中国理所当然要走创新驱动的道路，否则转型升级没有希望。我们必须从法治、政策、执行等方面加强知识产权保护，尊重国际规则，提升合规水平。习近平主席在讲话中强调，加强知识产权保护，这是完善产权保护制度最重要的内容，也是提高中国经济竞争力最大的激励。对此，外资企业有要求，中国企业更有要求。2018 年，中国将重新组建国家知识产权局，完善执法力量，加大执法力度，把违法成本显著提上去，把法律威慑作用充分发挥出来。中国鼓励中外企业开展正常技术交流合作，保护在华外资企业合法知识产权。同时，中国希望外国政府加强对中国知识产权的保护。

改革开放 40 年来，我国的技术创新以对外开放为引领、以市场化改革为驱动，不断实现现代化进程。改革开放初期，遵循着"引进、消化、吸收、再创新"的路径，我们采取"以市场换技术"的发展策略，引进外国企业的先进技术，消化、吸收进而实现再创新。大量的技术引进帮助中国实现了更快的经济增长，同时市场化改革不断深化也为科技创新带来了内生动力。随着社会主义市场经济在中华大地落地生根，在科技领域，各类科研单位从计划体制中被释放出来，转型为科技型企业参与市场竞争，从而以知识产权为载体、以市场作为配置创新资源的重要方式，激发了国内企业的自主创新。自此，我国知识产权事业从零开始，逐渐发展为知识产权大国，涌现了华为、中兴通讯等一大批创新型企业。

内生与外来的双重动力有效地驱动了中国过去 40 年的"增长奇迹"，但随着我国经济社会的不断发展，中国制造业快速崛起并进军高科技领域，我国与发达国家技术差距逐步缩小，产业互补性削弱、竞争性增强，后发优势和技术引进的空间正在逐渐缩小，自主知识产权的重要性日益凸显，知识产权维权"举证难、赔偿低、周期长、成本高、效果差"等问题也逐渐浮现，迫切需要以不断发展的方式推动技术进步和产业转型升级。

事实证明，真正的核心技术、尖端科技是市场换不来、花大价钱也买不到的。要打通核心技术的"全链条"、实现跨越式发展，必须寻求更加深刻的动力源泉，即创新驱动发展与严格知识产权保护。

实现经济转型和产业升级，根本上是要以市场化改革、产权保护为自主创新打开出路。欲谋求在全球产业分工和市场体系中新的定位，必须实现从外在驱动向自主创新的换挡升级。重视发挥市场竞争的作用，重视保护知识产权，发挥市场配置资源的决定性作用和政府导向作用，是我国科技体制改革新形势下应当适应的"新常态"。

企业是创新的主体，市场是有效调配各种资源的主导方式，政府不断推动完善有利于发挥企业主体地位的创新体制才是根本之道。制度环境、产业环境、人文环境改善了，规模增长、基础扎实之后，真正的突破性创新和弯道超越才能产生。20 世纪 80 年代韩国三星集团突入半导体以及华为近年来在移动通信领域取得的局部突破，凭的都是企业层面的远见和执着。受制度因素、产业现状和文化环境的影响，当前我国多数企业的创新还只是商业模式的创新，主要靠的是资本要素的竞争，少有人通过基础研究、技术革新获取竞争优势，更难以产生突破性的创新成果，这是当前发挥市场作用面临的主要困局。

全面推进科技体制改革的必要阶段已然来临，严格知识产权保护制度、完善技术自由市场的契机也已然来临。党的十九大报告中已经明确："经济体制改革必须以完善产权制度和要素市场化配置为重点，实现产权有效激励、要素自由流动、价格反应灵活、竞争公平有序、企业优胜劣汰。"保障知识产权市场价值的实现，是以产权为核心的自由市场配置创新资源的基础。随着我国经济发展和技术创新进入新的发展阶段，以更严格的产权制度激励市场创新的必要性进一步提升。针对我国当前知识产权侵权多发、维权成本高、赔偿低的现状，我们必须加大对知识产权的保护力度，保障知识产权损害赔偿与其市场价值相适应。此外，行政管理机关在严格保护知识产权基础上，还应为市场提供高效、优质的信息服务，减少交易成本，从而以完善的市场机制引导企业实现创新转型，为突破性创新、根本性创新奠定基础。

二、鼓励创新，激活经济活力

中国政府应该在 WTO 规则允许的范围内，支持企业自主创新，进一步激活经济活力。

"301 调查报告"对中国的产业政策大加挞伐，但是"301 调查报告"所说的产业政策，与我们通常所理解的建立在比较利益理论基础上的"选择性"产业政策并不完全相同，它所讨论的是所谓"与技术相关的产业政策"。

"301 调查报告"认为，中国的目标是使自己在技术领域，特别是在先进技术领域，在国内市场和国际市场上分别取得支配地位和领先地位。为此，中国试图减少对外国技术的依赖、提升在价值链中的位置、实现从廉价生产者到全球科技创新大国的转变。应该承认，"301 调查报告"的上述概括是比较准确的。

中国目前的产业政策有两个关键环节：一是确定"战略性新兴产业"名录；二是政府为选定产业提供各种形式的帮助。例如，"十三五"规划的提法是"支持新一代信息技术、新能源汽车、生物技术、绿色低碳、高端装备与材料、数字创意等领域的产业发展壮大。大力推进先进半导体、机器人、增材制造、智能系统、新一代航空装备、空间技术综合服务系统、智能交通、精准医疗、高效储能与分布式能源系统、智能材料、高效节能环保、虚拟现实与互动影视"。"十二五"规划的提法则是"大力发展节能环保、新一代信息技术、生物、高端装备制造、新能源、新材料、新能源汽车等战略性新兴产业。节能环保产业重点发展高效节能、先进环保、资源循环利用关键技术装备、产品和服务。新一代信息技术产业重点发展新一代移动通信、下一代互联网、三网融合、物联网、云计算、集成电路、新型显示、高端软件、高端服务器和信息服务。生物产业重点发展生物医药、生物医学工程产品、生物农业、生物制造。高端装备制造产业重点发展航空装备、卫星及应用、轨道交通装备、智能制造装备。新能源产业重点发展新一代核能、太阳能热利用和光伏光热发电、风电技术装备、智能电网、生物质能。新材料产业重点发展新型功能材料、先进结构材料、高性能纤维及其复合材料、共性基础材料。新能源汽车产业重点发展插电式混合动力汽车、纯电动汽车和燃料电池汽车技术"。

在确定了目标之后，从政府角度来看，重要的问题是如何支持企业实现上述产业或技术政策目标。政府支持企业实现这些目标的措施和政策则包括补贴、税收优惠、政府采购、技术研发、奖励、标准法规的建设、体制机制创新等。

以光伏产业为例，最开始政府的支持包括：对并网光伏发电项目按总投资的 50% 给予补助；对于光伏发电关键技术产业化和基础能力建设项目，主要通过贴息和补助的方式给予支持。政府对电动车产业的支持也是如此。2015 年中央和地方为电动车产业提供了 300 多亿元的补贴，只要车辆达到规定的技术标准，除了中央财政补贴，一般还能享受与中央按 1：1 比例发放的地方补贴。据称，生产一辆纯电动客车，"国补"加上"地补"以及其他优惠政策，最高可以享受 100 万元补贴。

在光伏和电动车领域，政府通过补贴等形式予以支持是国际通行的惯例。日本政府在 20 世纪 70 年代就开始扶植新能源产业。日本经济产业省在 1993 年实施"新阳光工程"，布局建立日本本土的太阳能光伏产业和太阳能市场。在相当一段时期内，日本政府一方面通过政府资助推动太阳能电池制造技术研发，另一方面为光伏发电用户提供补贴。德国则实施"固定上网电价"政策，电网公司必须全额收购光伏发电的上网电量。对于电动车，日本政府为购车者提供补贴，补贴数量以不超过因购买电动车而多付出的购车款的 50% 为限。欧洲国家则在对购买电动车实行扣税、免税的同时，作为一种逆向激励，对普通车辆加征碳税。在比利时，购买电动车可得到最高达 9190 欧元的个人所得税抵扣。

中国政府确定的"战略性新兴产业"中的大部分"产业"，其实并非传统意义上的、与比较利益相联系的产业，而是可以归类于某些产业之内的"产品"。可以说，中国在"战略性新兴产业"名录里的所有"产业"中，都不具有比较优势。中国自己所说的产业政策中的"产业"一词，同比较利益已没有太大关系；优惠政策所惠及的目标与其说是产业不如说是产品。"301 调查报告"把中国的产业政策定义为"技术相关的产业政策"，应该说是比较准确的。可以说，"301 调查报告"攻击的实际是中国的技术政策。由于技术成果必须体现为某种产品，如某种芯片，特定技术和特定产品是两个可以交换使用的概念。

我们的问题一是如何确定技术发展目标（不是给予优惠的产业目标）？二是政府应该在技术发展过程中起到何种作用？

对传统产业政策批评最多的是"挑选胜者"。政府不如企业聪明，政府往往选错"潜力股"。此话有道理。但是，第一，中国所提出的"战略性新兴产业"目录是在广泛吸收企业、专家意见的基础上提出的；第二，更重要的是，名录是指导性的而不是指令性的，企业大可以走自己的路。

政府对某种技术研发和产品市场的支持，是世界通行的做法。特别是高技术产品研发的周期长、初始投入大，没有政府的支持很难成功。因而，在这个问题上，"301调查报告"并未做更多的文章。"301调查报告"对中国政府支持企业实现技术赶超的批评，主要集中在技术获取方式上。需要注意的是，虽然对国内产品研发、生产、销售进行补贴是WTO所允许的，但这种补贴不能违反最惠国待遇和国民待遇的原则。换言之，如果这种补贴给了中国企业就必须给在华外国企业。

值得注意的是，长期的补贴政策导致光伏业产能过剩、劣质产品占据一定市场份额、滋生金融风险和地方政府寻租等问题。2018年5月31日发布的"光伏新政"（《关于2018年光伏发电有关事项的通知》），大幅收缩有补贴的光伏新增装机总量，同时度电补贴每千瓦时下调5分钱，就是对过去政策的纠偏。

光伏和电动车的兴衰告诉我们，"产业"政策的失败，同地方政府过度介入和有关部门管理能力低下有关。地方政府为出政绩盲目吸引光伏企业投资，是造成光伏行业产能过剩的重要原因。许多汽车厂家大肆"骗补"，则同缺乏完善的监管措施有关。骗补是刑事犯罪行为。骗补大行其道，说明了企业家的堕落。产业政策或"与技术相关"的产业政策能否成功，是以一系列制度条件为前提的。应该承认，如果企业经济活动受到地方政府过多干预，如果没有风清气正的政治和文化生态，有产业政策或技术政策，可能真的还不如没有产业政策或技术政策。

"301调查报告"充分反映了美国朝野对中国向高技术领域进军的担忧与敌视。在中美经济竞争中，美国的优势在高技术领域，而中国也深知赶超美国的关键是高科技。出于国家安全考虑，在高科技领域，美国将尽一切可能通过各种办法保持对中国领先 10～20 年的优势。为了防止中国的技术赶超，美国"宁可自伤 800，也要杀敌 1000"。美国的"301 调查报告"和特朗普 2018 年 6 月 18 日的讲话，已经清楚地表明了美国的这一立场。特朗普政府开始谈论对中国学者和学生的限制，这使我们嗅到麦卡锡主义的气味。

北京大学政府管理学院教授路风曾经指出："在改革开放初期，中国与发达国家的技术差距产生了引进技术的强烈需求……对技术引进的偏重在实践中逐渐发展成为对自主开发的替代并产生了可以依靠引进技术和外资发展中国经济的幻觉，甚至出现了排斥自主技术创新的倾向。"

本来，随着中国自身技术水平的提高和中外技术差距的缩小，外国企业对自身核心技术和知识产权的保护就会越来越紧。现在，再加上美国政府和其他发达国家的政策转变，中国希望通过市场换技术、逆向工程、购买、海外并购等方式获取外国核心技术，已经变得越来越困难。在这种情况下，想要缩小同发达国家的技术差距，以满足"人民日益增长的美好生活需要"，"自主创新"成为中国企业唯一可靠的选择。

正如路风教授所说："与许多发展中国家不同的是，中国已经具有一个相当规模的知识生产基础结构以及丰富的科技人力资源……中国走向自主创新是一个重大的战略和政策转变，其实质就是要使科学技术进步成为中国经济增长和社会发展的主要源泉，同时把本土技术能力的发展看作提供中国经济国际竞争力的主要途径。"

自主创新的主体是企业和个人。但由于初始投入大、投资风险高，外国垄断企业往往也会合力打压，国家对自主创新的支持是不可或缺的。政府可以且应该通过适度的补贴、减税、信贷优惠、事后奖励、行政便利、基础设施提供等方式，对企业和个人的自主创新予以支持。当然，政府在基础研究和教育的投入更自不待言。

三、科创板注册制，抢占科技制高点

全球资本遇冷、贸易摩擦的长期化，中国走到继续深化改革、扩大开放的新阶段，在这个时候，科创板顺势而生。首届中国国际进口博览会于2018 年 11 月 5 日在上海国家会展中心开幕，国家领导人宣布将在上海证券交易所设立科创板并试点注册制。一时间，科创板被称为中国的纳斯达克，特别是注册制开闸，A 股应声下跌。

科创板的推出对于市场会有什么影响呢？从整体市场来说，科创板的推出会增加整个市场的股票供应，需要更多的资金，那么显然对于整个市场来说是利空，并且注册制到底如何来执行，发行的价格如何来确定，使得市场对于科创板的判断充满了不确定性，对于不确定的事情，市场肯定还是选择用脚投票，先走为上，所以这也是市场回落的重要原因。

从实质上对市场的影响来说，其实并没有那么大，现在的市场处于一个十分低的位置，如果说市场本身估值非常高的话，那么推出注册制会对市场估值产生重大影响，导致整个市场由于估值的切换而开始下跌，但现在并不是这种情况，而是本身估值很低，跌无可跌，即使是受到影响最大的创业板也是一样，估值本身已经相当低，那么大跌的可能性就非常小了，应该说现在对市场的影响更多是心理上的，而不是实质性的。

如果说有一些公司一定要上市的话，那么不管是上科创板，还是上创业板或者是主板，本身也没有太大的区别，注册制确实是新鲜事物，即使现在没有直接实行注册制，但本质上也差别不大了，经过两年以来的疯狂 IPO，现在的上市间隔已经非常小，本质上也是变相的注册制，只是名字不同罢了。

当然如果说影响最大的，那还是壳的价值，在 A 股市场上，炒壳炒重组一直是一种现实的存在，壳资源的价值一直是上市公司的价值之一，但随着注册制的推出，这种价值将彻底消失归零。

从企业的角度来说，只要企业持续经营并且收入与利润不断增加，那么企业价值就会增加，股票价格就会上涨，这与是否注册制没有什么特别的关系，也与科创板没有什么关系，只与企业有关系，这也是我们投资的初衷，只要企业持续优秀，股价上涨只是时间问题。

四、中美贸易纷争倒逼中国更强大

美国的索罗斯讲到，对华贸易争端将减缓美国经济增长，而特朗普的对华政策，最终将"对中国有巨大帮助"，"我认为特朗普将大大有助于中国被接受为国际社会的领导成员，他起的作用甚至会超过中国人自己"。

中国自加入 WTO 后，经历了十年的大发展时期，从一个贫困大国成为全球第二大经济体，这是一个奇迹。但中国崛起很大程度上是经济全球化的结果，而不是通过自身内在资本积累和科技创新发展的结果。正是基于此，中国发展是一种外向型模式，受制于全球经济体系，成为美国和西方国家跨国公司以及全球公司在全球资源配置结构中的一个廉价生产基地。这种外向型模式对中国有两方面的影响，一方面，由于大量西方资本和技术的涌入，在全球化经济体系中，选择中国作为生产基地，致使中国成为全球世界工厂、全球最大的外贸出口国、全球第二大经济体。但是，另一方面，导致了中国经济和社会结构发展的片面性，十年中，中国忙于为别国打工，提供廉价的商品以赚取外汇，但忽视了自己的发展、自己的民生问题，以至于能源被过度消耗，环境被过度破坏，中国的二氧化碳排放量已是全球第一，劳动力被廉价剥削，人均 GDP 在全球依然处于 100 位之后。在全球产业链中，中国经济处于低端，缺乏核心技术，主动权掌握在西方跨国公司手中，因而它们掌握了利润的大部分。所以，中国在经历了十年发展之后，应反思自己发展的模式。尽管成就巨大，但代价也巨大，况且随着目前中国劳动力成本的上升，以及金融危机、贸易保护主义抬头，全球需求的下降，中国这种以廉价劳动力优势为基础，以消耗能源和污染环境为代价，以加工出口，依赖外需为导向的外向型发展模式已难以为继。

我们应该看到，中美关系的变局对中国也是又一次倒逼改革的机会。美方工商界提出来的市场准入等问题，许多正是中方需要通过改革着力解决的。事实上，中国政府正在进一步推进开放：习近平主席 2018 年 4 月宣布的 11 项开发市场的具体承诺，迄今已落实 8 项，涉及银行、证券、保险、评级、征信、支付等。政府也在下大力气改善营商环境，加强对中外企业知识产权的保护。中国的改革者可以将外部压力转化为动力，打破阻力，实现必要的改革成效。

中美贸易争端将加快中方进一步形成改革开放的共识，冷静深入地思考。中国最好的应对是顺势以更大决心更大勇气推动新一轮改革开放（类似 1960~1980 年的日本、1960~1990 年的德国产业升级应对模式），推动供给侧结构性改革、放开国内行业管制和要素市场化、降低制造业和部分服务业关税壁垒、加强知识产权保护的立法和执行、大规模降低企业和个人税负、改善营商环境、发展基础科技的大国重器等。

对中国经济而言，中美贸易摩擦并不都是负面影响。如果应对得当，挑战就有可能转化为机遇，形成三大"倒逼机制"，促进中国经济更为健康、高质量的发展。

一是倒逼中国扩大内需。目前出口需求形势恶化，势必要求决策部门进一步扩大国内需求，以此保障总量需求的稳定增长。如何迅速有效地扩大国内需求？其中一个重要方面，即增强"短板"基础设施投资，如环境保护、地下管廊、水利工程、城市轨道交通、保障住房、医疗养老等。在这些方面，我们还有数十、上百万亿元的巨大投资空间。如此巨大的国内投资拉动，足以对冲外部需求减量，致使中国经济快速增长强劲动力不减。这也是目前及今后中国经济增长的韧劲所在。

二是倒逼中国提高城乡居民收入。出口比重过大，国内需求尤其是居民消费所占比重较低，是中国经济失衡的一个主要表现。近段时间以来，国家决策部门不断出台措施，提高职工（含退休职工）工资、增加农业补贴、降低所得税率等。有关部门更是快速出台所得税修改方案，提高个税起征点，并且首次增加子女教育支出、继续教育支出、大病医疗支出、住房贷款利息和住房租金等专项附加扣除，以及优化调整税率结构，扩大较低档税率级距。所有这些，都会提高城乡居民实际收入水平，夯实居民消费增长基础。近些年来，通过增加城乡居民实际收入，调整经济结构，中国经济引擎结构已经发生了很大变化。国家统计局最近测算，2008~2017年，内需对于中国经济增长的年贡献率达到 105.7%，2018 年一季度内需对于经济增长的贡献率为109.1%。国内需求中，2018年一季度最终消费支出对于经济增长的贡献率为77.8%，高出资本形成总额的贡献率为46.5个百分点，连续5年成为经济增长的第一引擎。中国经济结构与增长引擎的结构变化，给予了决策部门很大信心，势必沿着这条道路走下去。可以预言，贸易摩擦将会加快中国降税减负与增加工资收入进程，显著增加国内终端商品消费比重。受其推动，中国将在保持"世界工厂"的同时，逐步超越美国，升级成为全球最大的终端商品销售市场与服务销售市场。

三是倒逼中国进行大规模核心技术开发研究与生产。先前有观点认为，在全球经济一体化的今天，可以按照最低成本模式参与全球分工协作，以获取经济效益的最大化，不必面面俱到，什么都生产。这个观点当然不错，但只适用于一般性商品产业。当前特朗普的"断供贸易战"给我们敲响警钟。对于生死攸关的核心技术、关键技术及产品生产，还必须掌握在自己手中。因此，特朗普的贸易制裁，一定会刺激中国有关部门与企业，进行大规模的高新技术研发产品生产投资。这也会显著增强国内需求，成为中国经济增长的新亮点和新动力。

由此看来，中美贸易摩擦对于中国经济而言，确实是挑战和机遇并存。也因为如此，一方面对于中国经济要充满信心，另一方面也要有充分的风险应对措施，但也不可惊慌失措，乃至失去了机遇。

第三节　结语

全球竞争已经从产品和服务的竞争，过渡到了国家治理能力的竞争。中美是世界上最大的两个经济体，国际贸易中，产品和服务竞争的背后，是企业生产和创新能力的竞争。

中美贸易摩擦确实也折射出中国在改革开放领域仍有很多功课要做。坦率地讲，在降低关税、放开投资限制、内部审查、打破国企垄断、更大力度地推动改革开放、建立更高水平的市场经济和开放体制等方面中国有很多的功课要去做。

中国正处在一个关键时刻。不仅要应对来自美国这一超级大国的挑战，更要适应这个已发生不可逆转变化的世界所产生的新的国际合作秩序。

中美之间的贸易摩擦还要多久才能结束？谁胜谁负？现在很难说。从中美双方实力看，中国处于弱势。但是，从对国家的管控力度以及持续性、两国人口的多寡来看，中国处于强势。贸易争端现在才刚刚开始，慢慢会波及到更多的非贸易领域，将产生深远的影响。今后双方还会有由低级到高级的多轮谈判。美国会做出一些让步，但是以中国的让步为条件的，例如，更大幅度地减少贸易逆差，适当调整国家干预经济的力度，适度允许美国的高科技企业进入中国并且独资经营，在南海问题上采取更加柔韧的做法，等等。

实际上，如果是这样的结果，从宏观和长远上看，中国未必是输家。因为依靠中国内部机制不能解决的很多问题，有可能在外部力量的推动下得到解决，起码是部分的解决。如果没有这样的外部推动力，中国的很多问题不能揭开更不要说解决。过了若干年，也许中国对这次中美贸易摩擦的升级，会有一种复杂的心情。阳光总在风雨后，经过了更多锤炼的中国经济，或许会更坚韧。

第七章

如何打破僵局？

世界是美好的，值得为之奋斗。

——海明威

生命中最难的阶段不是没有人懂你，而是你不懂你自己。

——尼采

第一节　顺应大趋势，寻找平衡点

一、备战促和，中美能化解贸易争端吗？

中国要化解贸易争端，就要挫败美国的战略意图，阻止美国战略目标的实现。

贸易争端是一场两败俱伤的经济之争，中美贸易争端是一场美国挑起的争端。作为防守方，中国需要先了解美国的意图是什么。

美国发布的两份文件显示了其对华贸易政策调整的目标。一份文件是2017年12月白宫发布的《美国国家安全战略》报告，另一份文件是2018年3月美国贸易代表办公室发布的《美国总统关于贸易协定的2017年年度报告和2018年贸易政策议程》。前一份文件明确把中国列为美国的竞争对手，认为中国挑战了美国的权力、影响力和利益，后一份文件明确提出贸易政策要支持美国的国家安全战略，并提出了具体的贸易政策目标和措施。

梳理上述两份文件，可以发现，美国对华贸易政策有两个目标：一是利益目标，二是战略目标。其利益目标下的贸易政策旨在调整贸易不平衡及其背后的利益不平衡，重点在于保护钢铁、汽车及其他制造业企业和工人的利益。美国在利益目标下的贸易政策调整不仅仅针对中国，也针对欧盟、日本、加拿大、墨西哥以及韩国等主要对美工业品出口国。美国对进口钢、铝分别加征 25% 和 10% 的关税，对进口汽车拟加征 20% 的关税，在北美自由贸易协定重新谈判中，要求提高原产地标准，以限制跨国公司外包和制造业向墨西哥转移等政策，以及要求中国开放市场、增加对美进口减少美中贸易逆差等，都属于这种利益目标下的贸易政策。美国在战略目标下的贸易政策只针对中国，旨在削弱中国经济增长潜力，迟滞甚至打断中国经济发展步伐，降低中国挑战美国权力、影响力和利益的能力。其政策重点在于降低中国企业技术进步能力和国际竞争力。美国对中国的技术转移、知识产权和创新活动发起的"301 调查"，以及根据"301 调查报告"，针对"中国制造 2025"采取的各种措施和对中国国内政策提出的要求，就属于其战略目标下的政策选择。美国在贸易谈判中对中国提出的诉求混杂利益目标和战略目标，并试图同时实现两大目标。

尽管美国试图同时实现两大目标，但其战略目标要优先于利益目标。2018 年 7 月 6 日中美贸易摩擦加剧之后，美国贸易代表办公室当天发布了一个对部分加征关税的产品实行关税豁免的程序，并公开了豁免条件。这些豁免条件隐藏着美国对上述两大目标的排序。美国贸易代表办公室声称，其豁免决定主要考虑三个因素：其一，该产品是否能从中国以外的地方进口？其二，加征关税是否对豁免申请人或其他利益相关者造成严重经济损害？其三，该产品是否为战略重要性产品或者与"中国制造 2025"等产业计划相关的产品？从这三个豁免条件可以推断出，如果加征关税的产品是与"中国制造 2025"相关的战略重要性产品，即使该产品只能从中国进口，即使该产品加征关税以后对美国的利益相关者会造成严重经济损害，该产品也不会获得关税豁免。也就是说，美国对战略的考量要优先于其对利益的考量。美国对华贸易政策的战略目标要优先于利益目标。美国对华贸易政策目标，是其挑动中美贸易争端想要实现的目标。

如果因为贸易争端，中国对外开放步调被打乱，对外开放环境恶化，经济增速大幅度回落，经济实力赶上并超过美国的时间被显著拉长，则美国就真正实现了其贸易战的战略目标，中国则成了贸易争端的输家。

要化解中美贸易之间的争端，在战略上要坚持"先为不可胜，以待敌之可胜"。孙子曰："昔之善战者，先为不可胜，以待敌之可胜。"其意思是指先让自己立于不败之地，然后再寻找战胜敌人的机会。要让自己立于不败之地，中国需要坚持市场化的改革开放，切实践行新发展理念，推动高水平全方位对外开放，尤其是对美国以外的其他地区的全方位开放，保持和提高长期增长潜力，努力维持经济中高速增长，使经济总量稳步超越美国。寻找战胜对手的机会，需要耐心地寻找美国的弱点，等待美国内部出现问题。美国的弱点在于存在利益集团影响政策，在于其利益目标和战略目标之间存在冲突。为支持特朗普的利益群体提供利益或者制造损害，均有可能改变美国对华政策，因而中国具有用利益手段换取战略空间的机会。

化解贸易争端，在策略上要注重控制贸易争端的范围和强度。美国为了在战略上削弱中国经济增长潜力，迟滞中国经济实力超越美国，拟采取多项单边措施，并试图迫使中国改变若干国内经济政策。其单边措施包括：针对"中国制造2025"相关产品征收进口关税，限制中国企业对美国高技术企业的并购，限制向中国企业转移知识产权和技术，以及限制为中国培养和输送高科技人才。对与"中国制造2025"相关的500亿美元产品加征25%的关税，是美国对华贸易政策调整的既定单边措施，其他单边措施与关税无关。在这一既定步骤完成以后，美国政府对中国进一步加征关税的动力减弱。控制贸易争端的范围是可能实现的。即使特朗普政府执意要对更多的中国商品加征关税，开展新一轮贸易制裁，中国所受损害也是有限的。而且，中国所受到的损害还会在一定程度上通过外资企业和全球价值链向美国和其他国家转移，美国在贸易争端中所受到的损害会迅速扩大。在贸易争端中受损利益集团的压力会使美国的利益目标和战略目标产生严重冲突，其试图同时实现战略目标和利益目标的意图就会落空，甚至两个目标最终均无法实现。因而，美国也存在控制贸易争端范围和强度的需求。中国也将有可能赢得这场"贸易战"。

总之，今天的中美贸易你中有我，我中有你，双方贸易互相高度依存。

中方必须抛掉幻想，积极备战，不惜以小战换大和。全球化的趋势不可能因此而改变，只有坚持自由贸易，努力促进全球化才能利己利人。

二、扩大对外开放，全球化不可逆

2017年，中国货物贸易进出口总额达4.1万亿美元，居世界首位；服务贸易进出口总额6956.8亿美元，居世界第二位；吸引外商投资1363亿美元，居世界第二位。国际贸易与投资的蓬勃发展，推动中国企业全面融入全球产业链与价值链，实现合作共赢；对外开放的持续深化，助力中国更好地发挥比较优势，极大地促进了经济发展与民生改善。

从国际环境来看，特朗普大搞单边主义和贸易保护主义行动，打压贸易伙伴国家，严重损害了经济全球化的发展环境和合作基础，为正在回升中的全球经济和贸易投资增长蒙上了阴影。长期以来，美国的市场开放为全球许多国家创造了发展机遇，自身也获得了巨大实惠。但自从特朗普执政以来，在美国优先战略的引领下，这一互利共赢格局正在被迅速颠覆。一个简单的计算表明，按照2016年的水平，全球对美国的出口大约占全球其他国家出口总额的15.3%。由于钢铝关税、对华"301措施"等以及今后还可能追加的贸易保护主义措施的影响，美国的进口每减少10%，其他国家的出口将相应下降1.5%，国内生产减少2088亿美元，经济增长率平均下降0.37个百分点。加上乘数和叠加效应，这一影响会扩大3~4倍。中国也是全球重要的贸易大国，不断扩大开放的实际行动，将彰显中国参与和推动经济全球化进程的决心与信心，为促进开放、包容、普惠、平衡、共赢的新型全球化发展创造新动能，这是更好应对国际形势变化、改善全球发展环境的迫切要求。

2018年正值中国实施改革开放40周年。过去的40年中，中国的对外开放取得了举世瞩目的重大成就。但是也要清醒地认识到，中国面临错综复杂的外部环境，需要进一步培育参与和引领国际竞争合作、助力中国经济高质量发展，这方面还存在一定差距；对外开放的广度、深度和力度不充分、不平衡的现象仍然存在。

　　国务院发展研究中心对外经济研究部原部长赵晋平认为，当前中国服务业开放不足，导致金融、电信、物流、教育、医疗等现代服务领域缺乏创新和竞争能力，难以满足老百姓上学、就医、出行、文化服务消费等不断增长的需要。按照经济合作与发展组织公布的 2016 年外资限制性指数，中国在调查覆盖的 62 个国家中，综合限制性指数值排名第四，服务业限制性指数更是高居第二位，仅比刚列入调查对象的缅甸略好。另外，汽车及部分日用消费品关税过高，也是造成国内外价差悬殊、消费者大量进行海外购买的重要影响因素。针对这些问题，中国正在全面落实习近平总书记宣布的开放举措，大幅度放宽服务业关键领域市场准入、主动降低商品进口关税等积极行动已经展开，今后还应当长期持续和进一步拓展范围。

　　作为全球第二大经济体和数一数二的贸易投资大国，中国全面提升对外开放水平，将为世界各国通过扩大对华贸易投资合作、分享中国发展红利创造更多机遇。

　　按照国际货币基金组织 2016 年 GDP 统计，中国经济总量占全球的 14.8%；而从中国对全球增长的贡献率来看，2016 年达到 35%，即全球 1/3 的经济增量来自中国的贡献。由此可见，中国经济自身的发展对于稳定全球经济形势具有无可替代的作用。

　　但是，一个国家自身的经济增长并不必然会产生或增加正面外溢效应，并不一定会对其他国家的经济增长产生直接推动作用。前提是在坚持开放政策的条件下，才有可能通过进口扩大、跨境投资获益机会增加等途径，将自身经济发展效应传导到其他国家，增加伙伴国的经济和就业增长的机会。

　　做一个简单的测算，根据 WTO 统计 2016 年数据计算，中国进口占中国以外全球出口的 10.2%，如果由于市场开放程度提升导致进口增长 10%，将会为其他国家带来总额大约 1392 亿美元的出口增长，相当于这些国家国内生产增长率平均提升 0.21 个百分点；加上通过产业分工链形成的叠加和乘数效应，这一结果还可能扩大 3~4 倍。另外，按照中国 2016 年对外投资金额换算，中国对外投资每增加 10%，会为其他国家带来 170 亿美元左右的新增直接投资。这些还仅仅是更加开放政策外溢效应中的一小部分，中国的进口和对外投资还有可能实现更大幅度的增长。

上述测算说明，一个国家的经济发展对其他国家的外溢效应如何，在很大程度上取决于这个国家开放政策的走向。大国经济由于开放政策不同产生的外部效应差异尤其显著。因此，中国更加开放的政策必然会为其他国家带来更多分享中国发展红利的机会，其他国家可从扩大出口和投资增长中获得实实在在的好处。

扩大对外开放，更要警惕与全球供应链"脱钩"。尽管当前国际经济形势发生了不少变化，遭遇到一些困难，但中国扩大开放的总体格局不会动摇。

中国政府多次宣布，希望对世界上所有国家（包括发达国家与发展中国家）都扩大开放，而不是对部分国家扩大开放。其中，发达国家能为中国提供广大的外贸市场、高技术与高质量的产品、先进技术设备和管理经验，绝不该"轻言放弃"。仅就中美贸易摩擦而言，一方面必须坚定维护国家尊严与核心利益，另一方面也要始终敞开谈判大门，致力于通过平等对话与协商，友好解决双方分歧，维护中美关系合作的大局。这里，需要看到美方对中方在经贸方面的一些诉求，也代表欧盟、日本等发达经济体的诉求。

中国被公认为是全球供应链的中心之一，具有成熟的基础设施和上下游配套产业链。很多跨国公司都在中国设立分支机构或合资企业，生产出的产品销售到全球各地。在中美贸易摩擦的背景下，美国对在华企业的产品进行关税加征。这有可能导致其他企业将加工链条转移到劳动力成本更低、产品享受最惠国待遇的国家或地区。这难免会损害在华跨国企业的就业、技术溢出效应，而且有可能导致中美经贸关系、中国与全球供应链"脱钩"的风险。中国在全球供应链中的中心地位，是中国对外开放的重要基石。新形势下，更要坚定保护外商在华合法权益，营造更好的经商环境，吸引更多企业、资金和人才留在中国、进入中国。

三、主动扩大进口，助推贸易再平衡

2018 年 9 月 15 日，原外经贸部副部长、中国入世谈判首席代表龙永图表示："我们应该全力以赴地做好对外贸易政策的调整。过去我们贸易政策的重点是扩大出口，创汇。（但是现在的）贸易政策我觉得应该是出口和进口并重，而且应该更大力气增加进口。"

龙永图进一步阐述道："为什么美国那么'牛'？想来想去，就是一条——它是全球最大的进口国！因为进口国在很大程度上决定了价格、决定了市场。这是我们这些搞外贸的人一生的梦想。所以我呼吁我们的企业家、我们的政府对于进口要给予更大的重视。"

同时，龙永图提出，在目前这样一个混乱的、十分复杂的"剪不断理还乱"的全球贸易体系的基础上，中国有两个选择：第一，继续支持以世界贸易组织为代表的全球体系，妥善应对美国关于退出 WTO 的威胁；第二，在目前参与全球贸易体系的工作当中，把重点放在加强区域贸易协定上，而重中之重是中国参加 TPP 谈判，使 TPP 重新恢复活力，从而成为将来国际贸易体系的一个重要的支撑力量，同时也是应对美国退出 WTO 全球贸易体系出现危机时的一个重要"备胎"。

关于进口，我国政府工作报告中直接提到了："积极扩大进口，办好首届中国国际进口博览会，下调汽车、部分日用消费品等进口关税。我们要以更大力度的市场开放，促进产业升级和贸易平衡发展，为消费者提供更多选择。"具体来看，以下方面扩大进口的举措值得期待。

第一，先进技术、仪器和设备的进口。在该领域扩大进口，既符合国内产业升级、克服"短板"的需要，同时又有利于中国扩大进口、实现贸易平衡发展。

第二，政府工作报告还提到的"大幅提高企业新购入仪器设备税前扣除上限"，这项措施与鼓励先进技术、设备合到一起，将提高企业从国外进口先进仪器设备的积极性。不过，要指望美国放松对华高科技产品的出口管制，尚有难度，但是在中国这个庞大的市场面前，我们有望看到欧洲、

日本等国家相关政策的松动。因此，该领域政策的成效，也将部分地取决于国外技术出口的管制和干预程度，但毫无疑问，通过调节进口关税、大幅提高企业的税前扣除上限，中国将在这方面给出足够的政策空间。

第三，下调汽车、部分日用消费品等进口关税。2014～2016年，中国的国际收支平衡表中，服务贸易的旅游项目每年都处于逆差状态，而且每年的逆差水平都接近或高于2000亿美元，2017年，该逆差达到2200亿美元，继续创下历史新高。这部分逆差当中，相当一部分为境外旅游购物。下调部分日用消费品的进口关税，将使居民的境外旅游购物部分转移到境内，将使国内批发零售业受益。同时，也将改变国际收支平衡表当中经常账户的结构，预期服务贸易逆差、货物贸易顺差将同时有所下降。

中国是全球第二大进口国，每年的进口总额达20000亿美元，占中国GDP的20%左右，所以中国进口的全球领先地位毋庸置疑。习近平在讲话中提出，"中国不以追求贸易顺差为目标，真诚希望扩大进口，促进经常项目收支平衡"。

从经济学角度分析，现行国际贸易分工体系中，生产要素在全球范围自由流动，既受各国或地区发展战略、经济政策等人为因素影响，也受汇率波动和国际贸易收支等市场因素影响。对于单一经济体而言，大规模的贸易顺差或逆差，对经济持续健康发展都是有害的。这是因为，过度的贸易顺差，将对经济结构调整造成误导，致使产需结构错配，经济对外依存度过高，一旦国际市场需求萎缩，就会导致产能过剩；反之，大规模的贸易逆差，同样会导致经济结构反向错配，出现产业结构"空心化"，导致经济脱实向虚。因此，理想的状态应当是不以追求贸易顺差为目标，适时适度调整外贸进出口，努力使经常项目收支趋向平衡。

就我国目前而言，适度扩大进口，促进国际贸易收支平衡，对于促进经济高质量发展，可以产生一举多得的功效。

总的来说，作为世界第二大经济体的中国，消费市场潜力巨大。但国内消费需求规模增长、结构升级，对扩大进口提出了新要求。未来要扩大进口，无论是在政策层面还是行业层面，都还有不少工作要做，要多策并举提升贸易便利化水平、加强国内国际市场对接，实现经济高质量发展，助推经济再平衡。

从现实的角度，中国主动扩大进口的好处主要有两点：第一，可以为老百姓提供更多选择的消费品；第二，为企业提供质量更好、技术含量更高的中间品和资本品。消费品品种的增加可以降低国内消费品的价格，从而提高老百姓的福利。中间品和资本品的进口可以使下游的厂商接触到更多的中间品。事实上，国外的中间品跟国内的中间品加起来，会产生"一加一大于二"的"熊彼特创造效应"，这是我们扩大进口的积极意义。

同时，中国正在努力从贸易大国向贸易强国迈进。这里最重要的是提高出口产品的附加值，提升产品出口质量。只有出口质量达到美国、日本、德国等出口强国的水平，中国才能够由一个贸易大国变成贸易强国。

要实现产品升级，关键在于促进出口加工贸易的转型升级。中国目前的劳动成本相对于东南亚国家而言，已经没有比较优势。但是，相对于美国而言，中国还是有明显的比较优势，这也就是中国为什么目前还能向美国出口大量劳动力密集型产品的原因。

如果从附加值的角度来讲，尽管中美贸易顺差在 2017 年达到 2740 亿美元，但是中国的贸易利得其实非常小，以智能手机为例，iPhone 4 在中国出口大致为 179 美元，加上保费用费，在美国的售价是 500 美元左右，而在 179 美元中，中国自己只挣到 6.5 美元，也就是说，尽管中国的贸易顺差非常大，但贸易产品的附加值是非常低的。

此外，特朗普政府在强调中美贸易逆差时，故意忽视服务贸易美方顺差的事实。事实上，正是因为美国不愿意出口具有附加值较高的高科技产品到中国，而美国自身又不是全球制造业中心，劳动密集型产品没有比较优势，所以自然就会有贸易逆差。

根据 WTO 的规定，发展中国家可以跟发达国家制定不同的关税水平。习近平在讲话中提到，"今年，我们将相当幅度降低汽车进口关税，同时降低部分其他产品进口关税，努力增加人民群众需求比较集中的特色优势产品进口，加快加入世界贸易组织《政府采购协定》进程"。

中国主动下调汽车关税表明了中国积极全面开放的态度，随着中国人均收入的不断提升，到 2020 年，中国有望进入发达国家行列。根据 WTO 的规定，进入发达国家行列后，中国在汽车方面的关税将大幅下降。一般而言，关税制度是多方磋商的结果，中国单方面主动提出降低汽车的高关税，这是大国开放的姿态。

我们应该看到，主动扩大进口，不仅是推动对外贸易平衡发展的重要手段，也是促进产业升级、满足人民美好生活需要、实现经济高质量发展、助推经济再平衡的必然要求。

第二节　寻求新突破，抓住关键点

一、提升软实力，缩减"资讯赤字"

全国人民代表大会外事委员会副主任委员傅莹在近期的一次演讲中表示，美国对中国存在"资讯赤字"。傅莹认为："外界重视中国，首先是看到了中国人取得的成就，从而承认中国这个国家取得了成功。但是，外界对中国的负面认知也是相当令人苦恼的。目前中美之间的分歧和矛盾当中，就有相当大的误解和偏见的成分。"

她表示，美国人很少能听到和看到中国人系统地讲自己的世界观和国际理念，比较流行的是美国人写的书和文章，描绘中国如何怀揣一套"秘密战略"，注定要与美国争夺天下。

长期以来，在国际知识和信息库里，源自中国大陆的资讯相对匮乏，更谈不上系统性和完整性。例如，在英国大学图书馆的藏书中有不少关于中国的书籍，但多是民国时期和之前的出版物。美国国会图书馆亚洲部书架上摆放的杂志，多来自日本或者中国台湾、中国香港。美国的媒体几乎天天提到中国，但来自中国的声音并不多。

在傅莹看来，外界关于中国的"资讯赤字"是存在的。而信息的缺乏往往导致媒体和公众依循旧的逻辑去推断今日中国，政客也容易在不完整的资料基础上构建关于中国的立场。如果我们对有些问题不能及时解释和说明，如果出现关于中国的重大的指控得不到有效信息的对冲，就可能积累成更大的问题。

一个新兴大国的崛起难免引发外界的猜测、质疑甚至误解。如何超越长期以来我们与其他国家存在的语言文化、思维方式和利益差异，如何以让外界听得懂、能理解的方式阐释自己的意图和作用，如何让中国的声音出现在所有有需求的地方，在这些方面，我们有许多需要学习和改善的地方。

在世界格局正在发生自"二战"以来重大变化的历史时刻，如何针对世界秩序全面洗牌重建、中国的全球崛起这一格局，提升中国的软实力，显得尤其重要。

习近平曾提出，要注重塑造我国的国家形象，传播好中国声音，要充分展现"文明大国形象、东方大国形象、负责任大国形象、社会主义大国形象"。清华大学新闻与传播学院院长、国家形象传播研究中心理事长柳斌杰认为，重点是改进我们的思维方式和传播模式，加强国际沟通力建设，改进传播语言体系，用新概念、新范畴、新表达传播中国国家新形象和好声音；调整内外传播布局，加强国际公关人才培养，整合对外传播资源，提升国际传播能力，积极发动文化和公共外交的力量，向国际社会传达一个负责任、有担当的大国形象。

在全球化和信息技术快速发展的今天，以"软实力"强化中国的国家形象，缩减"资讯赤字"，提升中国的大国地位，铸造国家品牌，显得尤为重要。

二、瓦解美元体系，人民币取而代之？

近几年来，人民币国际化的步伐不断加快，全球各国增加了对人民币的使用。与此同时，美元的处境却日益危险，各国不断抛美债，囤黄金，其实都只有一个目的——"去美元化"。综观全球几大储备货币，如果美元倒下了，人民币或许最有希望取而代之。

迄今为止，全球已经有60多个国家和地区把人民币作为自己的外汇储备，人民币国际化正有条不紊地进行。央行货币政策二司司长霍颖励在进博会人民币助推跨境贸易与投资便利化主题论坛上宣读潘功胜的发言稿时称，经过近10年的发展，跨境人民币政策框架已经基本建立，之后要采取更多的存量改革，将政策落实到实处，满足市场主体的需求。

霍颖励还称，人民币跨境使用的增长非常快，2018年已经超过10万亿元，超过2017年全年的水平。整个跨境使用中，人民币占比已经超过31%。在上海设立总部的83家世界"500强"企业中，有71家已经办理跨境人民币业务，其中人民币跨境收支占比超过50%的有30多家企业，有一些跨国公司已经将与中国企业的业务往来全部改为用人民币计价交易。

在国家层面上，一些国家也越来越看好人民币。欧洲央行从2017年开始大举买入人民币资产；德国和法国央行在2018年1月相继增持人民币作为外汇储备；另外，日本投资者2018年以来已买进1510亿日元（13.3亿美元）中国债券，购买规模创纪录新高。俄罗斯在4年前就和中国签订了货币互换协议，俄罗斯从中国进口商品用人民币结算的比例从3年前的不到5%也提涨到了现在的15%。人民币在俄央行外汇储备中的占比从2017年第三季度的1%增至5%。

环球同业银行金融电讯协会（SWIFT）发布的报告称，2018年9月人民币在国际支付中的占比为1.89%，继续保持国内和国际支付价值第五的活跃货币位置。若扣除欧元区内的支付，人民币的国际支付占比为1.13%，维持全球排名第八的水平。过去18个月里一直稳定在全球第五大支付货币地位，未来人民币完全可能跻身全球第四大支付货币。汇丰银行大中华区首席经济学家屈宏斌则更加乐观，他认为人民币在5~8年内完全有潜力成为第三大储备货币。

在人民币迅猛发展的同时，美元的处境却是越来越危险，"去美元化"成了我们经常可以看见的一个词。一些国家也正在朝这个目标前进，通过一些资产购买或出售行为来逐渐达到这个目的。

2018 年以来,多国央行均在不同程度地抛售美债。2018 年 3 月,印度一共减持了 144 亿美元;2018 年 4 月,德国减持了 115 亿美元;俄罗斯和土耳其也在抛售美债;中国继 6 月减持 44 亿美元后,7 月抛售 77 亿美元,8 月再度抛售 52 亿美元。另外,世界黄金协会发布的报告显示,2018 年三季度全球央行的黄金净购买量创三年来新高,加入购金队伍的央行数目也明显增加。全球各国央行也正不断地将存放在美国金库的黄金运回国内。不论是抛售美债,还是大量囤积黄金,其实都是为了进一步摆脱美元的枷锁。

以美元为中心的世界货币体系正在慢慢崩溃,所以世界各国对人民币的关注与日俱增。在全球主要的几大储备货币中,欧元由于欧盟自身的不稳定仍存在很大的不确定性,英国脱欧给英镑前景增加了许多未知因素,日本的经济发展也不乐观,所以其央行迟迟不敢加息。相比之下,人民币的发展前景更好一些,国家也在不断推出一些利好政策,虽然人民币目前仍比较低调,但随着人民币国际化的不断推进,未来或许能够取代美元的位置。

与此同时,中日重启货币互换,印度也跃跃欲试,一个无美元贸易圈正在形成。2018 年 10 月 25 日,日本首相正式开启访华行程,随后 26 日,中国人民银行宣布,中日将重启货币互换,协议规模 2000 亿元人民币/3.4 万亿日元,协议有效期 3 年。货币互换,标志着中日之间将展开比以往更加密切的金融领域的合作。

在这之前中日之间是进行过多次货币互换的,据了解,中日两国在 2002 年缔结了货币互换协议,协议于 2013 年到期失效,失效前两国货币互换的融通上限约为 3300 亿日元,而本次新协议规模扩大 10 倍。

中日签署货币双边协议,标志着人民币在自由兑换方面迈出了很关键的一步,同时也意味着人民币可以纳入日本央行作为储备货币,以供日本央行在应急时使用,这也等同于对人民币的承认。

除了日本,我国还同许多国家和地区签订了货币互换协议。截至 2017

年 6 月，中国已经与包括苏里南、新西兰在内的超过 30 个国家达成了货币互换协议，合计最高金额达到 3.33 万亿元人民币（约合 4900 亿美元）。其中包括哈萨克斯坦、阿联酋、瑞士、欧盟、巴西、澳大利亚、英国等国家。

由于签署货币互换协议之后，两国或地区间将不再使用美元作为中介来进行贸易，这样两国贸易就可以避开美元，也避免了美元波动造成的对双方贸易往来的损失；协议到期之后只需归还之前获得的人民币（日元），而不用担心货币贬值带来的损失；在这过程中，两国之间贸易来往将更加密切，从而促进双方的经贸合作，可以说货币互换是有百利而无一害。

另外，货币互换作为"去美元化"的一种方式，可以避免受到当前强势美元的影响，从而降低国家贸易损失和经济风险。相信随着美联储继续加息，将会有更多国家为摆脱美元的制约而进行货币互换这种金融活动，而美元被冷落只能怪美国自己了。

第三节　结语

一直以来，中美经贸问题都是中美关系中的焦点问题。当前，中美经贸正处在一个非常危险的时刻，美国不仅对从中国进口的钢铁和铝产品征收高额关税，而且挥舞"301 调查""大棒"，对从中国进口的商品加征关税，并限制中国企业在美国正当的投资并购。美国的这种做法，如果一意孤行下去将给全球贸易秩序和世界经济带来巨大冲击。

推动中美经贸健康稳定发展符合中美两国利益，中美之间巨额贸易往来给两国人民带来了实惠，实现了互惠互利。同时，由于中国出口美国的大部分商品是物美价廉的日用消费品，缓解了美国的通货膨胀压力，降低了美国人民的生活成本，对美国中低收入人群是十分有利的。据测算，2015年，仅从中国进口日用品一项就为每个美国家庭平均节省了 2850 美元的花销。2008 年国际金融危机爆发以来，中国企业赴美投资的积极性不断提高，中美在投资领域日益成为重要伙伴。截至 2016 年底，中国大陆企业对美投资存量达到 605.8 亿美元。

对华贸易逆差，是美国对中国产生不满并在经贸问题上频繁制造摩擦的主要原因。其实，美国应当冷静、客观地认清其对华贸易逆差产生的根源，找准症结所在，然后开好药方。应该说，美国对华贸易逆差的根源不在别人，而在美国自身。首先，长期以来，为了追求利润最大化，美国将众多低端制造业转移到发展中国家，而把研发中心和高端制造业、高端服务业留在本国。这种经济结构使美国稳居全球价值链高端，成为全球利润分配中的最大获利者，同时也必然会催生美国对中国等发展中国家物美价廉商品的旺盛需求，很多贸易逆差由此产生。多年来，美国按自己的意愿进行经济布局，既赚取了巨额利润，又消费了中国等发展中国家提供的大量物美价廉商品。现在，美国却忽然认为这成了问题，要对从中国进口的商品加征关税，其逻辑实在是令人匪夷所思，其做法显然不能治好自己的"病"。其次，美国的统计方法存在很大问题。美国从中国进口的笔记本电脑等商品，很多是美国企业在中国的子公司生产的，大部分利润已被美国公司赚取，却要把整个商品的报关价格都统计在中国对美国的出口额里，这显然夸大了贸易逆差。最后，也是最重要的一点，既然美国要平衡对华贸易逆差，那就应当自己发展低端制造业，通过自主生产满足本国需求；同时，多向中国出口中国需要的高科技产品，冲销贸易逆差。

认清美国对华贸易逆差产生的根源，美国应根据国内需求调整产业结构，多生产本国人民需要的产品以减少进口；同时，放开对中国等国家的高科技产品出口限制，扩大出口。不理智地强迫别的国家与自己打贸易战，并非解决贸易逆差问题的有效途径。

第八章

中美贸易纷争的前景展望

不谋万世者，不足谋一时；不谋全局者，不足谋一域。

——陈澹然

勇于探索真理是人的天职。

——哥白尼

第一节　中美贸易摩擦的几个判断

一、中国须保持头脑清醒

在大国博弈的过程中，未来中国的走向是大家最为关心的。若论中国究竟能否崛起，在某个层面上取决于中国对自身在全球的定位。

如果中国的定位是亚太地区的核大国，注重战略谋划，谋定而动，内外施政又动静得宜，则一旦实现了崛起的愿景，举世乐观其成；反之，倘若中国的定位是超越美国，跻身为首屈一指的超级大国，违反了"势不可用尽"的信条，内外施政又急功近利，则在某个节点内外压力或许剧增，陡转逆境的局面随时可能出现。

有中国战略家建言，一边着眼于"引领世界"，往外大展手脚，一边致力于"稳住美国"，争取另一个战略机遇期。这种想法有点自欺欺人，也无疑是缘木求鱼，这显然是低估了美国战略界的政治智慧。

中国特别要冷静地看到三点：第一，虽然中国的经济总量有可能在未来数年追平甚至超越美国，但科技创新力仍比美国相差一大截，外资公司的继续撤离也将延缓中国在许多高科技领域的追赶步伐。美国是不会坐视中国在高新技术领域赶上来的。第二，中国早已深度融入全球经济体系，各项战略资源和整体经济对外依存度太高，对外开放的门也不可能重新关上。第三，中国有不少邻国尽管在经济上靠中国，但在安全上仍然摆脱不了对美国的依赖，仍在观望，它们的政治意志在特定情况下并不完全可靠。在当今国际政治格局下，如果中美陷入长期固化的"新冷战"状态，不仅"老三"日本会更加坚定地跟着美国走，自"老三"以下直至"老七""老八"都会重新选边。

美国要想对付中国，成本太大，风险太高，对此道理美国不是不明白，在很多问题上只能诉诸于同中国磋商协调，重新分配利益。尽管更为尖锐的中美之争一定会发生，但它并非根本性的战略对撞和意识形态冲突，而是国家利益之争，管理得好尚可保持两个大国之间关系的基本稳定，管理得不好中美皆输，全世界跟着遭殃。中美需要重视对方的核心利益，避免误读、误解、误判对方的真实意图。中美并非天然的敌手，在两国关系史上，美国帮助中国的时间远远多于与中国为敌的时间，当然中国帮助美国的时间也远远多于不配合美国的时间。

过去，经常说看问题要一分为二，坏事也孕育着转变为好事的因子，关键是如何把握及取舍。跟美国硬碰硬地擦枪走火实属不明智，如何巧妙地周旋迂回，这将检验执政团队治国理政的胆略及智慧。在这个极其重要的战略性时刻，千万要抓紧时间急修内政，真正地做到尊民心、顺民意，广开言路，开辟思想市场，推动卓有成效的改革，脱离浮夸冒进的不良风气，努力提倡、营造讲真话、办实事的社会氛围。

中美贸易争端自2018年3月开始，世界最大的两个经济体相互增收关税，谁才能笑到最后？在这期间，交战双方，特别是中国有代表性的官方传媒说了不少的狠话。其咬牙切齿的形象，让世人觉得此役中国是胜券在握，完全占据了舆论及道德的高地。中美贸易摩擦加剧以来，中国的官方传媒多次披露：美国遭受的损失很大，美国一些知名的企业家及经济学家纷纷指责特朗普挑起的贸易争端不得人心。"杀敌一千，自损八百"，难道中国能独善其身吗？众所周知，美国是中国最大的贸易市场，随着关税的层层加码，中国具体遭受的损失恐怕也不小。因此，在中美贸易摩擦加剧、内外部环境日益复杂的今天，保持头脑清醒至关重要。

第一，我们要对这个时代有一个清楚的认知。这个时代，是一个和平与发展的时代，这是我国能够从原来封闭、僵化走到以经济建设为中心道路上的关键。邓小平当年对"和平与发展"两大时代主题的判断，使我们摆脱了以战争与革命时代认识世界的束缚。"和平与发展"是我们宗旨，动辄诉诸武力的言行都是不冷静的。

虽然今天美国企图扭转全球化方向，但不能小看美国，因为它不只是一个普通国家，该国的 GDP 占世界将近 1/4，是今天全球化制度的设计者。当美国退出以后，全球化格局会发生什么变化，走向何方，我们需要有时代的清醒。

同时我们也要清醒地看到，全球化是不是只能以美国的模式去推进？即简单的、完全纯粹的市场竞争模式。世界合作不只是以全球市场融合、贸易投资、金融合作为内容的全球化，还应有更广泛的合作，因此对全球化逆转态势和可能的前景，我们需要有清醒的认识。

时代的清醒，还包括对"后冷战"时代的清醒。"后冷战"时代美国更加强横，彭斯讲话几乎带有对中国发起"冷战"宣言的意味。20 世纪 90 年代，美国的政策是最惠国待遇与人权挂钩。这意味着国际通行的经济规则——最惠国待遇，要与一个非经济原则挂钩。而今天彭斯的讲话使我们看到，原本正常的两国关系，需要与人权、自由、价值观挂钩，要与两国的政治、经济、文化、军事不同的立场挂钩。由此看到，这场贸易摩擦不仅是贸易争端。因此，我们要清醒，关键在于防止陷入"冷战"的陷阱。

第二，中国经济目前究竟居于何位？对中国自身地位也要有清醒的认知。

目前有各类排名，包括 GDP 排名、出口排名等。但应看到，在单项排名中，中国在很多领域是落后的。对这一点应该继续保持高度清醒。一国真正的国际竞争力是由经济实力、科技创新力、军事实力、战略水平、国民凝聚力等多种要素组成的，而非仅以 GDP 高低论英雄。《孙子兵法》有云："能而示之不能。"国人勿要沾沾自喜于中国日益成为"事实上的超级大国"，如偏要"不能而示之能"，将导致外部状况空前复杂起来，长此以往，将促使外界合力对付中国，难免重蹈"盛世屡次功败垂成"的教训。因此，避免继续跟美国硬碰硬地贸易对垒，中国需周旋迂回做出最佳选择。

美国当前把中国放在战略竞争对手的地位。这在很大程度上可以说，中国难以摆脱这一定位。如果中国不想发展，可能是安全的。中国想发展，美国就将中国置于这一地位，我们就需要考虑如何去应对。这是不以人们的意志为转移的，而是以美国的价值观和立场，以及其今天的世界地位所决定的。

关于地位的清醒，更具体的问题在于发展中国家地位。党的十九大报告当中指出："中国作为最大发展中国家的地位没有变。"这是对国家战略的一个重大的选择和考虑。为什么仍然定义为发展中国家？不仅源于我们的发展任务繁重，而且是国际合作的一种战略选择。我们选择与发展中国家站在一起，去推进全球的规则和制度。最大发展中国家的定位，既表明中国发展任务更重，也是中国国际地位的表现。但中国作为发展中国家的地位也面临着诸多挑战。美欧已经把发展中国家的标准放到世贸组织新的议题当中，直接针对中国。

同时，发展中国家问题还包含当今世界经济内在基本机制问题，即发展中国家是否获得或拥有真正合理、平等的发展地位问题。从美国"301调查报告"当中看到，发展中国家是处于不平等地位的。美方主张在开放问题上，发达国家与发展中国家应该对等开放。美国口口声声指责中国的开放度不如美国。但世贸组织的基本原则和价值观是鼓励发展，并提出对发展中国家，特别是最不发达国家的优惠政策。如果这一理念、这个价值观被抛弃的话，那么世贸组织和全球化的基本理念将被抛弃。美国"301调查报告"还给我们一个启示，就是对知识产权的保护可能是过度的。在知识产权保护和国家的发展权之间，应当选择寻求平衡。

全球化推进了贸易自由化、投资自由化，还在推进金融的国际化，但知识产权的保护是发达国家保护政策的延续，更注重的是保护，而排斥发展中国家共同发展。

地位问题还包括所谓"非市场经济地位"问题。这一问题同样也成为世贸组织的新议题。近期北美自由贸易区谈判中，我们已经看到了"毒丸条款"。但这种"毒丸条款"很可能成为美国与欧洲、韩国、澳大利亚等国协议的模板。中国市场经济制度正在受到挑战。其中凸显一个问题：全球化是否意味着制度雷同？是承认各国的最大公约数还是仅以美国标准为导向？是否除了美式标准之外都是非市场经济国家？

第三，对中国发展的目标要清醒。中国政府提出了"两个一百年"的目标。在坚持"两个一百年"的总体目标基础上，对于我们的发展同样还要有更加具体的发展目标。其一，我们要推进新的发展，高质量的发展。高质量发展的重要举措，就是"2025"制造业的发展。而"2025"工业化的目标，正是美国要遏制中国的领域。对这一目标，我们的清醒就在于该目标是受到美国全面打压的。

另外，我们要推进与世界各国的共同发展。共同发展的具体内容和路径就是"一带一路"建设。在共同发展中，我们有机会发挥中国的产业比较优势，发挥工业、技术的经验能力，发挥资金和外部优势，由此能形成新的格局。但这一目标的国际阻力是巨大的，尤其是来自美国。美国把中国"一带一路"的合作和共同发展，看作改变世界格局的举措，因此我们必须对这个目标实现过程当中的障碍和阻力保持高度清醒。

中国保持战略定力、保持战略清醒至关重要。如何实现新的战略就成为重要的问题。其一，过去40年，中国的发展是成功的，但是许多经验是不能延续的。我们是否还应该延续这些路径，是否继续通过外资引进，推进外贸发展？但仅通过外资推动外贸发展，结构是无法升级的。其二，我们是否还需要等待产业的转移？过去40年的成功，在于促进传统产业向国内转移，使我们实现了工业化。但是今天在新的工业革命情况下，各国处于同一起跑线，发达国家不会将其产业直接转移到中国来生产，我们是不是还愿意处于价值链的低端？我们应有高度的清醒，认识到从价值链低端到高端的升级有着一系列的困难。我们需要通过国际并购来实现在全球价值链分工当中的地位提升，占据主导地位。但美国特别针对中国的国际并购与对外投资设置障碍，其中包括人才引进的障碍。所以我们在实现合理的、应当推进的开放型发展战略的道路上，存在着一系列重大障碍，对这些必须保持足够清醒。

二、勿慕虚名而处实祸

中美贸易争端虽然由美国挑起，但在此关键时刻，我们还须清醒地认识到中国在科技创新、高端制造、金融服务、大学教育、关键核心技术、军事实力等领域与美国仍有不小的差距，我们在妥善应对中美贸易摩擦的同时，仍须继续保持谦虚谨慎，仍须坚定不移地推动新一轮改革开放。从这个意义上，此次中美贸易摩擦未必一定就是坏事。我们有可能转危为安，化压力为动力。

三国时期的曹操说过一句非常具有哲理的话，"不得慕虚名而处实祸"。古今中外，"慕虚名"往往就会"处实祸"。谋事创业往往会有两难选择，如虚名与实利、局部与整体、短期利益与长远利益、个人情绪与总体要求，这些都往往处于一种对立状态。而好的战略家就需要做到让虚名服从于实利，让个人情绪服从于总体要求，这就需要摒弃虚荣、懂得隐忍。

我们应该看到，由于未来中国经济规模和综合国力有可能超越美国，美国对中国的战略遏制将具有长期性，中美关系在一段时期内可能处于不稳定状态，阶段性的经贸摩擦将成为两国关系的常态，直至达到新的均衡点。因此，中国必须做好持久努力、长期应对中美贸易摩擦的准备。

就目前的形势来看，要改变西方右翼势力及特朗普政府对中国的立场，既无可能，也无必要。如今中国是拉动世界经济发展的主引擎之一。中美两国是互补性的经济格局，各领域往来十分频繁，呈现了"你中有我，我中有你"的局面。中国只需有理、有利、有节，处理得当，同时尽量避免与美国发生直接的冲突，力争把中美贸易摩擦产生的负面影响降低到最低。

现实的国际环境也为中美两国改善关系提供了可能性。美国在国际上揽事多，四处出击。美国依然面临多方位的挑战。美国目前公然与中国为敌的可能性还比较小。

同时我们还要认识到：中国面临日益复杂的发展环境。首先，国家财富的迅速增长并没有自动带来整个社会系统的全面进步。相反，长期以来的经济优先主义导致了贫富差距、社会失衡、资源短缺、环境恶化等一系列问题。如何防止这些问题进一步恶化而导致社会矛盾的"共振"依然考验着决策者的政治智慧。其次，随着中国从魅力型领导到技术专家治国的过渡，领导者的个人威望和意识形态整合能力都面临新的挑战，能否以新的共识加强团结是一个不可回避的重大问题。如果再考虑到西方对华"分化促变"的压力、权贵利益集团的不断固化，以及民众持续的政治参与要求，中国在政治整合和社会稳定上将面临更加严峻的考验。最后，40年来国家与社会关系的变化导致了社会力量的显著成长，这在激发社会活力和彰显个性独立的同时也带来了国家决策环境的复杂化。政府越来越需要在慎重理性决策与回应民族主义情绪之间保持平衡，以避免出现重大的战略性失误。因此，可以说，中国内部治理所面临的问题之复杂、挑战之严峻不亚于世界上任何国家。

在当前这种形势下，我们切忌"慕虚名而处实祸"，既要严防民粹主义和狭隘的民族主义，也要防止一味自责将中美矛盾归咎于中国自身发展所致的形势误判。既客观冷静，又要保持战略定力，牢牢把握战略主动权，避免非理性过激反应。

中美贸易争端的态势还在继续，但是要防止跟美国贸易"脱钩"。"脱钩"是最差的状况。中国改革开放40年的成就，是在开放、全球化的状态下达到的，这其中重要的一环是与美欧的经贸往来。一时"脱钩"，状况就完全变了，美国的"冷战"派就会占上风，就会像对抗苏联一样对抗中国。

特朗普挑起贸易争端的目的，并不是要失去中国。这一点跟"冷战"不同。但他追求美国利益第一。其实美国没有理由那么害怕中国的现代化、中国的崛起。尽管美国军方为了预算等目的，不断渲染中国威胁论，但中美军事差距还很大；中国的人均GDP、科技含量、创新水平、附加值与美国的差距也很大；中国模式对一些发展中国家虽然有吸引力，但对美国并不构成直接威胁。

三、中美"经济铁幕"或将分裂世界

2018 年 11 月 7 日，彭博创新经济论坛上，美国前财政部长保尔森警告，如果美国和中国未能解决战略分歧，两国之间的"经济铁幕"将导致世界分裂。

保尔森阐述中美当前冲突原因，并谈到解决两国分歧的前进道路，以避免全球两大经济体的关系陷入"漫长冬天"。保尔森直言，中国的经济增长虽然放缓，但依然是世界上增长最迅速的主要经济体之一，没有哪个国家会与如此重要的国家"离婚"。因此，美国如果想要孤立中国，将面临自我孤立的风险。

尽管如此，保尔森批评中国在加入 WTO 的 17 年后，仍然没有对外开放竞争，而非仅是美国的对峙态度。因此，他呼吁中国进一步开放经济，终止直接或间接强迫技术转让的政策，并允许外国企业在公平竞争环境下与当地企业竞争。他也建议让市场驱动主要商业决策，而中国也应采取更多措施保护知识产权。

保尔森的观点呼应了白宫对华"鹰派"的观点。反讽的是，在白宫"鹰派"看来，像保尔森这样的"中国的老朋友"主张与中国的互动，正促成了中国的经济威胁和战略性违规行为。保尔森在演讲中表示 WTO 未能改变中国歧视外国企业的行为，因此支持特朗普采取的强硬态度，然而同时他也反对"鹰派"主张两国必须"脱钩"的观点，认为这是使美国陷入孤立的下策。

保尔森认为中美关系目前走到如此接近崩裂的拐点，主要由于双方在三方面的分歧：利益不同（在美国和中国应该达成一致的许多问题上，两国经常追求不同的途径，这意味着共同利益没有产生持久的合作）；中美在管理国际系统的一些重要规则上存在分歧（如海权，使双方海军在公海上几乎陷入冲突）；在一些关键领域，美国和中国的观点很不一致，对国际治理的某些问题采取截然不同的观点（中国和俄罗斯主张国家的网络主权和国家控制跨境数据的权力；而美国和欧盟虽然没有完全达成协议，但都拒绝接受中国和俄罗斯的观点）。

这些和其他驱动因素结合，在华盛顿引发了新的共识，即中国不仅是一个战略竞争对手，而且很可能是美国主要的长期对抗者。保尔森认为即使特朗普与中国达成贸易协议，潜伏的紧张关系也将会持续，由于涉及的层面很广，中美之间的关系除非能够正视深层的问题，否则将面临长期的"寒冬"。

保尔森是共和党员，亦是"华尔街权力之王"。他在 2008 年金融危机初期掌管财政部，在协助解决金融危机方面做出贡献。不过他指出，今时不同往日，世界正面对许多崭新科技、经济和地缘政治挑战，全球已进入重要时刻，迫切需要建立一个新框架。

2018 年 10 月 4 日，美国副总统迈克·彭斯就美国本届政府对中国的政策发表讲话，矛头直接对准中国。彭斯这个演说被国内一些人称为特朗普政府拉下了"新冷战铁幕"。彭斯对中国的指责集中于中美贸易（中国搞不公平竞争，窃取美国高新技术等）、中国道路（没有按美国的预想走向西方自由民主的道路）、中国人权（"迫害"国内少数民族、干涉宗教和言论自由）、中国军力（中国最近几年扩张军备，危害世界安全，比如危害南海航行自由）等，这些都是美国的惯性思维，其实也是老生常谈，没有什么新意。但是我们要看到，美国的矛头对准的已经不仅仅是贸易问题了，在这种情况下，中国不可能采取"无视"的态度。

美国政界和商界对中国的看法发生了重大转变，美方认为中国的国企扩张、强制性技术转让、知识产权窃取、投资限制、"中国制造 2025"、保护主义补贴，尤其是中国对美国不公平的规则引发了美国对中国的贸易摩擦，而不仅仅是贸易失衡问题。

2018 年 9 月 16 日前美国副国务卿、世界银行行长佐利克在中国发展高层论坛专题研讨会上的演讲比较有代表性："我注意到中国的国企还在进一步增长。中国的信贷越来越多地被导向国企，而不是私营企业。央企的资产大幅度增长。在过去 40 年的改革开放中，私营企业发挥了重要作用，但它们现在可能被挤出了。中国对国企的依赖使得美国和其他国家的人们感到警惕。

"我想给中国朋友一个警告，也就是美国对中国的担忧不仅只局限于特朗普政府。假设中美关系在中期选举，或者是 2020 年总统大选之后回到过去是不太现实的。我主要有四个方面的担忧：第一，国企的作用。在外界看来，中国好像转向了国家资本主义的模式，我们担心中国私营企业没办法公平竞争。第二，我在过去 10 年观察到的美国和其他国家以前非常支持和中国的友好关系，现在变得越来越沮丧。因为他们需要进行强制的技术转让，可能会有监管方面对竞争的限制，以及对知识产权的窃取等。以前的商界是非常支持中美关系的，现在他们已经不再扮演这个角色了。第三，'中国制造 2025'。对某些人来说，看起来好像是要在未来统治科技行业。和外国人沟通的时候，有的时候他们会觉得这是非常可怕的，中国需要基于自主创新，是基于保护主义，基于补贴，以及对海外科技企业的收购。第四，中国的外交政策，从以前邓小平时代的自我克制转向现在这种非常自信的大国外交。我想帮助大家理解，除了特朗普政府以外，其他的美国阶层对中国态度的转变。我参与了中国加入 WTO 历时 17 年的谈判，后来是巴尔舍夫斯基接替我。现在中国加入 WTO 时的那些'衣服'已经不太合身了。中国在市场准入方面做出了很多承诺，可能比其他发展中国家做出了更多的承诺。但是，现在中国的平均关税还是高于 9%，是其他国家的 3 倍。像我这样的人就很难向特朗普总统去解释为什么中国对美国的汽车进口关税是 25%，而美国对中国汽车的进口关税是 2.5%。

"还有规则的运用，怎么样对待国企，如何要求外企强制转让技术，以及一些歧视性的政策，等等。2001 年以来，WTO 本身也没有适应时代的变化。我们看整体的投资和贸易情况，双方的条件确实不是对等的。所以，在美国造成了一种不公平的看法。特朗普政府认为美国在过去 70 年对中国和其他国家让步太多了。我想对于这种不公平待遇的认识会增加对中美关系的压力。"

《孙子·谋攻篇》中说："知己知彼，百战不殆；不知彼而知己，一胜一负；不知彼，不知己，每战必殆。"美国前财政部长保尔森和前美国副国务卿、世界银行行长佐利克的演讲，应该非常有代表性。

四、中美和则世界兴，中美斗则世界乱

2018 年 9 月 24 日，国务院新闻办公室发表《关于中美经贸摩擦的事实与中方立场》白皮书，以大量事实和翔实数据，对中美经贸关系进行了全面系统的梳理。白皮书强调中美经贸关系的本质是互利共赢，指出美国的所作所为是贸易保护主义和贸易霸凌主义行为。白皮书阐明中国的政策立场，充分展示了中方推动问题合理解决、保持中美经贸关系健康稳定发展、坚定维护多边贸易体制的决心和意志。

历史和现实一再证明，中美经贸合作是双赢关系，绝非零和博弈，既促进中国经济发展和民生改善，也使美国企业和国民从中得到了实实在在的好处。中美经贸交往规模庞大、内涵丰富、覆盖面广、涉及主体多元，产生一些矛盾分歧在所难免，两国应以求同存异的态度妥善处理分歧，务实化解矛盾。然而，现任美国政府通过发布对华"301 调查报告"等方式，对中国作出"经济侵略""不公平贸易""盗窃知识产权""国家资本主义"等一系列污名化指责，严重歪曲了中美经贸关系的事实，无视中国改革开放的巨大成绩和中国人民为此付出的心血汗水，这既是对中国政府和中国人民的不尊重，也是对美国人民真实利益的不尊重，只会导致分歧加大、摩擦升级，最终损害双方根本利益。

中美经贸合则两利，斗则俱伤。自 1979 年中美建交以来，双边关系全面发展，经贸合作快速推进，已经形成了优势互补、利益交融、互利互惠的贸易格局。中美经贸关系本质上是互利共赢的，共同利益远大于分歧，合则两利，斗则俱伤。中美经贸关系稳定与否，不仅事关中美双方利益，也事关世界发展。

中美经贸合作具有全面性。首先，中美互为重要的货物贸易伙伴。美国是中国最大货物出口市场和第六大进口国，对美出口占中国总出口的 19%。2017 年中美双边货物贸易额达到 5837 亿美元，是 1979 年两国建交时的 233 倍。中国是美国出口增长最快的市场。据联合国统计，2017 年美国

对华货物出口 1299 亿美元，比 2001 年增长了 557%，远高于美国对全球 112% 的出口增幅。美国出口的 62% 的大豆、25% 的飞机、17% 的汽车、15% 的集成电路和 14% 的棉花，都销到了中国市场。其次，服务贸易在双边经贸合作中的地位日益上升。据美方统计，中美双边服务贸易额从 2007 年的 249.4 亿美元增至 2017 年的 750.5 亿美元。其中美对华服务出口额从 131.4 亿美元增至 576.3 亿美元，增长了约 3.4 倍。美国是中国第二大服务贸易伙伴，中国是美国第二大服务出口市场。最后，中美之间投资规模巨大。截至 2017 年底，美国对华直接投资累计超过 830 亿美元，在华美资企业约为 6.8 万家。中国对美投资存量约为 670 亿美元。另外，中国大量投资于美国金融资产，持有超过 1 万亿美元的美国国债，是持有美国国债最多的国家。

中美经贸合作具有互惠性。中美经贸合作的互惠性体现在多个方面。首先，双边经贸合作为双方企业提供了巨大的市场机会。双方企业通过出口或投资，分享了对方的市场机会。中国在中美货物贸易领域有 2700 多亿美元顺差。而美国在中美服务贸易领域有大额顺差，2016 年美对华服务贸易顺差约为 550 亿美元。还有不少美资企业通过对华投资而非出口方式进入中国市场。按照美国经济分析局的统计，2015 年美资企业在华销售额为 4814 亿美元，比中资企业在美 256 亿美元的销售额高出 4558 亿美元。因此，从利用对方市场机会的角度看，双方受益大体平衡。其次，双边经贸合作为两国创造了大量就业机会。据美中贸易委员会估算，2015 年对华出口和双向投资支持了美国 260 万个就业岗位。另据有关研究，自华进口货物在美下游产业链创造约 400 万个就业岗位。由于中国劳动生产率远低于美国，对美经贸合作创造的就业岗位更多，据有关研究估算，对美货物出口为中国创造了大约 1750 万个就业岗位。考虑到两国人口总量差距，双方在就业岗位方面的受惠程度基本相当。最后，中美双边经贸合作助推两国产业结构升级，并为两国消费者提供了性价比更高的商品与服务，增加了消费者福利。

美方把中美货物贸易失衡归因于"中方的不公平做法"，据此认为美国在双边经贸合作中"吃亏了"。这是片面的认识。美国储蓄率过低、政府财政赤字过高，是导致其整体贸易出现逆差的宏观经济原因。换言之，美国整体贸易逆差是由其内部经济结构问题造成的，无论其贸易伙伴中有没有中国，其整体贸易都必然是逆差。目前的中美双边货物贸易失衡，是双方比较优势与国际分工地位的反映。还有一个不可忽视的原因是，美国长期对华高科技产品出口实行限制政策，一定程度上削弱了美国产品在中国市场的竞争力：美国产品在中国高技术产品进口市场的比重已从 2001 年的 16.7% 下降到 2016 年的 8.2%，在中国高达 2270 亿美元的芯片进口中，美国产品仅占 4%。再加上美方统计方法存在一定问题，导致其明显高估了双边货物贸易失衡程度。实际上，中国并未刻意追求贸易顺差，近年来经常项目国际收支基本平衡。

中美经贸合作具有互补性。中美两国分别是最大的发展中国家和发达国家，两国的资源禀赋、发展阶段、产业结构和国际分工地位不同。尽管双边经贸关系中竞争性在上升，但以互补性为主的基本格局并没有改变。从产业竞争力看，美国服务业竞争力强，在双边服务贸易领域有大额顺差。中国作为制造业大国，在货物贸易领域有大额顺差。从技术水平上看，美国企业在高技术产业上具有强大竞争力。如果美国政府取消或减少对华高技术出口限制，美国高技术产品在中国市场的份额可能会迅速扩大。中国对美出口产品仍以劳动密集型产品为主，尽管近年来中国出口结构不断升级，海关统计中"高新技术产品"出口占比约为 1/3，但大多数这类产品在中国的增值主要集中在劳动密集环节。从资源禀赋看，美国地大物博，中国为美国农产品和天然气等能源产品提供了巨大的市场空间。

中美关系又一次站到历史的关口上。中国国内经济正承受着调整和转型的压力，美国挑起的贸易摩擦增添了新的复杂因素。无论中美关系如何变化，正如习近平强调的，中美两国合则两利，斗则俱伤。中美合作可以办成有利于两国和世界的大事，中美对抗对双方和世界肯定是灾难。不能在中美两国如何判断彼此战略意图这个根本性问题上犯错误，否则就会一错再错。

历史进程的方向性变化从来不是在哪个具体时间选定的，而是在千百个具体事件的发生和具体问题的处理过程中累积出来的。只有在大势形成之后，人们才能观察到变化的全貌。而这期间，中美乃至世界各国的表现和选择，将左右未来世界的方向。在这样一个快速变化的阶段，最重要的是明确自己希望的方向和目标，确定现实可行的步骤，努力处理好每个具体问题。

第二节　中美贸易纷争的前景猜想

一、贸易争端还是贸易战？

此次贸易争端最后会演变成大规模的"贸易战"吗？这完全是有可能的。在特朗普就任美国总统后，美国很多智库都在研究美国政治、经济的走向。2017 年 9 月，美国彼得·乔治·彼得森国际经济研究所发布的研究报告明确指出：中美贸易战不可避免，发生的结果可能有三种形式，即全面、中等以及有限的贸易战。如果发生全面的贸易战，美国经济将会遭遇2008 年以来最大的重创，表现为失业率重新上升到5%以上，经济增长率损失 1 个百分点，而且 GDP 会持续下降。即便贸易战结束，美国取得的所谓的成功也不能挽救经济衰退的态势。最低程度的有限的贸易战也会给中美双方带来巨大的冲击。如果发生大面积的中美贸易冲突，中美两国的经济都会遭受巨大损失。

在美国短期内不会迅速衰退和全球化不可逆的情况下，中美之间的贸易纷争，会给未来的世界格局带来什么样的影响？进而如何影响未来世界格局的演进？让我们不妨做做猜想。

第一种结果，短期边打边谈，以"升级—接触试探—再升级—再接触试探—双方妥协"的逻辑演化，打是为了在谈判桌上要个好价钱，斗而不破。但中长期随着中美经济实力的此消彼长和经贸竞争性的增强，贸易摩擦具有长期性和日益严峻性。出于大局考虑，中方采取主动让步的措施。

中国政府自然不愿意让内部因素或外部冲突中断和平崛起的过程。因此，中国政府从"以时间换空间"的思路出发，在经过了慎重的成本收益计算之后，存在主动做出让步来防止贸易冲突升级的可能。中国政府的相关举措不仅有助于降低贸易战爆发的概率，而且可能有助于国内结构性改革的加速。不过，美方的回应态度将是这种策略是否生效的关键。基于美国政府在此次贸易摩擦中带有明显的战略遏制的成分，因此，不能对这种情景变为现实的可能性过于乐观。

第二种结果，中美之间的贸易摩擦已不仅仅是贸易争端，而是特朗普打着贸易保护主义旗号的战略遏制，是由于发展模式、意识形态、文化文明、价值观等差异所引发的世界领导权更迭之争，其未来演化的参考模式不是过去40年中美贸易摩擦的模式，而应参考英美世界领导权更迭、日美贸易战等的演化模式。这种情况下，中美之间冲突很有可能会有限升级，局限贸易领域发生对抗。

从迄今为止中国政府的有关表态来看，这种情景变为现实的概率并不算低。美国政府将会把贸易制裁扩展到中国的更多出口产业。从中国的角度，考虑到中国多年来一直对美国存在服务贸易逆差，中国也可以从服务贸易领域对美国进行反制。考虑到服务贸易中国对美逆差最大的项目是旅游与教育，因此中国最可能对美国出台的服务贸易反制措施将是限制中国赴美旅游的人数与团数。当然，这在一定程度上影响中国老百姓的旅游、教育等。

第三种结果，如管控失当，中美贸易战全面升级，不排除后续扩大到金融战、经济战、资源战、地缘战等，美方将动用其"二战"以来建立的霸权体系从贸易、金融、汇率、军事等全方位遏制中国崛起。届时冲突全面升级，中美刚性碰撞。

这种结果对双方而言损害程度是最大的。美方存在主动把贸易摩擦扩展至其他领域的意图。针对美国把贸易与投资摩擦由双边升级为多边的可能性，中国政府千万不能低估。在地缘政治方面，美国还有可能在朝核、台海与南海问题上大做文章。在冲突加剧的情景下，中方的反制措施则可能包括：一是对美国在华的直接投资采取差别对待；二是降低中国金融市场对美国金融机构的开放程度；三是针对美国对华出口商品的全面制裁；四是人民币兑美元汇率的显著贬值；五是中国政府可能停止购买甚至显著减持美国国债；六是在台海、南海等涉及中国核心利益的问题上予以坚决回击。

二、中美大融合——握手"言欢"

无论从何种角度，贸易摩擦都是损人不利己的，不过是损失多少的问题。中美贸易摩擦的数额是有史以来最大的，因此不可能像特朗普吹嘘的那样只对中国有杀伤力，对美国损失不大或所受影响可忽略不计。从中国公布的2018年前三季度贸易数据以及联合国贸发局发布的上半年各国投资数据看，贸易之争并未达到美国期望的改善贸易逆差和吸引外国投资的目的。

2018年中国前三季度货物贸易进出口总值22.28万亿元，同比增长9.9%，其中出口增长6.5%，贸易顺差1.44万亿元。值得注意的是，对美出口同比增速6.5%，在贸易摩擦升级的7月、8月、9月，美国对华贸易逆差连创新高，每月都突破300多亿美元。这与美国对华出口增速降低有直接关系，也可用贸易争端的滞后反应来解释，但至少说明，贸易争端很难从根本上扭转美国的贸易赤字。

特朗普对继续威胁打贸易战要仔细权衡。贸易争端不仅影响经济，更影响人心和信心，中国市场本来对去杠杆就杯弓蛇影，贸易争端的叠加效应会进一步放大市场的脆弱，这已在中国股市和汇市得到验证。市场经济是信心经济，信心不足，迟早也会使经济出大问题。

美国迄今对中国的出牌，包括贸易制裁在内，都在对中国进行极限施压。只是，中国在贸易施压上的反应应该超出特朗普预期，这使得特朗普也寄希望于通过两国领导人的直接会面来解决贸易争端。

接下来，双方团队有可能展开协调。换言之，特朗普不大可能像之前那样对中国漫天要价，否则中国定会不答应，但中国可能亦不会死守过去的原则，估计在某些方面，会对美国做出让步。

此外还有三点需要注意：一是美国不能只盯着对华贸易逆差，在服务贸易方面，美国存在巨大盈余；另外，美资企业在中国生产、销售的数额也相当大，而这并未统计在中美贸易数据中。二是中国已经为最坏的情况做好准备，然而，仍真诚希望找到一种建设性的解决方案。三是为解决中国经济中存在的结构性问题，将加快国内改革和对外开放，加强知识产权保护。这三点都为中美彼此妥协、握手言和奠定了基础。

无论中美关系如何变化，正如习近平强调的，中美两国合则两利，斗则俱伤。对中美关系来说，重要的是控制住矛盾的扩散，维护合作根基，避免被裹挟进所谓的对世界霸权之争，确保国家发展的外部环境不被破坏。从美方对中国提出的种种指责可以看出，美国社会对中国存在诸多的误解和偏见，这也容易让挑唆中美冲突的人找到空间。

从世界发展大势来看，经济全球化是不可逆转的时代潮流。伴随着中国的进一步改革开放，中美两国彼此携手，在经贸领域进一步合作的可能性越来越大，而且会越来越深入、越来越广泛。2018年以来特朗普当局采取的单边主义措施，导致中美之间贸易摩擦和争端不断升级。这不仅严重威胁中美双边经贸关系，而且对世界经济也有负面影响。

合则两利，斗则俱伤。"得其大者可以兼其小"，看待中美关系不能只盯着两国之间的分歧。中美两国的经贸关系事关两国人民福祉，也关乎世界和平、繁荣、稳定。处理中美经贸摩擦，推动问题合理解决，要增进互信、促进合作、管控分歧。合作是正确的选择，共赢才能通向更好的未来。

中美握手"言欢"，这一前景是极有可能的，基于中美经济的高度依赖程度，形成你中有我、我中有你的局面，两国之间的经济利益进一步高度关联。中美之间为了共同利益，彼此让步，保持"双赢"，弱化意识形态和政治制度、经济模式之争，求同存异。此外，出于对全球不断蔓延的冲突的担忧，美国和中国"渡尽劫波兄弟在"，两国共同引领全世界在应对全球挑战方面展开更广泛的合作。这需要彼此能够营造更牢固的国际伙伴关系。

在中美大融合的形势下，经济得以继续增长。中国由于在国际体系中扮演越来越重要的角色，开始在世界上有了更大的话语权。

中国作为一个经济大国，其政策具有高度的外溢性。中国不仅提出了打造全面开放新格局，更是提出了建设开放型世界经济。建设开放型世界经济意味着需要建设共同的经济竞争规则。在此多边贸易体制生死存亡之际，中国需要承担起自己的责任。

三、中美大摩擦——无爱"婚姻"

在美苏"冷战"期间，大国外交是为了竞争国际空间，形成美国阵营和苏联阵营。但现在则不同，因为中美两国同处一个体系。尽管中国离美国力量的距离还非常之远，但目前中国和美国是最接近的。日本在美国的（军事）体系内部，只是一个半主权国家，而欧盟毕竟不是一个主权国家。这就增加了中国大国外交的复杂性。作为一个负责任的大国，中国应当向整个体系负责，但站在这个体系顶峰的则是美国。

无论是美国还是中国，因为处于体系的高端，都必须为这个体系的稳定负责。但这两类责任并不是同一件事情，因为体系利益和国家利益之间并不是完全一致的。体系利益和美国的国家利益的一致性要远远大于体系利益和中国国家利益的一致性。很简单，这个体系是在美国领导下建立的，并且美国仍然处于体系的最顶端。同处于一个体系之内，但同时又有不同的国家利益，这就决定了中美两国之间既有合作，又有冲突。

对中国，美国面临两个互相矛盾的任务：一是要防止中国挑战美国的霸权地位，二是要中国承担国际责任。反映到美国的实际政策中，一方面，美国要时时提防中国，和中国周边国家结盟，组建亚洲"小北约"，中国的东海、南海、新疆、西藏、台湾等问题都是美国可以用来制约中国的手段；但另一方面，美国也意识到"帝国扩张过度必然加速衰落"。美国帝国已经扩张过度，但美国又不能全线收缩，怎么办？美国在动用一切力量和一切方法来巩固已有同盟（如日韩）的同时要求中国承担更多的国际责任。这是这些年来美国对中国认同变化的一个主要原因。美国一直在呼吁中国承担国际责任，希望中国不能总是做一个"搭便车者"。很显然，如果中国不能承担责任，美国很难单独维持这个世界体系。

这种双重的任务使得美国的对华政策话语不断变化，这种变化取决于美国把重点放在哪一方面。美国国内对中国描述的话语经历了从早期的中国军事、经济"威胁论"到后来的"利益相关者"和"责任论"，再到现在的"领导角色论"。

特朗普对美国的战略定位是"美国优先并维持美国在全球的领导地位"。这并不难理解，也没有什么大的变化。美国历届总统不管其战略话语是什么，所实施的战略都是维持美国在全球的霸权地位或者领导地位。作为唯一的霸权，美国最大的国家利益便是维持这个地位。但历任总统所使用的方法可以是不同的。比如小布什政府奉行单边主义，而奥巴马政府则倾向于奉行多边主义。不过，这也不是绝对的，单边和多边同时存在，只不过是在不同时期的侧重点不同而已。

同时，在美国的新战略中，最大的变化是美国对中国的定位：中国和俄罗斯是美国的对手国家，挑战了美国的影响力和价值。美国当然是从其国家利益的角度赋予中国这一新角色的。美国意识到，"新世纪的重担，不能只由美国独立担负。我们的敌人希望见到美国因为扩张太快而耗尽国力"。在这个认知下，美国就要调整和包括中国在内的其他新兴大国的关系，重新定位这些国家的国际角色。因此，美国要与俄罗斯建立"稳定、重要的多层次关系"，重申要与印度建立战略伙伴关系，又强调"我们欢迎巴西的领导"。

要在同一个体系下处理共同的问题，这需要中美两国拥有最低限度的共同价值观和对处理问题方法的共识。如果这个层面没有一点共识，那么不仅共同的问题很难解决，而且更严重的是冲突会加剧

本质上说，美国对华政策以及美国内部战略方向的调整，为贸易争端提供了思想层面和社会层面的支持。2016年特朗普上任总统以来，美国对华态度整体转向强硬，主流政界对华"接触派"的势力日益衰弱，"对抗派"力量日益增强。2018年初美国发布的新版《国家安全战略》中，中国被首次定义为"战略性竞争对手"，标志着美国对华政策进入新阶段。因

此，本轮贸易战只是一个前奏，随着美国对中国定位的根本性变化，乃至中美两国关系格局的质变，中美冲突与摩擦的长期性、艰巨性、复杂性以及边打边谈的常态化将是无法回避的历史必然与挑战。

当前中美贸易制裁和反制规模超过历史上的制裁和反制规模。鉴于特朗普团队信心十足，认为美国可以打赢贸易战，而中国立场坚决，表示要实施同等力度与规模、数量与质量相结合的反制措施。因此，随着贸易争端的升级与范围的扩大，中美之间对各自进口对方的产品实行惩罚性增税将会在规模和量级上加码。根据特朗普的声明，如果中国采取报复行动，他会追加报复性关税，最终可能对超过 5000 亿美元的中国商品加征关税。

此次公布的 2000 亿美元商品，主要集中在受益于"中国制造 2025"产业政策的领域，包括航空航天、信息和通信技术、机器人、工业机械、新材料、汽车等行业。然而，这些产品的贸易大都是全球价值链产品和中间品贸易。对中国产品加征关税势必影响各国参与产业链和价值链上中下游的各个环节。例如，鉴于中国是韩国中间品零部件进口大国，根据韩国现代经济研究院报告，若美国对中国的进口减少 10%，韩国对中国的出口额将一并减少 282.6 亿美元。其中电器装备、IT 等产业将相对受到较大冲击，分别减少 109.2 亿美元与 56 亿美元。与此同时，由于此前特朗普根据"232 调查"决定对欧盟、加拿大、墨西哥等多国钢铁和铝产品征收高额惩罚性关税，许多国家已明确作出贸易反制强硬措施。随着特朗普对全球开火可能导致贸易战交叉升级，不排除形势最终演变为"全球贸易混战"。

四、中美大停滞——贸易"脱钩"

对中国来说，贸易摩擦的一个坏结局便是和世界分离开来，孤立起来，无论是主动的还是被动的。一旦孤立起来，就很有可能陷入"明朝陷阱"，即在国家还没有真正崛起之前就开始衰落。避免这一结局对中国来说并不困难，即用更开放的政策来应付西方的贸易保护主义。近年来，美国盛行贸易保护主义和经济民族主义，中国已经接过了"自由贸易"的大旗，继续引领全球化和贸易自由化。在下一阶段，中国不仅需要继续把"自由贸易"的大旗扛下去，更需要具体的政策行为。

在和美国进行贸易争端较量的时候，我们必须考虑到两个重要因素：第一，美国政府利益和资本利益之间的不一致性；第二，美国和其他西方国家利益的不一致性。贸易争端实际上就是经济利益在不同利益集团之间的再分配。美国挑起贸易摩擦，但贸易摩擦必然使得其他一些利益集团受损。因此，中国必须利用资本的力量来减少贸易摩擦对中国的影响，甚至遏制贸易战，因为美国行政当局很难支配资本的流动。中国对特朗普贸易制裁的强有力反击和更大程度的开放并不矛盾，就是说，中国必须在一些领域给予特朗普有利回击的同时在另外一些领域实行力度更大的开放。资本唯利是图，只要能够在中国赢大利，没有西方政府能够阻止得了西方资本进入中国。

但是，中美会"脱钩"并陷入"冷战"吗？中国会不会被世界贸易边缘化？

中美两国有一些学者已经提出了"脱钩"，这并非完全不切实际，虽然大家都知道这对双方来说成本都太高。

中美会出现科技"脱钩"、经济"脱钩"，从而走向"冷战"吗？"脱钩"的前景可以基本排除。因为经济规律不是政策能够改变的。中美两国产业结构，均已深深融入全球产业链，例如半导体和信息通信、航空器制造、新能源、汽车等产业。特朗普政府关于中美科技、经贸"脱钩"的威胁、战略和政策，都仅仅是上层建筑，不是经济规律，是反全球化的思想和政府强力，却不是全球化经济规律。

马克思主义唯物史观告诉我们："不是上层建筑决定经济基础，而是经济基础决定上层建筑。"即经济全球化是基于生产力发展、社会分工扩大而产生和发展，本身是一种经济规律。所有政治行动、政党主张、政治人物竞选纲领、贸易安排和对它们的立场，都是上层建筑。它们只是前者的反映，反作用于前者，但不可能决定前者。相反，最终必须服从前者。科技是没有国界的，但是科技政策是有国界的。诺贝尔奖得主保罗·萨缪尔森说过："任何伟大的王者都无法改变大海中的洋流。"科技的发展，生产力的发展是改变不了的。而且在我们看来这不是理论上的乐观，是有实际依据的。经济全球化的基本载体是跨国公司。它们是世界先进技术的研发、应用、生产、销售的主力。2018 年财富"500 强"，总计销售额 30 万亿美元，相当于当年全球 GDP 的 37%。但这个不可比，仅仅是个参数。其中美国 126 家，中国 120 家。跨国公司都是全球布局，并日益成为全球公司，无法用国界阻断，并且跨国公司的全球布局并非由美国垄断。中国已经是世界 120 多个国家和地区的最大贸易伙伴，与苏联经互会时期完全建立在不同的全球基础上。将中美科技、投资、贸易"脱钩"，只是特朗普团队的企图和战略，本身是对抗客观经济规律的，不会成功的。但错误的上层建筑会阻碍、干扰经济基础，我们会付出时间、经济和社会的代价。

此外，中美之间的货币和金融关系非常密切，它们相互依存的关系形成了所谓的"金融恐惧平衡"——美国前财政部长萨默斯（Larry Summers）为此创造的一个短语。中国持续购买美国国债对于支持和稳固美国经济和美元地位仍然非常重要。反过来说，如果中国想在国际金融和货币市场上拥有更大的影响力，这也将与美元和美国市场息息相关。

经过 40 多年的发展，两国关系构建起了密集的人际关系网络和多样化的对话渠道。这些关系与学术界、金融界和普通家庭之间都有着千丝万缕的联系，也是制约两国"脱钩"的一个重要因素。中美两国领导人的私人关系在当下尤其重要。到目前为止，习近平主席和特朗普总统之间有着良好的私人互动，并建立了一个相对畅通的沟通渠道。

中国的战略目标并不是要挑战美国的霸权。中国的目标是实现国家中长期的现代化建设，实现中华民族的伟大复兴。中国的外交政策主要以国际经济合作为基础，支持现有的国际体系并推动改革。中国并不主张输出意识形态，同时强调尊重各国选择自身发展道路的权利。

当今全球经济的一体化水平远超信息革命之前。复杂的供应链遍及全球，而中国是主要的生产平台。一旦这个链条断了，所有人都会遭殃。仅凭这一事实，人们就应该对通过煽动贸易战扰乱全球经济秩序保持警觉。基于规则的国际秩序给全球经济带来净收益，因为它减少了不确定性和风险。历史告诉我们，自由贸易促进和平与繁荣，保护主义则恰恰相反。

特朗普总统或许认为，他可以通过使用保护主义"大棒"从中国得到更多好处。但到目前为止，这种策略适得其反，因为中国针锋相对地通过提高从美国进口产品的关税进行报复。

美国最近颁布的"外国投资风险评估现代化法案"（FIRRMA）是国防授权法案的一部分，它授权美国外国投资委员会（CFIUS）在更大范围内监控入境投资，确保这些投资不会危及关键基础设施或国家安全。

根据这项2019财年才生效的新法律，美国外国投资委员会的审查程序将变得更长、费用更高。不过，它也许阻碍有利于高科技创业公司的跨境资本流动，而这些公司是不可能构成安全威胁的。尽管外国投资风险评估现代化法案适用于所有境外国家，但它是为处理中国对美国企业，尤其是中国对美国信息技术、机器人和其他高科技领域投资而专门设计的。

"中国制造2025"的目的是要让中国成为全球技术的领导者。实现这一目标最便捷的方式，就是收购美国和其他主要创新型国家的高科技创业公司。2017年9月，美国外国投资委员会阻止了一家有中国背景的投资商收购美国半导体制造商莱迪思（Lattice）。几个月后，由于担心数据安全，阿里巴巴子公司蚂蚁金服对速汇金（Moneygram）的收购也被叫停。按照新法律，美国外国投资委员会的备案数量肯定会增加，尤其是在中美紧张局势升级的时候。

中国也以国防为理由，限制外资进入其能源、交通、金融等"战略"行业。中国颁布了新法律，限制信息通信技术产品及零部件的进口，要求它们"安全可控"。这个模糊的标准使决策者拥有极大的自由裁量权，增加了不确定性，给希望进入中国迅速崛起的信息通信技术市场的美国企业带来沉重的成本负担。

虽然特朗普总统的保护主义策略可能会让中国做出一些让步（如中国增加对美国商品的采购以减少贸易逆差），但它不太可能一夜之间改善关键领域（如电信业和银行业）的市场准入，让知识产权得到保证，让外国企业不再被要求共享它们的专利信息。

为了实施保护主义政策而过度扩大国家安全理由，可谓危险重重，因为它有可能加剧经济民族主义，失去在基于规则的制度下进行互利贸易的好处。美国和中国应该保持国际供应链的开放，认识到即使中美贸易小小的"脱钩"也会产生巨大连锁反应，通过共同努力来加强全球经济。

五、中美大冲突——两败"俱伤"

目前国内有一种幼稚的观点，认为中美贸易摩擦原本是可以避免的，如果中国政府继续延续过去韬光养晦、隐藏实力的策略，避免在国际社会与多边层面和美国进行对抗，中国就不可能与美国发生如此巨大的贸易摩擦。这种观点有一定合理性，但却严重低估了中美贸易之争发生的必然性。事实上，在 20 世纪，作为全球霸主的美国，一直对可能挑战自身地位的国家心存警惕，打压手段无所不用其极。这种打压虽与政治、经济与意识形态有关系，但更大程度上却取决于两国之间实力的较量。美国除了会打击政治制度、经济体制与意识形态方面的对手，还会打击自己的盟友。正如现实主义国际关系理论所预测的那样，守成大国与新兴大国之间必然会发生冲突，而不论两国在经济体制与意识形态方面相同还是相异。

20 世纪以来，可能挑战美国全球领袖地位的国家或国家群体，大致先后包括德国、苏联、欧盟与日本。德国在两次世界大战中败北，主动终结了自己挑战霸主之旅。"二战"之后，美国与苏联之间进行了旷日持久的"冷战"，直至苏联解体。而一旦欧盟与日本的经济实力可能威胁到美国之时，美国也都发动了双边贸易战。通过美欧贸易战与美日贸易战，美国都在一定程度上抑制了对方经济的快速增长。令人印象尤其深刻的自然是 20 世纪 80 年代的美日贸易战。1985 年日本政府被迫签署广场协议，同意通过日元兑美元大幅升值来缩小日本对美国的贸易顺差。为了对冲本币大幅升值对经济增长的不利影响，日本央行实施了持续宽松的货币政策，这最终造成了巨大的房地产泡沫与股市泡沫。当两个泡沫在 20 世纪 90 年代初期相继破灭之后，日本经济陷入了 3 个不景气的十年。因此，与其说日本强劲增长时代的终结始于 1990 年，不如说始于 1985 年的广场协议。

　　自全球金融危机爆发期间中国经济总量超越日本之后，中国经济的快速崛起就已经引起了美国政府的警觉与重视。事实上，美国政府对华整体政策发生重大转变的时机，并非发生在特朗普上台之后，而是发生在奥巴马总统任职期间。在奥巴马政府执政期间，至少有两个重要的战略举措是针对中国而言的。其一，是奥巴马政府实施的"亚太再平衡"战略，这一战略的意图是抑制中国在亚太地区（尤其是南海地区）的影响力上升；其二，是奥巴马政府大力推动的 TPP 与 TTIP 倡议，这两个倡议的意图是在 WTO 之上重新建构一套更高标准的国际贸易投资规则，而把中国排除在外。奥巴马政府的上述举动，意味着美国对华总体战略已经从"接触"（Engagement）转为"遏制"（Containment）。而特朗普政府挑起的中美贸易摩擦，事实上延续了而非否定了奥巴马政府的对华策略。事实上，即使不是特朗普上台，而是希拉里上台，美国对华的强硬政策恐怕也不会发生改变。

　　随着中国经济的快速崛起，作为守成大国（美国）与新兴大国（中国）之间的摩擦不可避免。即使这种摩擦不以贸易战的形式表现出来，也会以其他摩擦的形式表现出来。这也意味着，中美贸易摩擦注定会长期化、复杂化，短期内通过达成一揽子协议来妥善解决的概率很低。既然中美贸易摩擦可能长期化、复杂化，那么中国政府应对中美贸易摩擦的方式就至关重要。

　　此外，目前的中美贸易摩擦虽然对中美不至于伤筋动骨，但如果处理不好，有可能引发各种严重危机。中美之间因为贸易战及军事对抗（如中国台湾海峡问题等），进而引发大规模冲突，也是有可能的。

　　特朗普做事不按常理出牌，或许会导致美国在决策上不如过去那样稳健，甚至或许会出现诉诸极端的倾向。这一状况对于美国的假想敌国或中国都不是好事。无论哪个国家承受美国及其盟帮的多领域制裁、多波次军事打击，则难免元气大伤。

　　说到底，未来促使美国在动武方面跃跃欲试的经济诱因，都尚不足以让美国轻言战争。

　　然而，如果有人触犯到美国的核心利益，美国出于维护国家安全的重大利益，不排除诉诸武力来解决的可能性。当然，中国的核心利益也是不容他国侵犯，即使军力不对等，并不等于一定要示弱服软。届时即使倾全国之力，也要一决高下。

我们看到，美国此次挑起的贸易争端，不仅局限于贸易领域，还扩大到了双边投资、知识产权、战略产业特别是高新技术领域，而且附带燃烧到了南中国海、中国台湾问题，可以说是对中国的全面打压。

此外，美国还联合了其盟友，在诸多问题上对中国采取一致行动，包括英国、澳大利亚、中国台湾等对中国大陆的贸易指控和对中兴、华为等战略企业的打压，以及欧盟各国对中国"一带一路"计划的指控。

美国开始对中国进行全面打压与围堵，中美很有可能步入全面对抗的边缘，其原因主要在于：美方认为中国近年来的战略发展走向，与美方期待的方向相反。这体现在已经离职的白宫首席战略顾问班农，仍然在职的白宫贸易顾问纳瓦罗的多次公开讲话中，以及 2018 年 2 月美国两位外交与国家安全事务前高官坎贝尔与雷特纳，在《外交事务》杂志公开发表的文章中。

美国与西方在过去 30 多年中积极鼓励中国改革开放，支持中国加入世界贸易组织（WTO），其目标是希望借助经济融合，促使中国在战略走向上朝发达国家逐步靠拢。美国一些前领导人曾乐观地认为，经济开放将促进中国经济市场化与政治开放，最终使中国走上与发达国家类似的道路。

但中国加入 WTO 之后的表现，特别是近年来的一些变化，使美方强烈感受到自己过高估计了引导中国战略走向的能力。中国不仅没有向美国与西方所期待的方向变化，而且有反向变化的趋势：一方面，在经济体制上弱化市场作用，强化政府主导与产业政策，积累对西方的贸易顺差与战略产业竞争优势；另一方面，在政治与言论上强化集权与管控，并在外交上改变邓小平的"韬光养晦"战略，在全球大力宣传与西方不同的"中国模式（道路/智慧/方案）"，并推行"一带一路"、亚投行、金砖银行等宏大计划，与美国及西方争夺未来世界主导权。

这就引起了包括美国在内的西方国家的高度警觉，认为以前对中国的引导战略失败了，重新开始将中国视为战略对手，进行全面遏制甚至围堵。

这不是简单的国与国之间的利益或领导权之争，更涉及未来世界向什么方向发展（中国模式还是美国模式）。然而，美国与西方会根据中国的实际行为，而非宣传或解释来判断中方战略走向。如果中国没有实质性调整，美国与西方对中国的疑惧可能难以消除，全面围堵还会长期持续，中国与美国乃至发达国家整体进入全面对抗，乃至"新冷战"是有可能的。中国应该对此做好思想准备。

古代名将韩信曾遭遇无赖的挑衅，但他甘愿忍受胯下之辱，这并不妨碍他日后成就一番霸业。而《水浒传》当中的杨志，虽为名门之后，但不堪泼皮牛二的挑衅，拔刀相向，最终身陷囹圄。有时候面对对手的挑衅，如果不是原则性问题，还须在"忍"上下功夫，才不致落入他人设下的圈套。

第三节 结语

贸易争端与国际政治、经济的需要紧密相连。两次世界大战后，美国成为世界超级大国，而美苏"冷战"、苏联解体以后，美国是世界唯一超级大国，多年来一直称霸世界。美国不局限于把目光放在国内，而是放眼全球。全球每一处角落发生的争端几乎都能看到美国的身影，有的是直接的，有的是间接的。在关于全球发展的言论中，美国反复强调自己的国家利益，这是美国发展的战略需要。

"二战"结束以来，全球处于70多年相对的和平时期，全球经济和贸易的发展迎来了前所未有的繁荣时期，随着区域和全球经济一体化进程加快，"金砖"五国和一大批的新兴国家都迎来了各自的黄金发展期。其中日本在20世纪六七十年代崛起，后来成长为世界第二大经济体。中国坚持改革开放的基本国策，通过几十年的持续发展，终于在2010年正式取代日本一跃成为世界第二大经济体。而美国进入21世纪以后，经济发展势头平缓，

2008 年金融危机则重创了经济的发展。因为这种此消彼长的关系，美国的国际影响力正在下降，而中国的国际地位正在上升。在世界各地，美国都遭到了前所未有的挑战，在中东地区受到伊斯兰原教旨主义和俄罗斯的强有力阻击，对拉丁美洲的控制也遭到抵制，欧盟的发展和"金砖"五国的崛起都在经济发展上构成了不小的威胁。一些有国际影响力的国际合作组织已经把美国排除在外，诸如"金砖"五国、上海经济合作组织、"一带一路"基金等，都对美国的全球领导力构成了挑战。此外，美国自身国力相比 20 世纪后半叶在全球的影响力已经有所下降。美国要想继续维持全球霸主地位，就必须有一套新的战略主张和经济发展策略。这就是 2017 年美国访问中国等亚洲国家以后，提出了印度洋和太平洋战略的原因。在此之前，特朗普上任时就提出退出 TPP，要求重启北美自由贸易谈判。同时对欧盟、日本和韩国提出各种要求，倡议战略合作伙伴承担更多国际责任。在 APEC 会议上，美国正式提出印度洋和太平洋战略。到了 2018 年，美国正式挑起这次让世界各国都很担忧的中美贸易争端。这一系列"组合拳"都是重新让美国强大起来的国际战略部署。如果美国不能遏制中国的发展，不能联合盟友重振霸主地位，那么二三十年后美国很可能丧失全球的主导地位。因此从这个角度来讲，这是国际政治和经济的需要。

中美贸易摩擦，特朗普当局要求中国减少 1000 亿美元或 2000 亿美元顺差，表明美国在贸易问题上已经从其珍视的"程序正义"转为"结果导向"。克林顿时期曾任美国贸易代表的米基·坎特（Mickey Kantor）称，他只关注结果，对空洞的经济理论和贸易规则不感兴趣。

至今，中美已经经过多个回合的较量。继 500 亿美元之后，2018 年 7 月 12 日，美国贸易代表声明，将对进口自中国的 2000 亿美元商品征收 10% 的关税。若中方反制，美方将考虑对进口自中国的所有商品加征关税。众所周知，贸易战的结果一定是双输的。即使在目前这个程度，已经有企业表示快要"关门大吉"了。

对中美贸易摩擦既没必要恐慌，也不要掉以轻心。历史上，发端于贸易保护主义，并升级到军事冲突的案例不胜枚举，如西方国家 1929～1933

年大萧条期间的保护主义和民粹主义、纳粹主义的兴起，最终导致了第二次世界大战，再比如中英鸦片战争等。所以，实现自由贸易的"特朗普方案"行不通，它会使全球的贸易网络越来越复杂，而且还会增加政治风险。中美贸易摩擦还没有完全消退的迹象，中美双反的当务之急并不是去讨论"公平"的细节，而是划定一条底线，即不应将贸易领域的纠纷扩大到地缘政治、军事，甚至是意识形态领域。

《关于中美经贸摩擦的
事实与中方立场》
白皮书

国务院新闻办公室《关于中美经贸摩擦的事实与中方立场》白皮书。全文如下：

关于中美经贸摩擦的事实与中方立场

（2018 年 9 月）

中华人民共和国

国务院新闻办公室

前言

一、中美经贸合作互利共赢

二、中美经贸关系的事实

三、美国政府的贸易保护主义行为

四、美国政府的贸易霸凌主义行为

五、美国政府不当做法对世界经济发展的危害

六、中国的立场

前言

中国是世界上最大的发展中国家，美国是世界上最大的发达国家。中美经贸关系既对两国意义重大，也对全球经济稳定和发展有着举足轻重的影响。

中美两国建交以来，双边经贸关系持续发展，利益交汇点不断增多，形成了紧密合作关系，不仅使两国共同获益，而且惠及全球。特别是进入新世纪以来，在经济全球化快速发展过程中，中美两国遵循双边协定和世界贸易组织等多边规则，拓展深化经贸合作，基于比较优势和市场选择形

成了结构高度互补、利益深度交融的互利共赢关系。双方通过优势互补、互通有无，有力促进了各自经济发展和产业结构优化升级，同时提升了全球价值链效率与效益，降低了生产成本，丰富了商品种类，极大促进了两国企业和消费者利益。

中美两国经济发展阶段、经济制度不同，存在经贸摩擦是正常的，关键是如何增进互信、促进合作、管控分歧。长期以来，两国政府本着平等、理性、相向而行的原则，先后建立了中美商贸联委会、战略经济对话、战略与经济对话、全面经济对话等沟通协调机制，双方为此付出了不懈努力，保障了中美经贸关系在近 40 年时间里克服各种障碍，不断向前发展，成为中美关系的"压舱石"和"推进器"。

2017 年新一届美国政府上任以来，在"美国优先"的口号下，抛弃相互尊重、平等协商等国际交往基本准则，实行单边主义、保护主义和经济霸权主义，对许多国家和地区特别是中国作出一系列不实指责，利用不断加征关税等手段进行经济恫吓，试图采取极限施压方法将自身利益诉求强加于中国。面对这种局面，中国从维护两国共同利益和世界贸易秩序大局出发，坚持通过对话协商解决争议的基本原则，以最大的耐心和诚意回应美国关切，以求同存异的态度妥善处理分歧，克服各种困难，同美国开展多轮对话磋商，提出务实解决方案，为稳定双边经贸关系做出了艰苦努力。然而，美国出尔反尔、不断发难，导致中美经贸摩擦在短时间内持续升级，使两国政府和人民多年努力培养起来的中美经贸关系受到极大损害，也使多边贸易体制和自由贸易原则遭遇严重威胁。

为澄清中美经贸关系事实，阐明中国对中美经贸摩擦的政策立场，推动问题合理解决，中国政府特发布此白皮书。

一、中美经贸合作互利共赢

中美建交以来，双边经贸关系不断发展，贸易和投资等合作取得丰硕成果，实现了优势互补、互利共赢。中国从中受益匪浅，美国也从中获得了广泛、巨大的经济利益，分享了中国发展带来的机遇和成果。事实证明，良好的中美经贸关系对两国发展都具有重要意义，合则两利，斗则两伤。

（一）中美双方互为重要的货物贸易伙伴

双边货物贸易快速增长。根据中国有关部门统计数据，2017 年中美双边货物贸易额达 5837 亿美元，是 1979 年建交时的 233 倍，是 2001 年中国加入世界贸易组织时的 7 倍多。目前，美国是中国第一大货物出口市场和第六大进口来源地，2017 年中国对美国出口、从美国进口分别占中国出口和进口的 19% 和 8%；中国是美国增长最快的出口市场和第一大进口来源地，2017 年美国对华出口占美国出口的 8%。

美国对华出口增速明显快于其对全球出口。中国加入世界贸易组织以来，美国对华出口快速增长，中国成为美国重要的出口市场。根据联合国统计，2017 年美国对华货物出口 1298.9 亿美元，较 2001 年的 191.8 亿美元增长 577%，远远高于同期美国对全球 112% 的出口增幅（见图 1）①。

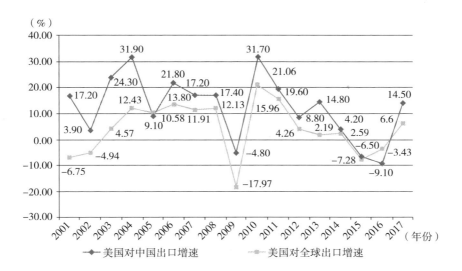

图 1 2001~2017 年美国对华货物出口增速快于美国对全球出口增速

数据来源：联合国贸数据库（UNCYAD）。

---

① 联合国商品贸易统计数据库。

中国是美国飞机、农产品、汽车、集成电路的重要出口市场。中国是美国飞机和大豆的第一大出口市场，汽车、集成电路、棉花的第二大出口市场。2017年美国出口中57%的大豆、25%的波音飞机、20%的汽车、14%的集成电路、17%的棉花都销往中国。

中美双边贸易互补性强。美国居于全球价值链的中高端，对华出口多为资本品和中间品，中国居于中低端，对美出口多为消费品和最终产品，两国发挥各自比较优势，双边贸易呈互补关系。2017年中国向美国出口前三大类商品为电机电气设备及其零附件、机械器具及零件、家具寝具灯具等，合计占比为53.5%。中国从美国进口前三大类商品为电机电气设备及其零附件、机械器具及零件、车辆及其零附件，合计占比为31.8%。机电产品在中美双边贸易中占重要比重，产业内贸易特征较为明显（见表1）。中国对美出口的"高技术产品"，大多只是在华完成劳动密集型加工环节，包含大量关键零部件和中间产品的进口与国际转移价值。

表1　2017年中国对美国主要进、出口商品（HS2位码）

进口产品	占从美货物进口比重（%）	出口产品	占对美货物出口比重（%）
第85章　电机电气、音像设备及其零附件	11.3	第85章　电机电气、音像设备及其零附件	24.9
第84章　核反应堆、锅炉、机械器具及零件	10.7	第84章　核反应堆、锅炉、机械器具及零件	21.3
第87章　车辆及其零附件，但铁道车辆除外	9.8	第94章　家具寝具灯具活动房	6.8
第12章　油籽；子仁；工业或药用植物；饲料	9.5	第95章　玩具、游戏或运动用品及其零附件	4.3
第88章　航空器、航天器及其零件	9.2	第61章　针织或钩编的服装及衣着附件	3.7
第90章　光学、照相、医疗等设备及零附件	7.6	第39章　塑料及其制品	3.6

进口产品	占从美货物进口比重（%）	出口产品	占对美货物出口比重（%）
第 27 章　矿物燃料、矿物油及其产品、沥青等	4.7	第 87 章　车辆及其零附件，但铁道车辆除外	3.5
第 39 章　塑料及其制品	4.5	第 62 章　非针织或非钩编的服装及衣着附件	3.3

资料来源：中国海关统计。

（二）中美双边服务贸易快速增长

美国服务业高度发达，产业门类齐全，国际竞争力强。随着中国经济发展和人民生活水平提升，服务需求明显扩大，双方服务贸易快速增长。据美国方面统计，2007~2017 年，中美服务贸易额由 249.4 亿美元扩大到 750.5 亿美元，增长了 2 倍。2017 年，据中国商务部统计，美国是中国第二大服务贸易伙伴；据美国商务部统计，中国是美国第三大服务出口市场。

美国是中国服务贸易最大逆差来源地，且逆差快速扩大。据美国方面统计，2007~2017 年，美国对华服务出口额由 131.4 亿美元扩大到 576.3 亿美元，增长了约 3.4 倍，而同期美国对世界其他国家和地区的服务出口额增长 1.8 倍，美国对华服务贸易年度顺差扩大 30 倍至 402 亿美元（见图 2）。

目前，美国是中国服务贸易逆差最大来源国，占中国服务贸易逆差总额的 20% 左右。中国对美服务贸易逆差主要集中在旅行、运输和知识产权使用费三个领域。

中国对美旅行服务贸易逆差不断扩大。据美国商务部统计，截至 2016 年，中国内地到访美国的游客数量已连续 13 年增长，其中 12 年的增速都达到两位数。中国商务部统计显示，2017 年中国游客赴美旅游、留学、就医等旅行支出合计达 510 亿美元，其中赴美游客约 300 万人次，在美旅游支出高达 330 亿美元。在教育方面，美国是中国学生出境留学第一大目的地，2017 年中国在美留学生约 42 万人，为美国贡献约 180 亿美元收入。根据美国方面统计，中国对美国旅行服务贸易逆差从 2006 年的 4.3 亿美元扩大至

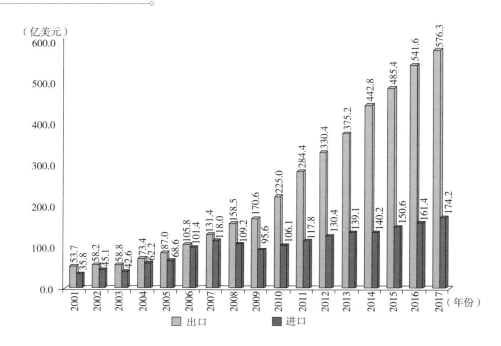

（亿美元）

图 2　2001~2017 年美国对中国服务贸易进出口

数据来源：美国商务部经济分析局。

2016 年的 262 亿美元，年均增长 50.8%。

中国对美国支付知识产权使用费持续增加。据中国有关方面统计，美国是中国第一大版权引进来源国，2012~2016 年，中国自美国引进版权近 2.8 万项。中国对美国支付的知识产权使用费从 2011 年的 34.6 亿美元增加至 2017 年的 72 亿美元，6 年时间翻了一番（见图 3）。其中 2017 年中国对美支付占中国对外支付知识产权使用费总额的 1/4。

（三）中美互为重要的投资伙伴

美国是中国重要外资来源地。根据中国商务部统计，截至 2017 年，美国累计在华设立外商投资企业约 6.8 万家，实际投资超过 830 亿美元。中国企业对美国直接投资快速增长，美国成为中国重要的投资目的地。随着中国对外投资的发展，中国企业对美国直接投资从 2003 年的 0.65 亿美元增长至 2016 年的 169.8 亿美元。根据中国商务部统计，截至 2017 年，中国对美直接投资存量约 670 亿美元。与此同时，中国还对美国进行了大量金融投资。根据美国财政部统计，截至 2018 年 5 月底，中国持有美国国债 1.18 万亿美元。

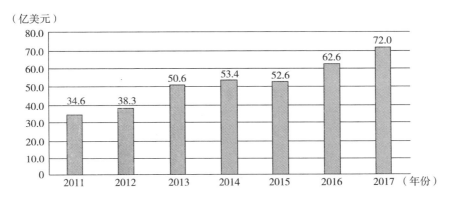

（亿美元）

图 3　2011～2017 年中国对美国支付知识产权使用费情况

数据来源：中国商务部。

（四）中美双方均从经贸合作中明显获益

中美双方从经贸合作中获得巨大的经济利益，实现了互利共赢。

中美经贸合作促进了中国经济发展和民生改善。在经济全球化背景下，中国与美国等国加强贸易和投资合作，相互开放市场，有利于中国企业融入全球产业链价值链，为中国经济增长带来了可观的外部市场。经过改革开放以来 40 年的发展，2017 年中国货物贸易进出口总额 4.1 万亿美元，居世界首位；服务贸易进出口总额 6956.8 亿美元，居世界第二位；吸引外商投资 1363 亿美元，居世界第二位。美国在华企业在技术创新、市场管理、制度创新等方面对中国企业起到了示范作用，促进了市场竞争，提升了行业效率，带动了中国企业提高技术水平和管理水平。中国从美国进口大量机电产品和农产品，弥补了自身供给能力的不足，满足了各领域需求特别是高端需求，丰富了消费者选择。

与此同时，美国获得了跨境投资、进入中国市场等大量商业机会，对美国经济增长、消费者福利、经济结构升级都发挥了重要作用。

经贸合作促进了美国经济增长，降低了美国通胀水平。据美中贸易全国委员会和牛津研究院联合研究估算①，2015 年美国自华进口提振了美国国内生产总值 0.8 个百分点；美国对华出口和中美双向投资为美国国内生产总值贡献了 2160 亿美元，提升美国经济增长率 1.2 个百分点；来自中国物美价廉的商品降低了美国消费者物价水平，如 2015 年降低其消费物价水平 1~1.5 个百分点。低通货膨胀环境为美国实施扩张性宏观经济政策提供了较大空间。

为美国创造了大量就业机会。据美中贸易全国委员会估算，2015 年美国对华出口和中美双向投资支持了美国国内 260 万个就业岗位②。其中，中国对美投资遍布美国 46 个州，为美国国内创造就业岗位超过 14 万个，而且大部分为制造业岗位。

给美国消费者带来了实实在在的好处。双边贸易丰富了消费者选择，降低了生活成本，提高了美国民众特别是中低收入群体实际购买力。美中贸易全国委员会研究显示，2015 年，中美贸易平均每年为每个美国家庭节省 850 美元成本，相当于美国家庭收入的 1.5%③。

为美国企业创造了大量商机和利润。中国是一个巨大而快速增长的市场，中美经贸合作为美国企业提供了大量商业机会。从贸易来看，根据美中贸易全国委员会发布的《2017 年度美各州对华出口报告》，2017 年中国是美国 46 个州的前五大货物出口市场之一，2016 年中国是美国所有 50 个州的前五大服务出口市场之一；2017 年每个美国农民平均向中国出口农产品 1 万美元以上。从投资来看，根据中国商务部统计，2015 年美国企业实现在华销售收入约 5170 亿美元，利润超过 360 亿美元；2016 年销售收入约 6068 亿美元，利润超过 390 亿美元。美国三大汽车制造商 2015 年在华合资企业利润合计达 74.4 亿美元。2017 年美系乘用车在华销量达到 304 万辆，占中国乘用车销售总量的 12.3%④，仅通用汽车公司在华就有 10 家合资企

①②③　美中贸易全国委员会和牛津经济研究院报告：《理解中美经贸关系》，2017 年 1 月。
④　中国汽车工业协会网站（http://www.auto-stats.org.cn）。

业，在华产量占到其全球产量的 40%①。美国高通公司在华芯片销售和专利许可费收入占其总营收的 57%，英特尔公司在中国（包括香港地区）营收占其总营收的 23.6%②。2017 年财年，苹果公司大中华地区营收占其总营收的 19.5%③。截至 2017 年 1 月，13 家美国银行在华设有分支机构，10 家美资保险机构在华设有保险公司。高盛、运通、美国银行、美国大都会人寿等美国金融机构作为中国金融机构的战略投资者，均取得了不菲的投资收益。根据中国证监会统计，中国境内公司到境外首发上市和再融资，总筹资额的 70%由美资投资银行担任主承销商或联席主承销商④。美国律师事务所共设立驻华代表处约 120 家。

促进了美国产业升级。在与中国经贸合作中，美国跨国公司通过整合两国要素优势提升了其国际竞争力。苹果公司在美国设计研发手机，在中国组装生产，在全球市场销售。根据高盛公司 2018 年的研究报告，如苹果公司将生产与组装全部移到美国，其生产成本将提高 37%⑤。从技术合作领域看，美国企业在中国销售和投资，使这些企业能够享受中国在云计算和人工智能等方面的应用成果，使其产品更好适应不断变化的全球市场⑥。中国承接了美国企业的生产环节，使得美国能够将更多资金等要素资源投入创新和管理环节，集中力量发展高端制造业和现代服务业，带动产业向更高附加值、高技术含量领域升级，降低了美国国内能源资源消耗和环境保护的压力，提升了国家整体竞争力。

总体来看，中美经贸合作是一种双赢关系，绝非零和博弈，美国企业和国民从中得到了实实在在的好处，美国一部分人宣称的"美国吃亏论"是站不住脚的。

---

① 通用汽车公司网站（http：//www.gmchina.com）。
② 英特尔公司网站（http：//www.intel.com）。
③ 苹果公司网站（http：//www.apple.com）。
④ 中国商务部：《关于中美经贸关系的研究报告》，第 31 页。
⑤ 高盛公司网站（http：//www.goldmansachs.com），《美国制造还是中国制造？处在十字路口的 25 年供应链投资》，2017 年 5 月。
⑥ 安佳·曼纽尔：《中国技术不是敌人》，《大西洋》月刊，2018 年 8 月。

二、中美经贸关系的事实

中美经贸交往规模庞大、内涵丰富、覆盖面广、涉及主体多元，产生一些矛盾分歧在所难免。两国应以全局综合的视角看待，从维护两国战略利益和国际秩序大局出发，以求同存异的态度妥善处理分歧，务实化解矛盾。但是，现任美国政府通过发布对华"301调查报告"等方式，对中国作出"经济侵略""不公平贸易""盗窃知识产权""国家资本主义"等一系列污名化指责，严重歪曲了中美经贸关系的事实，无视中国改革开放的巨大成绩和中国人民为此付出的心血汗水，这既是对中国政府和中国人民的不尊重，也是对美国人民真实利益的不尊重，只会导致分歧加大、摩擦升级，最终损害双方根本利益。

（一）不应仅看货物贸易差额片面评判中美经贸关系得失

客观认识和评价中美双边贸易是否平衡，需要全面深入考察，不能只看货物贸易差额。中国并不刻意追求贸易顺差，事实上，中国经常账户顺差与国内生产总值之比已由2007年的11.3%降至2017年的1.3%。中美货物贸易不平衡现象更多是美国经济结构和现有比较优势格局下市场自主选择的自然结果，解决这一问题需要双方共同努力进行结构性调整。美国无视影响中美经贸关系的多方面因素，片面强调两国货物贸易不平衡现象，将责任归咎于中国，是不公平、不合理的。

中美经贸往来获益大致平衡。中美双边货物贸易不平衡现象有一个历史演变过程。在20世纪80~90年代初期美国一直处于顺差地位，1992年之后中国转为顺差并持续增加。

在经济全球化深入发展、国际化生产普遍存在的今天，双边经贸关系内涵早已超出货物贸易，服务贸易和本国企业在对方国家分支机构的本地销售额（即双向投资中的本地销售）也应考虑进来。综合考虑货物贸易、服务贸易和本国企业在对方国家分支机构的本地销售额三项因素，中美双方经贸往来获益大致平衡，而且美方净收益占优（见图4）。根据中国商务部统计，2017年美国对华服务贸易顺差为541亿美元，美国在服务贸易方面占有显著优势。根据美国商务部经济分析局数据，2015 年美资企业在华销售额高达 4814 亿美元，远高于中资企业在美 256 亿美元的销售额，美国占有 4558 亿美元的优势，美国企业跨国经营优势更为突出。2018 年 6 月德意志银行发布的研究报告《估算美国和主要贸易伙伴之间的经济利益》认为，从商业利益角度分析，考虑到跨国公司的全球经营对双边经贸交往的影响，美国实际上在中美双边贸易交往过程中获得了比中国更多的商业净利益。根据其计算，扣除各自出口中其他国家企业子公司的贡献等，2017 年美国享有 203 亿美元的净利益①。

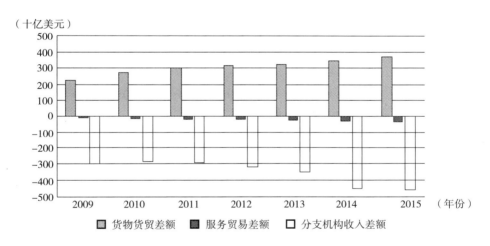

（十亿美元）

■ 货物货贸差额 ■ 服务贸易差额 □ 分支机构收入差额

图 4　2009~2015 年中美经贸往来获益大致平衡

数据来源：美国商务部经济分析局。

中美货物贸易差额是美国经济结构性问题的必然结果，也是由两国比较优势和国际分工格局决定的。中美双边货物贸易差额长期存在并不断扩大，是多重客观因素共同作用的结果，并不是中国刻意追求的结果。

第一，这是美国国内储蓄不足的必然结果。从国民经济核算角度看，一国经常项目是盈余还是赤字，取决于该国储蓄与投资的关系。美国经济

---

① 德意志银行：《估算美国和主要贸易伙伴之间的经济利益》，2018 年 6 月。

的典型特征是低储蓄、高消费，储蓄长期低于投资，2018 年第一季度，美国净国民储蓄率仅为 1.8%。为了平衡国内经济，美国不得不通过贸易赤字形式大量利用外国储蓄，这是美国贸易逆差形成并长期存在的根本原因。自 1971 年以来，美国总体上处于贸易逆差状态，2017 年与 102 个国家存在贸易逆差。美国贸易逆差是一种内生性、结构性、持续性的经济现象。美国目前对中国的贸易逆差，只是美国对全球贸易逆差的阶段性、国别性反映。

第二，这是中美产业比较优势互补的客观反映。从双边贸易结构看，中国顺差主要来源于劳动密集型产品和制成品，而在飞机、集成电路、汽车等资本与技术密集型产品和农产品领域都是逆差。2017 年，中国对美农产品贸易逆差为 164 亿美元，占中国农产品贸易逆差总额的 33%；飞机贸易逆差为 127.5 亿美元，占中国飞机贸易逆差总额的 60%；汽车贸易逆差为 117 亿美元。因此，中美货物贸易不平衡是双方发挥各自产业竞争优势的情况下市场自主选择的结果。

第三，这是国际分工和跨国公司生产布局变化的结果。随着全球价值链和国际分工深入发展，跨国公司利用中国生产成本低、配套生产能力强、基础设施条件好等优势，来华投资设厂组装制造产品，销往包括美国在内的全球市场。从贸易主体看，据中国海关统计，2017 年中国对美货物贸易顺差的 59% 来自外商投资企业。随着中国承接国际产业转移和融入亚太生产网络，中国在很大程度上承接了过去日本、韩国等其他东亚经济体对美的贸易顺差。据美国商务部经济分析局统计，日本、韩国等东亚经济体占美国总逆差的比值，由 1990 年的 53.3% 下降为 2017 年的 11%，同期中国对美贸易顺差的占比则由 9.4% 上升为 46.3%（见图 5）。

第四，这是美国对华高技术产品出口管制的结果。美国在高新技术产品贸易方面拥有巨大竞争优势，但美国政府基于冷战思维，长期对华实施严格的出口管制，人为抑制了美国优势产品对华出口潜力，造成美企业丧失大量对华出口机会，加大了中美货物贸易逆差。据美国卡内基国际和平

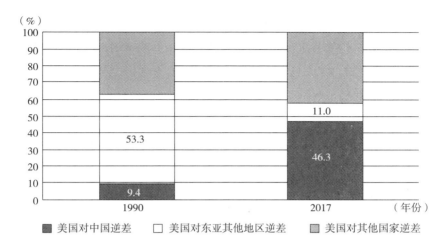

图 5   1990 年、2017 年美国对外贸易逆差的区域构成变化

数据来源：联合国商品贸易统计数据库和美国商务部经济分析局。

基金会 2017 年 4 月的报告分析①，美国若将对华出口管制放松至对巴西的水平，美国对华贸易逆差可缩减 24%；如果放松至对法国的水平，美国对华贸易逆差可缩减 35%。由此可见，美国高技术产品对华出口的潜力远未充分发挥，美国不是不可以减少对华贸易逆差，只是自己关闭了增加对华出口的大门。

第五，这是美元作为主要国际货币的结果。"二战"结束后确立了以美元为中心的布雷顿森林体系，一方面，美国利用美元"嚣张的特权"② 向世界各国征收"铸币税"，美国印制一张百元美钞的成本不过区区几美分，但其他国家为获得这张美钞必须提供价值相当于 100 美元的实实在在的商品和服务。另一方面，美元作为主要国际货币客观上需要承担为国际贸易提供清偿能力的职能，美国通过逆差不断输出美元。美国贸易逆差背后有其深刻的利益基础和国际货币制度根源。

此外，美国统计方法相对高估了中美货物贸易逆差额。中美双方的统

---

① 卡内基国际和平基金会：《美国对华出口的政治障碍与美中贸易赤字》，2017 年 4 月 10 日。

② 巴里·艾肯格林：《嚣张的特权：美元兴衰和国际货币体系的未来》，牛津大学出版社 2011 年版。

计差异长期存在，且差异较大。2017 年，中国统计对美货物贸易顺差为 2758 亿美元，美国统计对华逆差接近 3958 亿美元，相差 1000 亿美元左右。由中美两国商务部相关专家组成的统计工作组，每年就中美贸易统计差异进行一次比较研究。根据该工作组测算，美国官方统计的对华贸易逆差每年都被高估 20% 左右。根据中国海关和美国商务部普查局的统计，双方统计结果在最近十年来的走势和变动幅度大致相同（见图 6）。引起差异的原因包括进口价格和出口价格之间的差异、转口贸易增值、直接贸易加价、地理辖区、运输时滞等。

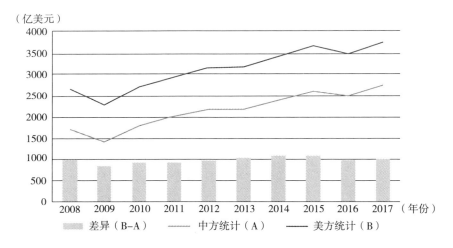

图 6　2008~2017 年双边货物贸易差额：中美官方统计数据

数据来源：中国海关统计和美国商务部普查局统计。

若以贸易增加值方法核算，美国对华逆差将大幅下降。中国对外贸易具有大进大出特点，中美贸易亦是如此。据中国商务部统计，从贸易方式看，中美贸易不平衡的 61% 来自加工贸易。中国在很多加工制成品出口中获得的增加值，仅占商品总价值的一小部分，而当前贸易统计方法是以总值（中国对美出口的商品全额）计算中国出口。世贸组织和经合组织等从 2011 年起倡导以"全球制造"新视角看待国际化生产，提出以"贸易增加值核算"方法分析各国参与国际分工的实际地位和收益，并建立了世界投入产出数据库。以 2016 年为例，据中国海关按照传统贸易总值的统计，中国对美顺差额为 2507 亿美元；但若根据世界投入产出数据库，从贸易增加值角度核算，中国对美贸易顺差为 1394 亿美元，较总值方法减少 44.4%。

（二）不应脱离世界贸易组织的互惠互利原则谈论公平贸易

近年来，美国从倡导"自由贸易"转向强调所谓"公平贸易"，并赋予其新解释。现任美国政府强调的所谓"公平贸易"不是基于国际规则，而是以"美国优先"为前提，以维护美国自身利益为目标。其核心是所谓"对等"开放，即各国在每个具体产品的关税水平和每个具体行业的市场准入上都与美国完全一致，寻求绝对对等。在美国政府看来，美国与其他国家市场开放"不对等"使美国处于不公平的贸易地位，并导致双边贸易不平衡。这种对等概念，与世界贸易组织的互惠互利原则并不一致。

世界贸易组织所提倡的互惠互利原则，考虑了各国发展阶段的差别。在世界贸易组织框架下，发展中成员享有差别和更优惠待遇。这种制度安排是在尊重发展中国家和地区发展权的基础上，积极吸纳新的发展中成员加入，以扩大成员数量、增强多边体制的包容性，也体现了以当期优惠换取后期开放的互惠原则。对于发展中成员而言，由于其处于发展初期阶段，需要对产业适度保护以促进良性发展，其市场随经济发展扩大后，也将为发达国家带来更多商业机会。发展中成员享有差别和更优惠待遇，符合包括发达成员在内的各国各地区长期利益，这种制度安排是真正意义上的国际公平。2001 年，中国通过多边谈判以发展中成员身份加入世界贸易组织，享受发展中成员待遇。十几年来，中国经济实现了快速发展，但仍然是一个发展中国家。由于中国有 13.9 亿人口，经济总量数据显得较为庞大，但这没有改变人均发展水平较低的现实。根据国际货币基金组织数据，2017 年中国人均国内生产总值 8643 美元，仅为美国的 14.5%，排在世界第 71 位。2017 年末中国还有 3046 万农村贫困人口。仅以中国经济和贸易总规模较大为依据，要求中国和美国实现关税绝对对等是不合理的。美国追求绝对对等的做法，违背了世界贸易组织最惠国待遇和非歧视性原则（见专栏 1）。

专栏1 所谓"对等"开放不符合世界贸易组织非歧视性原则

在世界贸易组织中，互惠互利原则与非歧视性原则（包括最惠国待遇原则与国民待遇原则）紧密相连。《马拉喀什建立世界贸易组织协定》以及《1994年关贸总协定》的序言中提到互惠互利安排，后面紧跟的是"实质性削减关税和其他贸易壁垒，消除国际贸易关系中的歧视待遇"，核心是要向所有世界贸易组织成员提供最惠国待遇，不能随意在世界贸易组织成员之间构成歧视。但在实践中，互惠互利原则常常遭到误读或滥用，在很多场合并非总是和最惠国待遇相容，成为歧视待遇的掩护。2018年2月12日，美国首次提出考虑征收"对等税"，对进入美国的某国某类产品征收该国进口美国同类产品时征收的同等关税。显然，这种同类对等的做法实际上是将互惠原则曲解成为针对单一产品的狭义性绝对对等。世界贸易组织所讲的"互惠"和美国所讲"对等"虽然在英文中是同一个词，却具有不同含义。如果全面实施对等税，将使美国针对来源于不同国家的同一产品征收不同关税，这与最惠国待遇原则相背离。如果仅仅针对少数高税率国家征收对等税，意味着美国不会给予这些国家最惠国待遇。

世界贸易组织所提倡的互惠互利原则，是各国就所有产业开放市场实现总体互惠和利益平衡，并非狭义局限于每个产业或产品承诺水平对等。由于资源禀赋、产业竞争力的差异，很难实现两个经济体绝对对等开放，不同产业关税水平是有差异的。如果按照美国绝对对等逻辑，美国自身也有大量不公平和不对等的情况。例如，中国对带壳花生、乳制品和货车征收的关税分别为15%、12%和15%~25%，而据世界贸易组织关税数据显示，美国相应的关税分别为163.8%、16%和25%，均高于中国（见表2）。

表2 中美部分关税税率对比 单位：%

类别 \ 税率	美国关税税率	中国关税税率
货车	25	15~25
乳制品	16	12
带壳花生	163.8	15

续表

类别 \ 税率	美国关税税率	中国关税税率
去壳花生	131.8	15
花生酱	131.8	30
针织衬衫	30	16、17.5

资料来源:《中华人民共和国进出口税则(2017年)》和世界贸易组织关税数据库。

事实上,中国在切实履行加入世界贸易组织承诺后,还主动通过单边降税扩大市场开放。截至2010年,中国货物降税承诺全部履行完毕,关税总水平由2001年的15.3%降至9.8%。中国并未止步于履行加入世界贸易组织承诺,而是通过签订自由贸易协定等方式推进贸易投资自由化,给予最不发达国家关税特殊优惠,多次以暂定税率方式大幅度自主降低进口关税水平。根据世界贸易组织数据,2015年中国贸易加权平均关税税率已降至4.4%,明显低于韩国、印度、印度尼西亚等新兴经济体和发展中国家,已接近美国(2.4%)和欧盟(3%)的水平;在农产品和制成品方面,中国已分别低于日本农产品和澳大利亚非农产品的实际关税水平(见表3)。2018年以来,中国进一步主动将汽车整车最惠国税率降至15%,将汽车零部件最惠国税率从最高25%降至6%;大范围降低部分日用消费品进口关税,涉及1449个税目,其最惠国平均税率从15.7%降至6.9%,平均降幅达55.9%。目前,中国关税总水平已进一步降为8%。

表3 中国贸易加权平均关税税率及国际比较　　　　单位:%

国家 \ 税率	全部	农产品	非农产品
日本	2.1	11.1	1.2
美国	2.4	3.8	2.3
欧盟	3.0	7.8	2.6
澳大利亚	4.0	2.4	4.1
中国	4.4	9.7	4.0
韩国	6.9	55.4	4.0

续表

税率 国家	全部	农产品	非农产品
印度尼西亚	6.8	7.8	6.7
印度	7.6	38.0	5.6

资料来源：世界贸易组织关税数据库。

美国所主张的"公平贸易"和"对等开放"，否定各国发展阶段、资源禀赋和优势产业的客观差异，无视发展中国家发展权，势必会对发展中国家经济和产业造成冲击，造成更大范围的不公平，最终也不利于美国企业扩大国际市场，分享发展中国家发展机遇。

中国加入世界贸易组织后，为世界经济发展做出了重要贡献。国际上有的人认为，中国加入世界贸易组织是占了便宜，其他国家吃了亏。事实上，中国加入世界贸易组织后，中国低成本劳动力、土地等资源与国际资本、技术相结合，迅速形成巨大生产能力，推动了全球产业链、价值链发展，促进了世界经济增长。在此期间，外商对华直接投资持续扩大，规模从 2001 年 468.8 亿美元，增加到 2017 年的 1363.2 亿美元，年均增长6.9%，跨国公司分享了中国经济发展的巨大机遇。与此同时，中国在经济快速发展过程中也在环境、产业调整等方面承担了较大成本。

（三）不应违背契约精神指责中国进行强制技术转让

中国改革开放以来，外国企业为了拓展新兴市场、节约生产支出、实现规模效益和延长技术获利时间，主动与中国企业建立合作伙伴关系，订立契约合同，把产能和订单向中国转移，这完全是基于商业利益的企业自愿行为。不能因为中国企业的技术进步，就把原本双方自愿的交易活动歪曲为强制技术转让，这既不符合历史事实，也是对契约精神的背弃。

中国与美国等发达国家合作过程中发生的技术转移，源自发达国家企业出于利益最大化考虑的主动技术转让及产业转移。产品生命周期理论表明，任何一种产品都会因新技术的应用而经历一个由盛到衰的生命周期。跨国公司在努力开发新技术的同时，需要不断向发展中国家转让已落后或是标准化了的技术，以延长依靠旧技术获取利润的时间，并为新技术研发应用腾出空间和要素资源，也间接分担研发成本，技术转让和许可是常用的商业合作模式。20世纪90年代以来，微软、英特尔、高通、宝洁、通用电气、朗讯等美国公司相继在中国设立研发机构，目的是更好适应和开发中国市场。多年来美国在华企业通过技术转让与许可获得了巨额利益回报，是技术合作的最大受益者。

在中外企业合作中，中国政府没有强制要求外商投资企业转让技术的政策和做法。中外企业技术合作和其他经贸合作完全是基于自愿原则实施的契约行为，双方企业都从中获得了实际利益。一般来说，外国企业技术收入有三种模式：①一次性转让，可以按转让价结算，也可以折价入股；②销售的设备、零部件或产品中，包括技术收入；③技术许可，收取许可费。比如，当一家具有技术优势的外国企业销售设备给中国企业，中国企业由于不掌握设备的某些技术，需要长期多次购买设备提供方的技术服务和零部件，在此情况下，中国企业愿意以一次性付费的方式向外方购买部分技术。这种技术转让要求，属于企业在成本效益核算基础上的正常议价谈判，无论分次支付技术费还是一次性支付技术费，都是国际商业技术交易中常见的做法。美国政府将外商投资企业通过订立商业合同与中国企业建立伙伴关系、转让或许可其技术、共同在中国市场上获得商业回报的自愿合作行为称为"强制技术转让"，完全是对事实的歪曲。

除此之外，中国在某些领域的股权合作符合中国的国际义务、各国惯例和实践，不能被混淆为"强制技术转让"。而且，近几年中国对外商投资的股权限制不断放开，外国企业自由选择权不断扩大（见专栏2）。在此过程中，中外企业股权合作仍然不断深化，完全是双方基于商业原因的自由选择。

专栏2　中国大幅放宽外商投资准入

2015年和2017年，中国两次修订《外商投资产业指导目录》，外商投资限制性措施缩减了65%至63条，禁止类条目只有28条。2018年6月28日，中国首次发布《外商投资准入特别管理措施（负面清单）（2018年版）》，清单长度由63条减至48条，共在22个领域推出新的开放措施。

在一些外商投资企业关注的领域，中国大幅度扩大了市场开放。在制造领域，船舶行业，包括设计、制造、修理各环节，取消外贸股比限制；飞机制造业，包括干线飞机、支架飞机、通用飞机、直升机、无人机、浮空器等，取消外资股比限制；汽车行业，取消专用车、新能源汽车外资股比限制，并将在未来 5 年内逐步取消汽车行业的全部股比限制。金融行业，取消了银行业外资股比限制，将证券公司、基金管理公司、期货公司、寿险公司的外资股比放宽至 51%，2021 年取消金融领域所有外资股比限制。

市场开放吸引了更多外商投资进入中国。2018 年 7 月 10 日，上海市政府和美国特斯拉公司签署合作备忘录，特斯拉将独资在上海建设美国之外的首个超级工厂。外资金融机构也加快布局中国市场。2017 年以来，已有富达、瑞银资管、富敦、英仕曼、贝莱德、施罗德等 14 家外资机构先后在中国登记成为私募证券投资基金管理人。2018 年 6 月 29 日，世界最大的对冲基金桥水基金在中国完成私募基金管理人登记，其在华私募业务正式启动。

世界贸易组织 2018 年 7 月发布的《中国贸易政策审议报告》认为，中国仍是最大的外商投资目的地之一，吸引外国直接投资连续多年保持上升。

美国政府关于中国"偷盗"先进技术的指责是对中国科技进步艰苦努力的污蔑。中华民族是勤劳智慧、善于创造的民族，中国政府高度重视科学技术和教育发展，中国科技进步是中国长期实施科教兴国战略和创新驱动发展战略的结果，是全体人民特别是科技工作者辛勤劳动的成果。2000 年以来，中国全社会研发经费投入以年均近 20% 的速度增长。2017 年，中国全社会研发经费投入 1.76 万亿元，仅次于美国，位居全球第二，占国内生产总值的比重达到 2.13%[1]，已经接近经合组织国家平均水平。中国有 2613 所高等学校，10.9 万家各类研发机构，超过 621 万名研发人员，2017 年研发人员全时当量达 403 万人，其中企业占 77.3%。[2] 2017 年，有 113 家中国企业进入"2017 全球创新 1000 强"榜单[3]，仅次于美国、日本，位居

---

[1][2] 中国国家统计局数据。
[3] 普华永道会计事务所所属思略特管理咨询公司：《2017 全球创新 1000 强》。

全球第三。世界知识产权组织2018年7月发布的"2018全球创新指数"排名中，中国由2016年的第22名升至第17名[①]。2017年，中国专利申请369.8万件，授予专利权183.6万件[②]；发明专利申请量达138.2万件，同比增长14.2%，连续7年居世界首位[③]；根据世界知识产权组织公布的数字，2017年中国通过《专利合作条约》途径提交的国际专利申请量达4.9万件，仅次于美国。有10家中国企业进入企业国际专利申请量前50位。美国前财政部长、著名经济学家拉里·萨默斯说："你问我中国的技术进步来自哪里，它来自于那些从政府对基础科学巨额投资中受益的优秀企业家，来自于推崇卓越、注重科学和技术的教育制度。它们的领导地位就是这样产生的，而不是通过在一些美国公司持股产生的。"[④]

（四）不应抹杀中国保护知识产权的巨大努力与成效

中国在保护知识产权上的态度是明确而坚定的，在立法、执法和司法层面不断强化保护[⑤]，取得了明显成效。美国政府2016年以前的官方报告，也积极肯定中国在知识产权保护方面取得的成绩。中国与美国商会所做的年度商务环境调查显示，其会员企业在华运营的主要挑战中，知识产权侵权行为已由2011年的第7位降低到2018年的第12位。近期美国政府对中国知识产权保护的指责是有悖于事实的，完全抹杀了中国保护知识产权的巨大努力与成效。

中国建立并不断完善知识产权法律体系，法律保护力度不断提高。中国在较短时间内建立起一套完备且高标准的知识产权法律体系，走过了发达国家通常几十年甚至上百年才完成的立法路程。目前已经建立了从法律、规划、政策到执行机构等知识产权保护、运用和管理的完整体系。世界知识产权组织前总干事阿帕德·鲍格胥博士曾评价称，"这在知识产权发展史

---

① 康奈尔大学、欧洲工商管理学院、世界知识产权组织：《全球创新指数2018》。
② 中国国家统计局：《中国2017年国民经济和社会发展统计公报》，2018年2月28日。
③ 中华人民共和国国务院新闻办公室：2017年中国知识产权发展状况新闻发布会，2018年4月24日。
④ 美国全国广播公司网站（https：//www.cnbc.com）。
⑤ 中华人民共和国国务院新闻办公室：《中国与世界贸易组织》白皮书，2018年6月。

上是独一无二的"。2013 年，中国修订了《商标法》，增加了惩罚性赔偿制度，将法定赔偿限额从 50 万元提高至 300 万元，保护力度大幅度提高。自 2014 年启动的《专利法》第四次全面修改工作，提出了加强专利权保护的相关建议措施，包括加大对侵权行为的惩罚力度、完善证据规则、完善行政保护措施、加强网络环境下专利保护等。2017 年修订《反不正当竞争法》，进一步完善了商业秘密的保护，明确市场混淆行为，拓宽对标识的保护范围，同时强化了对有关违法行为的法律责任。2017 年 10 月 1 日，《中华人民共和国民法总则》施行，该法规定："民事主体依法享有知识产权"，并明确规定商业秘密属于知识产权，加强了对商业秘密的保护。

加强知识产权司法保护，充分发挥司法保护主导作用。2014 年，中国在北京、上海、广州设立了专门的知识产权法院，跨区域管辖专利等知识产权案件。自 2009 年以来，中国共设立了天津、南京、苏州、武汉、西安等 16 个知识产权法庭，有效提升了知识产权专业化审判水平。2013 年至 2017 年，中国法院共新收各类知识产权案件 813564 件，审结 781257 件。2017 年，中国法院共新收一审知识产权案件 213480 件，结案 202970 件，分别比上年增加 46% 和 43%[①]。中国已经成为世界上审理知识产权案件尤其是专利案件最多的国家。中国依法平等保护中外当事人合法权益。2016 年，中国法院共审结涉外知识产权民事一审案件 1667 件，同比上升 25.6%（见专栏 3)[②]。中国处理涉外知识产权案件的审理周期是全世界最短的国家之一，北京知识产权法庭平均为 4 个月。由于司法程序快捷，目前中国法院已被国际上视为知识产权诉讼较为可取的诉讼地，北京知识产权法院受理的案件中有相当一部分双方当事人都是外国人。

---

① 中国最高人民法院数据。
② 中国国家知识产权局：《2016 年中国知识产权保护状况》。

专栏 3 中国法院依法审理涉外知识产权案件

中国法院依法公开开庭审理了"乔丹"商标争议行政纠纷系列案件、迪奥立体商标行政纠纷案等一批重大、疑难、新类型案件，邀请了包括世界知识产权组织官员、有关国家驻华使节等到最高人民法院旁听庭审，表明了中国法院坚持开放透明、坚持平等保护中外权利人合法权益，坚定不移加强知识产权司法保护，维护激励创新和公平竞争市场环境的鲜明态度。

2013 年，上海市中级人民法院审理美国礼来公司、礼来（中国）研发公司诉黄孟炜侵害技术秘密纠纷一案，依法作出诉中行为保全裁定（诉中禁令），判令被告立即停止侵权行为，并在生效判决中认定被告构成商业秘密侵权行为，承担法律责任。

知识产权行政主管部门采取了积极主动的保护措施，行政执法力度持续加强。中国实施行政、司法双轨制保护，知识产权权利人不仅可以寻求司法保护，还可以寻求行政保护。中国国家知识产权局积极构建集快速审查、快速确权、快速维权于一体的快速协同保护体系，建成了基本覆盖全国的"12330"知识产权维权援助与举报投诉网络。专利、商标、版权行政执法部门开展了强有力的主动执法，有效保护了知识产权权利人合法权益。2011 年 11 月，中国国务院印发《关于进一步做好打击侵犯知识产权和制售假冒伪劣商品工作的意见》，成立了全国打击侵犯知识产权和制售假冒伪劣商品工作领导小组，形成由 29 个部门参与的常态机制。2018 年，中国重新组建国家知识产权局，商标、专利执法由市场监管综合执法队伍承担，执法力量得到整合与加强。

中国日益加强的知识产权保护为外国企业在华创新提供了有效保障。国外来华发明专利申请受理量从 2012 年的 117464 件增加到了 2017 年的 135885 件①。来自国外的商标注册申请量从 2013 年的 9.5 万件增加到了 2017 年的 14.2 万件，同期存量商标到期续展申请量从 1.4 万件增加到了

① 中国国家知识产权局：《统计年报 2012》《专利业务工作及综合管理统计月报 2017》，其中 2017 年数据为发明专利申请量。

2.0 万件①。美国彼得森国际经济研究所认为，中国知识产权保护状况不断改善，过去十年间中国使用外国技术支付的专利授权和使用费增长 4 倍，2017 年为 286 亿美元，排名全球第四，其中为本国境内使用的外国技术支付费用的规模仅次于美国，排名全球第二②。

美国企业因中国有效保护知识产权获益丰厚。根据美国商务部经济分析局统计，2016 年中国向美国支付知识产权使用费 79.6 亿美元。中国国家版权局、商务部和国家市场监督管理总局数据显示，2012~2016 年，中国自美国引进版权近 2.8 万项。在商标方面，2002~2016 年，美国在华申请转让商标 5.8 万余件，占中国商标转让申请总数 4.54%。在文化方面，中国国家广播电视总局数据显示，2017 年中国进口美国影片 31 部，给美国带来近 6.5 亿美元收入。

中国知识产权保护成效得到了国际社会的积极肯定。2011 年，中国海关被全球反假冒组织授予全球唯一的"反假冒最佳政府机构奖"。2012 年，中国公安部经侦局被全球反假冒组织授予"2012 年度全球反假冒执法部门最高贡献奖"。2011 年 5 月 9 日，美国前总统奥巴马表示："中方在保护知识产权等方面取得了良好进展。美方愿向中国和其他国家出口更多高科技产品，这符合双方的利益。"③ 2018 年 2 月，美国商会全球知识产权中心发布《2018 年国际知识产权指数发展报告》，该报告分 40 个指标对全球范围内 50 个经济体知识产权保护环境进行评价，中国位居第 25 位，较 2017 年上升 2 位。

（五）不应将中国政府鼓励企业"走出去"歪曲为一种推动企业通过并购获取先进技术的政府行为

中国政府鼓励企业"走出去"开展国际经济交流合作符合世界贸易组织的规则。随着中国企业经营能力提高，根据企业配置资源和开拓市场需

---

① 中国国家工商行政管理总局商标局：《中国商标品牌战略年度发展报告（2017）》。

② 尼古拉斯·拉迪：《中国：强制技术转移和盗窃？》，彼得森国际经济研究所，2018 年 4 月 20 日。

③ 中国中央政府门户网站（http://www.gov.cn），2011 年 5 月 10 日。

要，越来越多企业开始自主向海外发展，这符合经济全球化潮流。与世界上其他国家和地区一样，中国政府支持有实力、有条件的企业，在遵守东道国法律法规和国际规则的前提下，对外投资和拓展国际市场，政府为企业对外投资合作提供便利化的服务。美国将中国政府支持企业"走出去"，判定为一种推动企业通过并购获取别国先进技术的政府行为，是缺乏事实依据的。

此外，中国对美直接投资中，技术寻求型投资占比实际上很低。据美国企业研究所的统计，2005~2017年，中国企业在美232项直接投资中，仅有17项涉及高技术领域，其他大部分分布在房地产、金融以及服务业等领域①。

（六）不应脱离世界贸易组织规则指责中国的补贴政策

中国认真遵守世界贸易组织关于补贴政策的规则。补贴政策作为应对市场失灵和解决经济发展不平衡问题的手段之一，被包括美国在内的许多国家和地区普遍使用。加入世界贸易组织以来，中国一直积极推进国内政策领域的合规性改革，切实履行世界贸易组织《补贴与反补贴措施协议》各项义务。

中国遵守世界贸易组织关于补贴的透明度原则，按照要求定期向世界贸易组织通报国内相关法律、法规和具体措施的修订调整和实施情况。截至2018年1月，中国提交的通报已达上千份，涉及中央和地方补贴政策、农业、技术法规、标准、知识产权法律法规等诸多领域。2016年7月，中国政府按照有关规则，向世界贸易组织提交了2001~2014年地方补贴政策通报，涵盖19个省和3个计划单列市的100项地方补贴政策。2018年7月，又向世界贸易组织提交了2015~2016年中央和地方补贴政策通报，地方补贴通报首次覆盖全部省级行政区域。

为企业营造公平竞争的政策环境。近年来，中国政府一直致力于推进产业政策的转型。2016年6月，中国国务院发布了《关于在市场体系建设中建立公平竞争审查制度的意见》，要求规范政府行为，防止出台新的排

① 美国企业研究所网站（http://www.aei.org），《中国在美国的投资》。

除、限制竞争的支持措施，并逐步清理废除已有的妨碍公平竞争的规定和做法。2017 年 1 月，《国务院关于扩大对外开放积极利用外资若干措施的通知》进一步要求，各部门制定外资政策要进行公平竞争审查。2018 年 6 月，《国务院关于积极有效利用外资推动经济高质量发展若干措施的通知》（以下简称《通知》）提出，全面落实准入前国民待遇加负面清单管理制度，负面清单之外的领域，各地区各部门不得专门针对外商投资准入进行限制。《通知》要求，保护外商投资合法权益，完善外商投资企业投诉工作部际联席会议制度，建立健全各地外商投资企业投诉工作机制，及时解决外商投资企业反映的不公平待遇问题，各地不得限制外商投资企业依法跨区域经营、搬迁、注销等行为。

中国农业市场化程度持续提高。2015 年，中国国家发展改革委宣布放开烟叶收购价格，标志着中国在农产品价格领域已完全取消了政府定价。2004 年以来，在市场定价、自由流通的基础上，中国政府为维护农民基本生计，当市场严重供大于求、价格过度下跌时，对部分农产品实行托市收购制度。近年来，中国政府加大了对托市收购政策的改革力度，定价机制更加市场化（见专栏 4）。

专栏 4 中国的农业支持政策改革

在 2014~2016 年改革试点的基础上，2017 年 3 月，中国国家发展改革委、财政部印发《关于深化棉花目标价格改革的通知》，调整 2017~2019 年新疆棉花目标价格补贴方式，限定了有资格接受棉花目标价格补贴的产量，目标价格定价周期由"一年一定"调整为"三年一定"，棉花补贴政策已转型为"蓝箱"措施。

中国虽然还保留对水稻和小麦的最低收购价政策，但近年来已连续下调最低收购价。同时，中国政府还加大了对财政支付性补贴的改革力度，突出绿色生态导向。2015 年 5 月，中国财政部和农业部印发《关于调整完善农业三项补贴政策的指导意见》，将 80% 的农资综合补贴存量资金，加上种粮农民直接补贴和农作物良种补贴资金，用于支持耕地地力保护；将 20% 的农资综合补贴存量资金，加上种粮大户补贴试点资金和农业"三项补贴"增量资金，近几年重点支持建立完善农业信贷担保体系。

三、美国政府的贸易保护主义行为

美国存在大量扭曲市场竞争、阻碍公平贸易、割裂全球产业链的投资贸易限制政策和行为，有损以规则为基础的多边贸易体制，并严重影响中美经贸关系正常发展。

（一）歧视他国产品

美国大量监管政策违反公平竞争原则，歧视他国产品，具有明显的利己主义和保护主义倾向。美国通过立法直接或间接限制购买其他国家产品，使他国企业在美遭受不公平待遇，中国企业是其中的主要受害者。

美国产品市场的公平竞争环境不如多数发达国家，甚至逊于一些发展中国家。根据经合组织发布的 2013 年"产品市场监管指标"[①] 对 35 个经合组织国家进行排名，前 3 位是荷兰、英国和澳大利亚。美国只排在第 27 位，反映出美国市场监管政策对产品市场公平竞争存在较多障碍。而在加入 12 个非经合组织国家的指标后，美国在 47 个国家中仅列第 30 位，其产品市场公平竞争环境不及立陶宛、保加利亚和马耳他等非经合组织国家。

美国对他国产品的歧视程度远高于大多数发达国家，甚至也高于一些发展中国家。根据"产品市场监管指标"二级指标"国外供应商差别待遇指标"[②] 对 35 个经合组织国家进行排名，2013 年美国排在第 32 位，表明美国产品市场对外国存在严重歧视。若包括 12 个非经合组织国家的指标，美国在 47 个国家中排名第 39 位，歧视程度比巴西、保加利亚、塞浦路斯、印

---

① "产品市场监管指标"（Indicators of Product Market Regulation），衡量的是各国市场监管政策对产品公平竞争的阻碍程度，得分越高表示阻碍越大。该指标根据"政府的控制程度""对创业的阻碍""对贸易和投资的阻碍"三个部分综合评分。自 1998 年开始，该指标每五年统计一次，目前已纳入统计年份包括 1998 年、2003 年、2008 年和 2013 年。数据采集使用的是问卷调研方式，由各国官方相关人士填写。该指标统计范围包括 35 个经合组织国家和 12 个非经合组织国家。这里的产品实际上也包含服务的内容。

② "国外供应商差别待遇指标"（Differential Treatment of Foreign Suppliers），属于"产品市场监管指标"中"对贸易和投资的阻碍"部分的二级指标，根据对航运、陆运和空运的限制，对国外专业人士从业的限制，对国外相关主体申诉的限制，对反竞争行为的限制，监管政策壁垒以及贸易便利化措施进行综合评分，反映一国市场对他国产品的歧视程度，得分越高表示歧视越严重。

度、印度尼西亚和罗马尼亚等非经合组织国家更高①（见图7）。

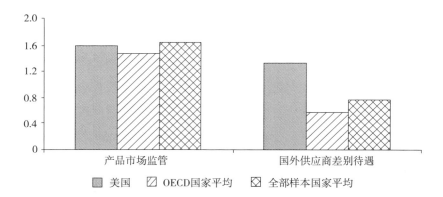

图7　美国市场监管政策对产品市场公平竞争的阻碍程度

数据来源：经合组织，Indicators of Product Market Regulation，2013年。

　　美国通过立法严格要求政府部门采购本国产品，并对采购他国产品设置歧视性条款。例如，《购买美国产品法案》规定，美国联邦政府机构仅能采购在美国生产的加工最终产品以及在美国开采或生产的未加工品②。《美国法典》规定，针对申请联邦政府或州政府资助的公共交通项目，必须使用美国国产的铁、钢和制成品③。《农业、农村发展、食品和药品管理及相关机构拨款法案》规定，拨款资金不得为学校午餐、儿童成人关照食品、儿童夏日食品服务、学校早餐等项目购买从中国进口的生的或加工过的家禽产品。④《国防授权法案》以国家安全为由，规定禁止联邦政府采购中国企业提供的通信设备和服务⑤。

（二）滥用"国家安全审查"，阻碍中国企业在美正常投资活动

　　美国是全球范围内最早对外国投资实施安全审查的国家。1975年，美

---

　　①　经合组织网站（http：//www.oecd.org）。
　　②③　美国白宫网站（http：//uscode.house.gov），《购买美国产品法案》，该法案也对可适当放松限制的情况做了补充说明。
　　④　美国国会网站（https：//www.congress.gov），《农业、农村发展、食品和药品管理及相关机构拨款法案》。
　　⑤　美国国会网站（https：//www.congress.gov），《国防授权法案》。

国专门成立外国投资委员会，负责监测外国投资对美国的影响。1988 年，美国通过《埃克森—弗洛里奥修正案》，对《1950 年国防生产法》进行了修正，授权美国总统及其指派者对外资并购进行审查。《2007 年外商投资与国家安全法案》扩充了外国投资委员会①，扩大其安全审查范围。从半个多世纪的立法过程看，美国对外国投资实施安全审查的主线就是收紧法规政策，扩大监管队伍和审查范围，近期特别针对中国强化了审查和限制。

在外商投资安全审查实践中，美国"国家安全审查"的依据模糊不清，审查力度不断加大。根据美国外国投资委员会的历年外资安全审查报告②，2005~2008 年审查外国投资交易案例 468 起，其中需要进入调查阶段的案例 37 起，占比仅 8%。但自 2008 年美国财政部发布《外国人合并、收购和接管规制：最终规则》③ 以后，2009~2015 年审查的 770 起案例中，需要进入调查阶段的达到 310 起，占比陡然提高到 40%。尤其是在最新披露的 2015 年数据中，这一比例进一步提高到 46%，处于较高水平（见图 8）。

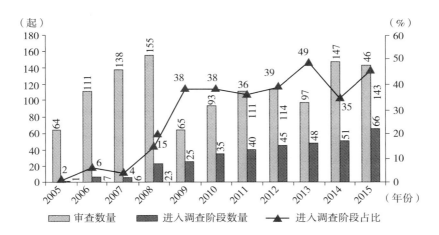

图 8　2005~2015 年美国外国投资委员会审查案例和进入调查阶段案例统计

数据来源：美国外国投资委员会披露的历年外资安全审查报告。

---

① 美国国会网站（https：//www. congress. gov），《2007 年外商投资与国家安全法案》。
② 根据美国外国投资委员会（CFIUS）向美国国会提交的年度报告整理，美国财政部网站（https：//www. treasury. gov）。
③ 美国财政部网站（https：//www. treasury. gov）。

中国企业是美国滥用国家安全审查的主要受害者之一。美国外国投资委员会成立以来，美国总统根据该委员会建议否决的4起投资交易均系针对中国企业或其关联企业。2013~2015年，美国外国投资委员会共审查39个经济体的387起交易，被审查的中国企业投资交易共74起，占19%，连续三年位居被审查数量国别榜首。从近年来美国否决和阻止中国企业投资的数据来看（见表4和表5），美国外国投资委员会对华投资审查范围已从半导体、金融行业扩大至猪饲养等食品加工业。加上其审查程序不透明、自由裁量权极大、否决原因披露不详等因素，以"危害国家安全"为由阻碍正常交易的情况更为严重。

表4　1990~2018年被美国否决的中资海外并购交易

年份	买方	标的	行业
1990	中国航空技术进出口公司	美国西雅图飞机零部件制造商 MAMCO	制造业
2012	三一重工关联企业美国罗尔斯公司	美国俄勒冈州风电场	能源
2016	福建宏芯投资基金	德国芯片设备制造商爱思强公司（美国分公司）	半导体
2017	峡谷桥1号基金	美国俄勒冈州莱迪思半导体公司	半导体

资料来源：根据公开信息整理。

表5　2005~2018年因美国外国投资委员会审查而被撤销的部分中资海外并购交易

年份	买方	标的	行业
2005	中国海洋石油有限公司	美国优尼科公司	能源
2008	中国华为公司联合贝恩资本	美国电信设备制造商	通信
2009	中国西色国际投资有限公司	美国优金采矿公司	能源
2010	中国唐山曹妃甸投资公司	美国光纤制造商安科	通信
2010	中国鞍山钢铁集团	美国钢铁发展公司	制造业
2010	中国华为	美国服务器技术公司	通信
2016	中国金沙江创投财团	荷兰皇家飞利浦旗下 Lu-mileds 公司（含美国业务）	制造业
2017	中国 TCL 集团	美国 Novatel Wireless 旗下 MIFI	通信

续表

年份	买方	标的	行业
2017	中国四维图新联合腾讯、新加坡政府投资基金	荷兰数字地图供应商 HERE（含美国业务）	地图
2017	中国海航集团	美国全球鹰娱乐有限公司	娱乐
2017	中国忠旺集团	美国爱励铝业	制造业
2018	中国蚂蚁金服集团	美国速汇金公司（Money-Gram）	金融
2018	中国大北农科技集团	美国种猪销售公司（Waldo cenetics）	农业
2018	中国蓝色光标	美国大数据营销公司（Cogint）	互联网
2018	中国重型汽车集团	美国 UQM 科技股份有限公司	制造业
2018	中国海航资本	美对冲基金公司天桥资本（Sky Bridge Capital）	金融

资料来源：根据公开信息整理。

美国新立法进一步加强外资安全审查。2018 年 8 月 13 日，美国总统签署了《2019 财年国防授权法案》，作为其组成部分的《外国投资风险审查现代化法案》赋予了外国投资委员会更大审查权，包括扩大受管辖交易范围、扩充人员编制、引入"特别关注国"概念、增加考虑审查因素等，投资审查收紧趋势明显。其中，特别要求美国商务部在 2026 年前每两年提交一份关于中国企业在美投资情况的分析报告①。

（三）提供大量补贴，扭曲市场竞争

美国联邦和地方政府对部分产业和企业提供大量补贴、救助和优惠贷款，这些补贴行为在很大程度上阻碍了市场的公平竞争。根据美国补贴监控组织"好工作优先"统计，2000~2015 年，美国联邦政府以拨款、税收抵免等方式至少向企业补贴了 680 亿美元，其中 582 家大公司获得的补贴占总额的 67%②。同一时期，美国联邦机构向私人部门提供了数千亿美元的贷款、贷款担保和救助援助。享受美国政府补贴的行业十分广泛，在列入统计的 49 个行业中，汽车、航空航天和军工、电气和电子设备、油气、金融服务、化工、金属、零售、信息技术等均在前列③。美国州和地方政府也给

---

① 美国国会网站（https：//www.congress.gov）。

②③ 好工作优先组织网站（https：//subsidytracker.goodjobsfirst.org）。

予了企业大量补贴。由于州政府在补贴方面基本不受联邦政府的管辖，其补贴方式及金额透明度低，具有较大隐蔽性，实际补贴额远高于其披露数额。

在航空领域，美国波音公司 2000 年以来获得联邦和州（地方）政府的定向补贴金额 145 亿美元；2011 年以来获得来自各级政府的贷款、债券融资、风险投资、贷款担保、救助等 737 亿美元①（见专栏 5）。

专栏 5 欧盟诉美国民用飞机补贴案

2004 年和 2005 年，欧盟两次要求与美国就其向波音公司提供补贴进行磋商。2006 年，世界贸易组织成立专家组（DS353）。2012 年 3 月，世界贸易组织上诉机构发布裁决，认定美国以联邦政府部门研发资助、各级政府税收优惠等形式，由美国国家航空航天局、美国国防部、美国商务部等部门和美国华盛顿州、堪萨斯州、伊利诺伊州等地区长期向波音公司提供了超过 53 亿美元的非法补贴，要求美国修改其补贴政策，以使其措施符合世界贸易组织协定的要求。美国表示愿意遵照执行裁决，时限为 6 个月。2013 年 11 月，美国华盛顿州修改当地税务法律，宣布延长针对本国航空企业的税务优惠政策，以期留住波音设在此地的飞机装配工厂。而后欧盟多次提出诉讼，认为美国没有履行承诺。

2017 年 6 月 9 日，世界贸易组织发布裁决报告，裁定华盛顿州仍存在对波音公司的违规补贴行为。报告指出，美国华盛顿州针对波音公司实施的减税政策使空中客车家族 A320neo 和 A320ceo 系列飞机在大型民用飞机市场蒙受重大损失，同时对 A320ceo 出口至美国和阿联酋等市场造成巨大阻力。这一政策违反了美国在 2012 年作出的遵照执行波音公司补贴案相关裁决的承诺。

在汽车行业，美国联邦和州政府均有对汽车的扶持政策，并向大型汽车企业提供巨额救助和变相补贴。国际金融危机期间，美国政府在"不良资产援助计划"下设立"汽车产业资助计划"（AIFP），为大型汽车企业提供了近 800 亿美元的资金救助②。2007 年，美国能源部依据《2007 年能源独立和安全法案》第 136 条款制定了"先进技术汽车制造贷款项目"，美国

---

① 好工作优先组织网站（https：//subsidytracker. goodjobsfirst. org）。
② 美国财政部网站（http：//www. treasury. gov）。

国会对该项目的授权贷款总额达到 250 亿美元①。特斯拉公司自 2000 年以来得到美国联邦和州（地方）政府超过 35 亿美元的补贴②。

在计算机和半导体制造领域，美国事实上早就在执行由政府引导的产业政策。20 世纪 80 年代，美国政府对美国半导体制造技术战略联盟拨款 10 亿美元，以创造具有"超前竞争性"的技术，保持美国技术领先地位，避免过度依赖外国供应商。苹果公司研发的几乎所有产品，包括鼠标、显示器、操作系统、触摸屏等，都得到了美国政府部门的支持，甚至有些直接萌芽于政府实验室。

在军工领域，美国对军工企业提供了包括税收优惠、贷款担保、采购承诺等不同形式的支持，对濒临破产的大型军工企业提供临时性政府贷款、企业重组基金、破产保护、过渡基金和债务减免等优惠政策。《2014 年美国国防生产法案》规定，"总统可授权担保机构向私营机构提供贷款担保，以资助该担保机构认定的，对建立、维护、扩大、保护或恢复国防所需生产或服务至关重要的任何军工承包商、分包商、关键基础设施或其他国防生产供应商等"。2016 年，全球最大的军工企业洛克希德·马丁公司获得康涅狄格州 2 亿美元资金支持。

在农业领域，美国长期对农业实施高额财政补贴政策，世界上绝大多数农业补贴政策均起源于美国。根据乌拉圭回合谈判的结果，美国可在 191 亿美元的补贴上限内对各单项产品提供"黄箱"补贴。凭借雄厚的财力和充裕的补贴空间，美国对其大量出口的农产品提供了高额补贴。这些补贴影响了世界农产品的公平竞争，多次遭到相关国家挑战，巴西与美国之间历时 12 年之久的陆地棉补贴案就是典型代表。2014 年，美国对农业补贴政策作出重大调整，以"价格损失保障计划"和"农业风险保障计划"替代原有的"反周期支付"等直接补贴计划，但仍与价格挂钩，"黄箱"补贴的性质并未变化，而支持水平却持续增加。美国农业部前首席经济学家约瑟夫·格劳勃等指出，这两种保障计划设定的参考价格均高于过去的目标价

---

① 美国能源部网站（http：//www.energy.gov）。

② 好工作优先组织网站（https://subsidytracker.goodjobsfirst.org）。

格，实际是提高了补贴支持水平①。美国国会研究局的测算表明，两项保障计划 2015 年和 2016 年支出分别为 101 亿美元和 109 亿美元，而且 2016～2017 年度支持水平超出了 2014 年新法案出台前的水平②。其中，对各单项产品支持的总金额接近 150 亿美元，为近 10 年的最高水平③。此外，美国还通过各类信用担保计划促进农产品出口，并通过各类非紧急粮食援助计划将大量过剩农产品转移到国外，导致了严重的商业替代，对受援国当地农产品市场造成严重干扰，侵害了其他农产品出口国的利益。

（四）使用大量非关税壁垒

世界贸易组织并不完全禁止对国内产业实行保护，但原则是削减非关税壁垒、提升政策措施透明度，使其对贸易的扭曲减少到最低限度。美国采用大量更具隐蔽性、歧视性和针对性的非关税壁垒，对国内特定市场施以严格保护，明显扭曲了贸易秩序和市场环境。

根据世界贸易组织统计，美国当前已通报的卫生和植物检疫以及技术性贸易壁垒措施分别有 3004 项和 1574 项，占全球的比重分别高达 18% 和 6.6%（见图 9）。联合国贸发组织 2018 年 6 月 29 日的报告《对贸易监管数据的分析揭露新的重大发现》④ 中提到，要把一棵树进口到美国，需满足 54 项卫生和植物检疫措施相关要求。这些措施严重影响了货物通关效率，增加了贸易成本。

（五）滥用贸易救济措施

根据世界贸易组织规定，成员方在进口产品存在倾销、补贴或进口过快增长对国内产业造成损害的情况下，可以使用贸易救济措施，但有严格限定条件。美国大量使用贸易救济措施对本国产业实施保护，其中相当大一部分针对中国。

---

① 约瑟夫·格劳勃、帕特里克·韦斯特霍夫：《2014 年农场法案与世贸组织》，《美国农业经济学杂志》，2015。

② 兰迪·施奈普夫：《农场法案条款与世界贸易组织合规》，美国国会研究局，2015 年 4 月 22 日。

③ 兰迪·施奈普夫：《2014 年农场法案下的农场安全网支出》，美国国会研究局，2017 年 8 月 11 日。

④ 联合国贸发组织网站（http：//unctad.org）。

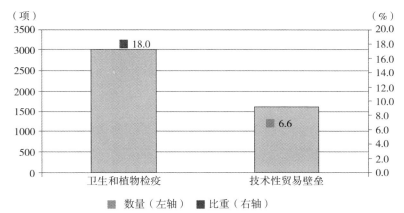

图 9　美国的非关税壁垒措施及占全球的比重

数据来源：世界贸易组织数据库。

　　美国贸易保护主义措施增多，在全球占比不断提高。全球贸易预警（Global Trade Alert）统计数据显示，2017 年，全球共有 837 项新的保护主义干预措施，其中美国出台 143 项措施，占全球总数的 17.1%。2018 年 1 ~ 7 月底，美国出台的保护主义措施占全球比重达到 33%（见图 10）。

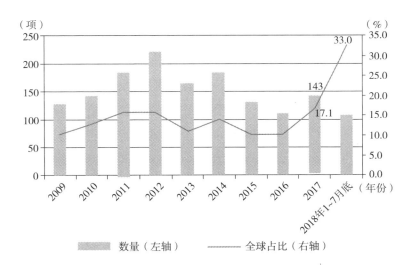

图 10　2009 年至 2018 年 1 ~ 7 月底美国每年新增贸易保护主义措施及占全球比重

数据来源：全球贸易预警。

美国国际贸易委员会的统计数据显示，截至 2018 年 7 月 17 日，美国仍在生效的反倾销和反补贴措施共有 44 项（见图 11），其中 58% 是 2008 年金融危机以来新采取的"双反"措施，主要针对中国、欧盟和日本。

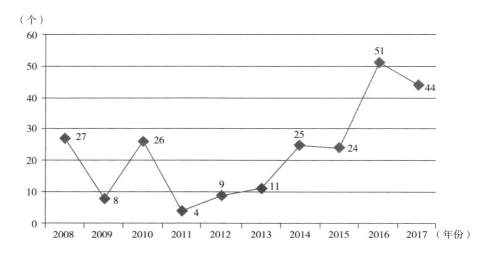

图 11　2008~2017 年美国采取的反倾销和反补贴措施数目

数据来源：美国国际贸易委员会。

在反倾销调查中，美国拒不履行《中国加入世贸组织议定书》第 15 条约定的义务，继续依据其国内法，对中国适用"替代国"做法。根据美国国会问责局的测算，被认定为市场经济的国家所适用的反倾销税率明显低于非市场经济国家。一般来说，美国对中国的反倾销税平均税率是 98%，而对市场经济国家的平均税率为 37%[①]。2018 年以来，美国作出 18 项涉及中国产品的裁决，其中 14 项税率都在 100% 以上。此外，美国在替代国的选择上也具有较大随意性[②]。中国出口商在美国的倾销调查中受到严重不公正

[①]　美国国会问责局 2006 年发布的报告《美中贸易——取消非市场经济方法将降低部分企业反倾销税》。

[②]　曾经担任过 1981~1983 年美国国际贸易管理署副部长助理的加里·霍利克先生曾向国会财政委员会这样描述替代国选择：当一个人得出结论时，往往凭借的是一种感性认识，如对中国的毛巾案中，我们列举了巴基斯坦、泰国、马来西亚、民主德国、哥伦比亚和印度作为替代国，但这种列举没有任何理性可言。

和歧视性对待。

四、美国政府的贸易霸凌主义行为

美国作为"二战"结束后国际经济秩序和多边贸易体制的主要建立者和参与者，本应带头遵守多边贸易规则，在世界贸易组织框架下通过争端解决机制妥善处理与其他成员国之间的贸易摩擦，这也是美国政府曾经向国际社会作出的明确承诺。但是，美国新政府上任以来，片面强调"美国优先"，奉行单边主义和经济霸权主义，背弃国际承诺，四面出击挑起国际贸易摩擦，不仅损害了中国和其他国家利益，更损害了美国自身国际形象，动摇了全球多边贸易体制根基，最终必将损害美国长远利益。

（一）根据美国国内法单方面挑起贸易摩擦

美国现任政府以产业损害和保护知识产权为由，绕开世界贸易组织争端解决机制，单纯根据美国国内法挑起国际贸易摩擦，以"232 条款""201 条款"和"301 条款"名义发起一系列调查。在调查中选择性使用证据材料，得出武断结论，而且未经世界贸易组织授权，非法使用惩罚性高关税对待世界贸易组织成员，严重违反世界贸易组织最基本、最核心的最惠国待遇、关税约束等规则和纪律。这种单边主义行为，不仅损害了中国和其他成员利益，更损害了世界贸易组织及其争端解决机制的权威性，使多边贸易体制和国际贸易秩序面临空前险境。

对多国产品开展"232 调查"。美国政府滥用"国家安全"概念推行贸易保护措施。2017 年 4 月，美国政府依据本国《1962 年贸易扩展法》第232 条款，以所谓"国家安全"为由对包括中国在内的全球主要经济体的钢铁和铝产品发起"232 调查"[①]，并依据单方面调查结果，于 2018 年 3 月宣布对进口钢铁和铝产品分别加征 25% 和 10% 的关税，招致各方普遍反对和报复。2018 年 4 月 5 日，中国率先将美国钢铝 232 措施诉诸世界贸易组织。

---

① "232 调查"指美国商务部根据《1962 年贸易扩展法》第 232 条款授权，对特定产品进口是否威胁美国国家安全进行立案调查，并在立案之后 270 天内向总统提交报告，美国总统在 90 天内作出是否对相关产品进口采取最终措施的决定。

美国宣布自6月1日恢复对欧盟钢铝产品加征关税后，欧盟也予以反击并向世界贸易组织申诉，指责美国的措施违反世界贸易组织规则。欧盟贸易专员马姆斯特罗姆称，美国正在进行"危险游戏"，欧盟如不作回应将等同于接受这些非法关税。截至2018年8月，已有9个世界贸易组织成员向世界贸易组织起诉美国钢铝232措施。2018年7月，美国政府又以所谓"国家安全"为由，对进口汽车及零配件发起新的"232调查"。

众所周知，钢、铁等属于一般性生产资料，汽车属大众消费品，与"国家安全"建立联系非常牵强。美国彼得森国际经济研究所高级研究员查德·鲍恩认为，美国汽车产能利用率超过了80%，美国约98%的乘用车进口来自欧盟、日本、加拿大、韩国和墨西哥，以汽车危及美国国家安全为由开展调查是站不住脚的[①]。美国政府随意扩大国家安全概念范围，毫无理论和历史依据，其实质是利用相关法条赋予总统行政权力，绕过常规法律限制实施贸易保护（见专栏6）。

专栏6　美国单边主义行为引发多国谴责和共同反制

2018年3月，美国政府依据"232调查"报告，宣布对进口钢铁产品征收25%的关税，对进口铝产品征收10%的关税。2018年4月2日，为平衡因美国232措施造成的损失，中国决定对原产于美国的部分进口商品中止关税减让义务，并加征关税。5月18~21日，欧盟、印度、俄罗斯、日本、土耳其5个世界贸易组织成员先后通报世界贸易组织货物贸易理事会和保障措施委员会，拟针对美国钢铝232措施实施水平对等的报复。6月5日至7月1日，墨西哥、欧盟、土耳其和加拿大先后针对美国钢铝232措施实施报复措施。

2018年4月5日，中国第一个就美国钢铝232措施启动世界贸易组织诉讼程序。5月18日至8月15日，印度、欧盟、加拿大、墨西哥、挪威、俄罗斯、瑞士、土耳其先后在世界贸易组织争端解决机制下启动诉美国钢铝232措施起诉程序。

对多国产品开展"201调查"。2017年5月，美国依据本国《1974年贸

---

① 查德·鲍恩推特，2018年5月27日。

易法》，对进口洗衣机和光伏产品发起"201 调查"①，并在 2018 年 1 月决定对前者征收为期 3 年、税率最高达 50%的关税，对后者征收为期 4 年、税率最高达 30%的关税。这是 2001 年以来美国首次发起"201 调查"。作为美国进口洗衣机的主要来源国，韩国已于 5 月向世界贸易组织提起磋商请求，并宣布将中止对美国部分产品的关税减让措施，以回应美国对韩国产品征税的做法。2018 年 8 月 14 日，中国将美国光伏产品 201 措施诉诸世界贸易组织争端解决机制。

对中国开展"301 调查"。2017 年 8 月，美国依据本国《1974 年贸易法》，对中国发起"301 调查"②，并在 2018 年 7 月和 8 月分两批对从中国进口的 500 亿美元商品加征 25%关税，此后还不断升级关税措施，2018 年 9 月 24 日起，又对 2000 亿美元中国输美产品征收 10%的关税。"301 调查"是基于美国国内法相关条款开展的贸易调查，衡量并要求其他国家接受美国的知识产权标准和市场准入要求，否则就采取报复性的贸易制裁手段，早在 20 世纪 90 年代就被称为"激进的单边主义"。从历史数据看，"301 调查"使用频率较低且多通过磋商协议解决。根据彼得森国际经济研究所 2018 年 3 月发布的研究报告③，1974 年至今，美国共进行 122 起"301 调查"，但自 2001 年起，只有一起"301 调查"被正式启动。美国政府曾于 1994 年做出一项"行政行动声明"，表示要按照符合世界贸易组织规则的方式来执行"301 条款"，即美国只有在获得世界贸易组织争端解决机制授权后才能实施"301 条款"所规定的制裁措施。1998 年，当时的欧共体向世界贸易组织提出关于"301 条款"的争端解决案。世界贸易组织争端解决机构认为，单从

---

① 即根据"201 条款"发起的调查。"201 条款"指美国《1974 年贸易法》第 201~204 节。根据该条款规定，美国国际贸易委员会（USITC）对进口至美国的产品进行全球保障措施调查，对产品进口增加是否对美国国内产业造成严重损害或严重损害威胁作出裁定，并在 120 天内向总统提交报告和建议。总统根据法律授权，在收到美国国际贸易委员会报告后 140 天内作出最终措施决定。

② 即根据"301 条款"发起的调查。"301 条款"是美国《1974 年贸易法》第 301 条的俗称。根据这项条款，美国可以对它认为是"不公平"的其他国家的贸易做法进行调查，并可与有关国家政府协商，最后由总统决定采取提高关税、限制进口、停止有关协定等报复措施。

③ 彼得森国际经济研究所网站（http：//piie.org），《流氓 301：特朗普准备重新使用另一个过时的美国贸易法?》。

其法律规定上看，可以初步认定"301 条款"不符合世界贸易组织规定。在本次中美经贸摩擦中，美国政府动用"301 条款"对中国开展调查，在未经世界贸易组织授权的情况下对中国产品大规模加征关税，明显违反美国政府的上述承诺，其行为是完全非法的。

（二）片面指责他国实施产业政策

产业政策是一种弥补市场失灵、改善社会福利的有效工具，只要符合世界贸易组织确定的规则，不应受到无端指责。

美国是世界上较早运用产业政策的国家之一。尽管美国很少承认实行产业政策，但事实上美国政府实施了比官方说法多得多的产业政策①。这些产业政策的范畴从推进技术创新到政府采购、对特定部门和企业的补贴，以及关税保护、贸易协定等，为增强美国产业竞争力发挥了重要作用。

美国为强化制造业在全球的领导者地位，近年来研究制定了一大批产业政策。进入 21 世纪后，特别是国际金融危机爆发后的近十年来，美国出台了一系列产业政策，其中包括《重振美国制造业框架》②（2009）、《美国制造业促进法案》③（2010）、《先进制造业伙伴计划》④（2011）、《美国制造业复兴——促进增长的 4 大目标》⑤（2011）、《先进制造业国家战略计划》⑥（2012）、《美国创新战略》⑦（2011）、《美国制造业创新网络：初步设计》⑧（2013）等，针对重点领域研究制定了《电网现代化计划》（2011）、《美国清洁能源制造计划》⑨（2013）、《从互联网到机器人——美国机器人路线

---

① 罗伯特·韦德：《美国悖论：自由市场意识形态和指导推动的隐蔽实践》，《剑桥经济学杂志》，2017 年 5 月。

② 美国总统办公室，2009 年 12 月。

③ 美国总统办公室，2010 年 8 月。

④ 美国总统办公室，2011 年 6 月。

⑤ 美国全国制造商协会，2011 年 12 月。

⑥ 美国总统办公室和国家科技委员会，2012 年 2 月。

⑦ 美国总统办公室，2011 年。

⑧ 美国总统办公室、国家科技委员会、先进制造国家项目办公室，2013 年 1 月。

⑨ 美国能源部，2013 年 4 月。

图》① (2013)、《金属增材制造（3D 打印）技术标准路线图》② (2013)、《美国人工智能研究与发展战略计划》③ (2016)、《美国机器智能国家战略》④ (2018) 等。这些政策提出要调整优化政府投资，加大对制造业投资的力度；加强政府对商品的采购；为出口企业提供信贷支持，拓展国际市场；资助制造业重点领域创新等具体措施。

美国在制定推行产业政策的同时，却对他国正常的产业政策横加责难。联合国贸易和发展会议发布的《世界投资报告 2018》指出，为应对新工业革命的机遇与挑战，在过去十年中，发达国家和发展中国家至少有 101 个经济体（占全球 GDP 的 90% 以上）出台了正式的产业发展战略。"中国制造 2025"也是在这样的背景下，借鉴了美国的《先进制造业国家战略计划》《美国创新战略》等政策文件，结合中国实际制定出台的。"中国制造 2025"是一个引导性、愿景性的文件，也是一个坚持市场主导、开放包容的发展规划。中国政府一直强调"中国制造 2025"是一个开放的体系，对内资外资具有普遍适用性。中国领导人在多个场合表示，欢迎外国企业参与"中国制造 2025"。2017 年发布的《国务院关于扩大对外开放积极利用外资若干措施的通知》明确提出，外商投资企业和内资企业同等适用于"中国制造 2025"政策。文件制定过程中，中国严格遵循世界贸易组织规定，确保相关政策合规透明、公平无歧视。"中国制造 2025"实施以来，包括美国企业在内的许多外国企业均已参与到相关的建设项目中来。

（三）以国内法"长臂管辖"制裁他国

"长臂管辖"是指依托国内法规的触角延伸到境外，管辖境外实体的做法。近年来，美国不断扩充"长臂管辖"的范围，涵盖了民事侵权、金融投资、反垄断、出口管制、网络安全等众多领域，并在国际事务中动辄要求其他国家的实体或个人必须服从美国国内法，否则随时可能遭到美国的

---

① 美国科技政策办公室，2013 年 3 月。
② 美国国家标准和技术研究院，2013 年 5 月。
③ 美国国家科技委员会，2016 年 10 月。
④ 美国战略和国际研究中心，2018 年 3 月。

民事、刑事、贸易等制裁。

以出口管制为例，美国为巩固技术领先优势，很早就构建起一揽子出口管制制度。主要依据《出口管理法》《出口管制条例》《国际紧急经济权力法》，要求美国出口商或用户出口时必须申请许可证。对于国外购买方而言，则要求不得违反商品最终用途、最终用户等限制性规定，否则将受到处罚，包括被列入"实体清单"，严格限制或禁止从美国进口。统计显示，截至 2018 年 8 月 1 日，全球范围内被列入美国商务部"实体清单"的主体数量达到 1013 家。这种行为不仅损害了包括美国公司在内的相关企业利益，还损害了广大发展中国家发展权利。

美国还在抓紧审查修订现行出口管制法规，强化"长臂管辖"行为。2018 年 8 月 13 日，美国总统签署了《2019 财年国防授权法案》，作为其重要组成部分的《出口管制改革法案》提高了对外国控股公司的限制条件，增加了对"新兴和基础技术"的出口控制，建立了跨部门协商机制以提高执法能力。近期，美国商务部产业和安全局以"违反美国国家安全或外交政策利益"为由，将 44 个中国机构新列入出口管制名单。这种行为给中国企业参与相关贸易制造了障碍，实质是对"长臂管辖"的强化和升级。

（四）将国内问题国际化、经贸问题政治化

现任美国政府基于国内政治需要，将国内问题国际化、经贸问题政治化，通过指责他国转嫁国内矛盾。

美国将国内政策失误和制度缺陷导致的失业问题错误归因于国际贸易。美国政府认为他国通过不公平贸易的方式抢夺了本国就业岗位，作为美国贸易逆差最大来源国，中国首当其冲成为主要的被指责对象。事实是根据联合国数据，2001~2017 年，中美贸易额增长了 4.4 倍，但美国失业率则从 5.7% 下降到 4.1%。尤其是 2009 年以来，美国从中国进口快速增长，同期美国失业率反而呈现出持续下降的态势，美国政府指责的货物进口和失业率之间的替代关系并不存在（见图 12）。2017 年美国国会研究中心报告显示，2010~2015 年，尽管美国制造业从中国进口整体增加 32.4%，美国制

造业的工作机会反而增加了 6.8%①。

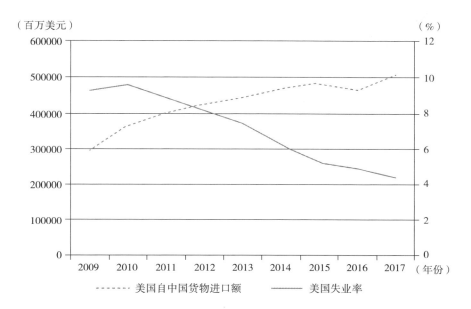

图 12 2009~2017 年美国自中国货物进口额与美国失业率变化

数据来源：美国商务部经济分析局和美国劳工部。

事实上，美国部分社会群体失业问题，主要是技术进步和经济结构调整背景下，国内经济政策失误和再分配、再就业机制缺失引起的。根据美国印第安纳州波尔州立大学的研究，2000~2010 年，美国制造业工作机会减少 560 万个，88% 是由于生产率提高导致的②。在市场经济条件下，一切要素都在流动变化之中，没有永远不变的工作岗位。随着美国比较优势变化，不同行业就业情况出现差异，传统制造业等行业出现就业岗位减少，这本是经济发展和结构调整的正常现象。美国政府本应顺应经济结构调整大趋势，采取积极有效的再分配和再就业支持措施，帮助失业人员转移到新兴行业就业。但是，受制于传统的分配机制和利益格局，美国政府没有及时建立合理的再分配和再就业支持机制，导致部分社会群体的失业问题长期

① 韦恩·莫里森：《中美贸易问题》，美国国会研究局，2017 年 3 月 6 日。
② 美国波尔州立大学：《美国制造的神话与现实》，2015 年 6 月。

积累、积重难返，为政治上的民粹主义和孤立主义提供了土壤。

现任美国政府把失业问题归咎于国际贸易和出口国不符合事实，是在国内政治矛盾难以解决的情况下试图向外转嫁矛盾。美国如不真正解决自身的深层次结构性问题，而是通过贸易保护措施引导制造业回流，这种本末倒置、以邻为壑、逆经济规律而动的行为，只会降低全球经济效率，引发世界各国反对，损人而不利己。

（五）现任美国政府背信弃义

规则意识和契约精神是市场经济和现代国际秩序的基础。遵守规则、尊重契约使得不同个人、群体和国家可以形成广泛合作，是人类进入文明社会的主要特征。现任美国政府不顾各国公认、普遍遵循的国际交往准则，采取了一系列背信弃义的做法，对国际关系采取机会主义态度，引发国际社会广泛质疑和批评。美国这些急功近利的短视做法，损害了美国的国际信誉，将动摇美国国际地位和战略利益。

美国政府蔑视国际协定的权威性，扰乱全球治理秩序。以国家名义做出的承诺和签署的协定不受政府换届干扰，保持一贯性，是一国保持国际信誉的基础。现任美国政府夸大多边体制问题和国家之间的分歧，不愿承担维护国际秩序成本，对国际规则约束进行选择性遵守，接连退出联合国教科文组织、人权理事会等多个国际组织，退出了上届美国政府力推达成的跨太平洋伙伴关系协定和巴黎气候协定，强制要求重谈北美自由贸易协定和美韩自贸协定。

以联合国、世界银行、国际货币基金组织和关贸总协定为起点，经过不断完善，形成了今天的全球政治经济治理体系。世界贸易组织是当前重要的多边经贸机制，在国际经贸合作中发挥着关键作用，在世界上受到普遍尊重和认同，目前成员已超过160个。但是，美国经常违反世界贸易组织规则，1995~2015年，因美国未执行世界贸易组织争端解决机制裁定而被胜诉方提出暂停申请、中止对美国关税减让义务的案件数量占到世界贸易组织同类案件总数量的 2/3①。

这一系列行为，是对国际契约的违背，是对经贸伙伴的不尊重，更是对美国国家信誉的损害。世界经济论坛发布的《2018 年全球风险报告》指出，美国对多边主义秩序造成的侵害，以及美国阻挠世界贸易组织上诉机构新法官任命，将加剧 2018 年的全球风险。

美国政府破坏市场机制，直接干预商业行为。现任美国政府屡屡突破政府边界，对市场主体实施直接干预。例如，不顾商业规律，要求苹果公司等美国企业海外工厂回迁。此外，美国政府还对美国企业对外投资进行恐吓阻挠。例如，2017 年 1 月 3 日，警告通用汽车，如果它继续在墨西哥制造雪佛兰科鲁兹型号汽车的话，将需要支付大额关税②；2018 年 7 月 3 日，威胁哈雷公司不得将生产业务转移出美国③；通过社交媒体点名批评威胁企业高管，以各种借口加强对正常并购交易的审查；等等。

美国政府在双边经贸谈判中出尔反尔，不守承诺。中国历来高度重视维护中美关系稳定，特别是 2017 年以来，积极回应美国经贸关切，以极大的诚意和耐心与美国政府开展了多轮磋商，力图弥合分歧、解决问题。2018 年 2 月下旬到 3 月上旬，应美国方面强烈要求，中国派团赴美举行经贸谈判。4 月 3 日，美国公布对 500 亿美元中国输美产品加征 25% 关税的产品清单。面对美国反复无常、不断抬高要价的行为，中国本着最大限度通过对话解决问题的诚意，于 5 月初与来华谈判的美国代表进行了认真磋商。5 月 15 日至 19 日，中国应美国要求再次派代表团赴美谈判，并在谈判中对美国诉求做了积极回应。双方在付出艰辛努力后，达成"双方不打贸易战"的共识，并于 5 月 19 日对外发表了联合声明。但是，仅仅 10 天之后，美国政府就公然撕毁双方刚刚达成的联合声明，背弃不打贸易战的承诺，越过世界贸易组织争端解决机制，宣布将对来自中国的产品实施大规模征税措施，单方面挑起贸易战（见专栏 7）。

---

① 阿里·赖克：《世贸组织争端解决机制的有效性》，欧洲大学研究院法律系，2017 年 11 月。
② 特朗普推特，2017 年 1 月 3 日。
③ 特朗普推特，2018 年 7 月 3 日。

专栏7　美方撕毁 2018 年 5 月 19 日中美经贸磋商联合声明

2018 年 5 月 19 日,中美双方在华盛顿就中美经贸磋商发表联合声明:

"双方同意,将采取有效措施实质性减少美对华货物贸易逆差。为满足中国人民不断增长的消费需求和促进高质量经济发展,中方将大量增加自美购买商品和服务。这也有助于美国经济增长和就业。

"双方同意有意义地增加美国农产品和能源出口,美国将派团赴华讨论具体事项。双方就扩大制造业产品和服务贸易进行了讨论,就创造有利条件增加上述领域的贸易达成共识。双方高度重视知识产权保护,同意加强合作。中方将推进包括《专利法》在内的相关法律法规修订工作。双方同意鼓励双向投资,将努力创造公平竞争营商环境。双方同意继续就此保持高层沟通,积极寻求解决各自关注的经贸问题。"

仅仅 10 天之后,5 月 29 日,美国白宫发表声明,宣布将对中国 500 亿美元商品加征关税,并进一步限制中国投资和加紧对华出口管制,公然违背了中美双方于 5 月 19 日达成的共识。

五、美国政府不当做法对世界经济发展的危害

美国政府采取的一系列极端贸易保护措施,破坏了国际经济秩序,伤害了包括中美经贸交往在内的全球经贸关系,冲击了全球价值链和国际分工体系,干扰了市场预期,引发国际金融和大宗商品市场剧烈震荡,成为全球经济复苏的最大不确定因素和风险源。

(一)破坏多边贸易规则和国际经济秩序

在走向文明的历史进程中,人类社会已普遍接受一套基于规则和信用的国际治理体系。各国无论大小强弱,均应相互尊重、平等对话,以契约精神共同维护国际规则,这对于促进全球贸易投资、促进全球经济增长具有基础性作用。然而,美国政府近期采取了一系列违背甚至破坏现行多边贸易规则的不当做法,严重损害了现行国际经济秩序。美国政府多次在公开场合抨击世界贸易组织规则及其运行机制,拒绝支持多边贸易体制,消极参与全球经济治理,造成 2017 年和 2018 年亚太经合组织贸易部长会议

均未在支持多边贸易体制问题上达成一致立场。特别是美国政府不同意将"反对贸易保护主义"写入部长声明，遭到亚太经合组织其他成员一致反对。美国猛烈抨击世界贸易组织上诉机构，还数次阻挠上诉机构启动甄选程序，导致世界贸易组织上诉机构人员不足，争端解决机制濒临瘫痪。

（二）阻碍国际贸易和全球经济复苏

随着全球化进程发展，各国经济基于经贸关系的相互关联度越来越高，贸易已成为全球经济增长的重要动力。根据世界银行统计，全球经济对贸易增长的依存度已从 1960 年的 17.5%上升到 2017 年的 51.9%（见图 13）。

—— 国家商品贸易占全球GDP比重

图 13　1960~2017 年全球经济对贸易的依存度

数据来源：世界银行数据库。

当前，全球经济刚刚走出国际金融危机的阴影，回升态势并不稳固。美国政府大范围挑起贸易摩擦，阻碍国际贸易，势必会对世界经济复苏造成负面影响。为了遏制美国的贸易保护主义行为，其他国家不得不采取反制措施，这将导致全球经贸秩序紊乱，阻碍全球经济复苏，殃及世界各国企业和居民，使全球经济落入"衰退陷阱"（见表 6）。

表 6　美国挑起贸易摩擦对全球经济的影响

预测机构	贸易战对全球经济的影响
世界贸易组织	若关税回到关税总协定/世界贸易组织之前的水平,全球经济将立即收缩 2.5%,全球贸易量削减 60% 以上
国际货币基金组织	增加关税的措施将导致全球经济增速下降大约 0.5 个百分点
巴克莱资本	全球经济增速下降 0.6 个百分点,全球通胀率上升 0.7 个百分点
标准普尔	全球经济增速或下滑 1%
英国央行	如果美国和所有贸易伙伴的关税提高 10%,美国国内生产总值可能降低 2.5%,全球经济可能降低 1%
法国央行	一国对进口加征 10% 关税,将使其贸易伙伴国的出口下降 13%~25%

资料来源:世界贸易组织、国际货币基金组织、巴克莱资本、标准普尔、英国央行、法国央行。

　　世界银行 2018 年 6 月 5 日发布的《全球经济展望》报告指出,全球关税广泛上升将会给全球贸易带来重大负面影响,至 2020 年全球贸易额下降可达 9%,对新兴市场和发展中经济体的影响尤为明显,特别是那些与美国贸易或金融市场关联度较高的经济体(见图 14)。世界贸易组织总干事罗伯特·阿泽维多表示,若关税回到关税总协定/世界贸易组织之前的水平,全球经济将立即收缩 2.5%,全球贸易量削减 60% 以上,影响将超过 2008 年国际金融危机。贸易战对所有人都有害,特别是穷人将损失 63% 的购买力[1]。历史教训一再表明,贸易战没有赢家,甚至会给世界和平与发展带来严重影响(见专栏 8)。

---

[1]　美国有线电视新闻网网站(https://www.cnn.com),2018 年 4 月 3 日。

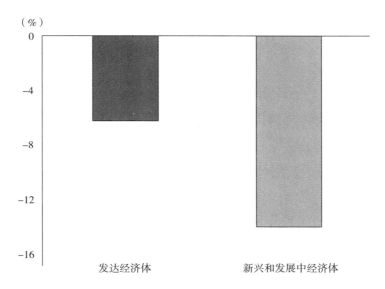

图 14　全球关税升至世界贸易组织规则允许的最高水平对贸易额的影响

数据来源：世界银行《全球经济展望》。

专栏 8　美国 1930 年《斯姆特—霍利关税法》的历史教训

1930 年，为保护国内市场，美国总统胡佛签署《斯姆特—霍利关税法》。该法修订了"关税目录中的两万多个税则，税率几乎全都提高"，据估算，"使总体实际税率达到了应税进口商品价值的 60%"。该法颁布后，"在美国国内乃至国际上引起的评论、争议和谩骂比有史以来任何关税措施都多"。在美国国内，有 1028 位经济学家签署了反对请愿书；在国际上，美国实行高关税的措施遭到了 30 多个国家的强烈反对，许多国家第一时间对美国实施了关税报复措施。美国的进口额从 1929 年的 44 亿美元骤降 67% 至 1933 年的 14.5 亿美元，出口额则跌得更惨，从 51.6 亿美元骤降 68% 至 16.5 亿美元，超过同期 50% 的 GDP 降幅。在此期间，全球贸易整体税率大幅跌升，加深了世界经济危机，"而这场世界经济灾难在德国孕育出了希特勒的纳粹统治，在日本则催生了对外扩张的军国主义"。

历史的教训不能忘记，历史的悲剧更不应重演。

（三）冲击全球价值链

当前，全球经济已经深度一体化，各国充分发挥各自在技术、劳动力、资本等方面的比较优势，在全球经济中分工合作，形成运转高效的全球价值链，共同分享价值链创造的经济全球化红利。尤其是以跨国公司为代表的各国企业通过在全球范围内配置资源，最大限度降低了生产成本，提高了产品和服务质量，实现了企业之间、企业与消费者之间的共赢。

美国政府通过加征关税、高筑贸易壁垒等手段在世界范围内挑起贸易摩擦，以贴"卖国标签"、威胁加税等方式要求美资跨国公司回流美国，将严重破坏甚至割裂全球价值链，冲击全球范围内正常的产品贸易和资源配置，并通过各国经贸的相互关联，产生广泛的负面溢出效应，降低全球经济的运行效率。比如，汽车、电子、飞机等行业都依靠复杂而庞大的产业链支撑，日本、欧盟、韩国等供应链上的经济体都将受到贸易收缩的负面影响，并产生一连串的链式反应，即使美国国内的供应商也会在劫难逃。根据中国商务部测算，美国对华第一批340亿美元征税产品清单中，有200多亿美元产品（占比约59%）是美、欧、日、韩等在华企业生产的。包括美国企业在内，全球产业链上的各国企业都将为美国政府的关税措施付出代价。

国际货币基金组织2018年4月17日发布的《世界经济展望》报告指出，关税和非关税贸易壁垒的增加将破坏全球价值链，减缓新技术的扩散，导致全球生产率和投资下降。彼得森国际经济研究所认为，若美国对中国施加贸易制裁并导致中国反制，许多向中国出口中间产品和原材料的国家与地区也将遭受严重冲击①。

（四）贸易保护主义最终损害美国自身利益

在经济全球化的时代，各国经济"你中有我、我中有你"，特别是大型经济体存在紧密的相互联系。美国政府单方面挑起贸易战，不仅会对世界各国经济产生冲击，也会损害美国自身利益。

---

① 彼得森国际经济研究所网站（https://piie.com）。

提高美国制造业成本，影响美国就业。彼得森国际经济研究所发布报告指出，95%被加征关税的中国商品是零配件与电子组件，它们被组装在"美国制造"的最终产品中，提高相关产品关税将损害美国企业自身①。《纽约时报》称，中国生产的发动机及其他零部件对美造船企业至关重要，暂时无法找到替代品，造船企业利润空间基本不可能消化25%的关税成本，提高自身产品价格将失去市场份额②。通用电气公司预测，美国对自中国进口商品加征关税将导致其成本上升3亿~4亿美元。通用汽车、福特及菲亚特—克莱斯勒等汽车制造商纷纷下调了全年利润预测③。美国最大的铁钉制造商中洲公司表示，对进口钢铁加征关税致使其成本提升，产品价格被迫上涨，销售额预计将下降50%，公司经营面临较大冲击。2018年6月，该公司已解雇了500名工人中的60名，并计划再解雇200名工人。中洲公司的困境还扩散到其下游的包装环节——与其合作的SEMO包装公司，由于业务缩减，已经开始裁员④。彼得森国际经济研究所的评估指出，美国对进口汽车加征关税将导致美国减少19.5万个就业岗位，若受到其他国家报复性措施，就业岗位可能减少62.4万个⑤。

导致美国国内物价上升，消费者福利受损。美国自中国进口产品中，消费品一直占很高比重。根据美国商务部经济分析局统计，2017年消费品（不包括食品和汽车）占中国对美出口的比重为46.6%。长期进口中国物美价廉的消费品是美国通胀率保持低位的重要因素之一。美国设备制造商协会在敦促美国政府不要实施损害经济的关税措施时指出，关税是对美国消费者的税收。美国国家纳税人联盟在2018年5月3日写给国会与总统的公开信中警告称，保护性关税将导致美国消费品价格上涨，伤害多数美国公

① 彼得森国际经济研究所网站（https：//piie.com），《特朗普、中国与关税：从大豆到半导体》，2018年6月18日。
② 纽约时报网站（https：//nytimes.com），《与中国的贸易战在前线是什么样子？》。
③ 路透社：《美中贸易关税对美国企业的冲击》，2018年7月30日。
④ 赫芬顿邮报网站（https：//www.huffingtonpost.com），《美国最大铁钉制造商很快将因特朗普关税停产》，2018年6月29日。
⑤ 彼得森国际经济研究所网站（https：//piie.com），《特朗普提出的汽车关税将使美国汽车制造商出局》，2018年5月31日。

民利益①。美国汽车制造商联盟在 6 月提交给政府的一份文件称，其对 2017 年汽车销售数据的分析显示，对进口汽车征收 25% 的关税将导致平均价格上涨 5800 美元，这将使美国消费者每年的消费成本增加近 450 亿美元②。

引发贸易伙伴反制措施，反过来损害美国经济。美国政府向包括中国在内的很多重要贸易伙伴发动贸易战，已引发各贸易伙伴的反制措施，势必使美国一些地区、产业、企业承担大量损失。截至 2018 年 7 月底，包括中国、加拿大、墨西哥、俄罗斯、欧盟、土耳其在内的美国主要贸易伙伴均已宣布对其贸易保护主义措施实施反制，并相继通过世界贸易组织提起诉讼。例如，加拿大政府 6 月 29 日宣布，将从 7 月 1 日起，对价值约 126 亿美元从美国进口的商品加征关税。7 月 6 日，俄罗斯经济部宣布将对部分美国商品加征 25%～40% 的关税。欧盟针对美国钢铝关税采取反制措施，将美国进口摩托车关税从 6% 提高至 31%。

美国商会指出，贸易战将导致美国相关州利益受损，得克萨斯州 39 亿美元的出口产品、南卡罗来纳州 30 亿美元的出口产品以及田纳西州 14 亿美元的出口产品或受到报复性关税打击③。美国消费者选择研究中心称，美国政府实际上在用关税"惩罚"其选民，依赖出口的北卡罗来纳州超过 15 万个工作岗位、南卡罗来纳州 6500 名工人将受到报复性关税的直接影响④。美国知名摩托车制造企业哈雷公司评估，欧盟的报复性关税措施将导致每辆销往欧洲的摩托车成本增加 2200 美元，会在 2018 年内给公司造成 3000 万美元至 4500 万美元的损失。为应对这一不利局面，哈雷公司已表示计划将部分摩托车制造产能转移出美国⑤。

影响投资者对美国经济环境的信心，导致外国直接投资净流入降低。不断升级的经贸摩擦使企业信心不稳，在投资上持观望态度。彼得森国际

① 美国国家纳税人联盟网站（https：//www.ntu.org），2018 年 5 月 3 日。
② 美国汽车制造商联盟网站（https：//autoalliance.org），2018 年 6 月 27 日。
③ 美国全国广播公司网站（https：//www.nbc.com），2018 年 7 月 2 日。
④ 夏洛特观察家报网站（https：//www.charlotteobserver.com），《特朗普关税如何损害卡罗来纳》，2018 年 6 月 21 日。
⑤ 彭博新闻社网站（https：//www.bloombergquint.com），2018 年 6 月 25 日。

经济研究所所长亚当·波森指出，美国政府的"经济民族主义"政策不仅使美国在贸易领域付出了代价，在投资领域引发的消极后果也开始显现。近期，美国及外国跨国公司在美投资数量几乎为零，企业投资方向转变将影响美国的长期收入增长和高收入就业岗位，并使全球企业加速远离美国。根据美国商务部经济分析局数据，2016 年和 2017 年第一季度，美国外国直接投资流入额分别为 1465 亿美元和 897 亿美元，而 2018 年同期已降至 513 亿美元。这一变化是美国对长期投资吸引力下降的结果①。

六、中国的立场

经济全球化是大势所趋，和平与发展是民心所向。把困扰世界的问题、影响本国发展的矛盾简单归咎于经济全球化，搞贸易和投资保护主义，企图让世界经济退回到孤立的旧时代，不符合历史潮流。中美经贸关系事关两国人民福祉，也关乎世界和平、繁荣、稳定。对中美两国来说，合作是唯一正确的选择，共赢才能通向更好的未来。中国的立场是明确的、一贯的、坚定的。

（一）中国坚定维护国家尊严和核心利益

积极发展中美经贸合作、巩固中美关系是中国政府和人民的愿望。对于贸易战，中国不愿打、不怕打、必要时不得不打。我们有强大的经济韧性和广阔的市场空间，有勤劳智慧、众志成城的中国人民，有国际上一切反对保护主义、单边主义和霸权主义的国家支持，我们有信心、有决心、有能力应对各种风险挑战。任何外部因素都不可能阻止中国发展壮大。同时，中国将对受经贸摩擦影响较大的企业和行业给予必要帮助。

中国一贯主张，对中美两国经贸关系快速发展过程中出现的问题和争议，双方应秉持积极合作的态度，通过双边磋商或诉诸世界贸易组织争端解决机制，以双方都能接受的方式解决分歧。中国谈判的大门一直敞开，但谈判必须以相互尊重、相互平等和言而有信、言行一致为前提，不能在

---

① 亚当·波森：《特朗普经济民族主义的代价：外国对美投资的损失》，2018 年 7 月 24 日。

关税大棒的威胁下进行，不能以牺牲中国发展权为代价。我们相信，美国的成熟政治家最终能够回归理性，客观全面认识中美经贸关系，及时纠正不当行为，使中美经贸摩擦的处理回到正确轨道上来。

（二）中国坚定推进中美经贸关系健康发展

美国和中国是世界前两大经济体。中美经贸摩擦事关全球经济稳定与繁荣，事关世界和平与发展，应该得到妥善解决。中美和则两利，斗则俱伤，双方保持经贸关系健康稳定发展，符合两国人民根本利益，符合世界人民共同利益，为国际社会所期待。中国愿同美国相向而行，本着相互尊重、合作共赢的精神，聚焦经贸合作，管控经贸分歧，积极构建平衡、包容、共赢的中美经贸新秩序，共同增进两国人民福祉。中国愿意在平等、互利前提下，与美国重启双边投资协定谈判，适时启动双边自贸协定谈判。

（三）中国坚定维护并推动改革完善多边贸易体制

以世界贸易组织为核心的多边贸易体制是国际贸易的基石，是全球贸易健康有序发展的支柱。中国坚定遵守和维护世界贸易组织规则，支持开放、透明、包容、非歧视的多边贸易体制，支持基于全球价值链和贸易增加值的全球贸易统计制度等改革。支持对世界贸易组织进行必要改革，坚决反对单边主义和保护主义。坚持走开放融通、互利共赢之路，构建开放型世界经济，加强二十国集团、亚太经合组织等多边框架内合作，推动贸易和投资自由化便利化，推动经济全球化朝着更加开放、包容、普惠、平衡、共赢的方向发展。

（四）中国坚定保护产权和知识产权

中国高度重视知识产权保护，将其作为完善产权保护制度最重要的内容之一。中国将不断完善知识产权保护相关法律法规，提高知识产权审查质量和审查效率，针对故意侵权积极引入惩罚性赔偿制度，显著提高违法成本。中国依法严格保护外商企业合法知识产权，对于各种形式的侵权事件和案件将认真查处、严肃处理。中国法院不断完善符合知识产权案件特点的诉讼证据规则，建立实现知识产权价值的侵权损害赔偿制度，加强知识产权法院体系建设，积极推动国家层面知识产权案件上诉机制，保障司法裁判标准统一，加快推进知识产权审判体系和审判能力向现代化迈进。中国愿意与世界各国加强知识产权保护合作，也希望外国政府加强对中国知识产权的保护。中国主张通过法律手段解决知识产权纠纷问题，反对任何国家以保护知识产权之名，行贸易保护主义之实。

（五）中国坚定保护外商在华合法权益

中国将着力构建公开、透明的涉外法律体系，不断改善营商环境，为各国企业在华投资经营提供更好、更优质的服务。中国尊重国际营商惯例，遵守世界贸易组织规则，对在中国境内注册的企业，一视同仁、平等对待。中国鼓励包括外商投资企业在内的各类市场主体，开展各种形式的合作，并致力于创造平等竞争的市场环境。中国政府高度关注外国投资者合理关切，愿意回应和努力解决企业反映的具体问题。中国始终坚持保护外国投资者及其在华投资企业的合法权益，对侵犯外商合法权益的行为将坚决依法惩处。

（六）中国坚定深化改革扩大开放

改革开放是中国的基本国策，也是推动中国发展的根本动力。中国改革的方向不会逆转，只会不断深化。中国开放的大门不会关闭，只会越开越大。中国继续按照既定部署和节奏，坚定不移深化改革、扩大开放，全面推进依法治国，建设社会主义法治国家。中国坚持发挥市场在资源配置中的决定性作用，更好发挥政府作用，鼓励竞争、反对垄断。中国和世界其他各国一样，有权根据自己的国情选择自己的发展道路包括经济模式。中国作为一个发展中国家，并非十全十美，愿意通过改革开放，学习借鉴先进经验，不断完善体制机制和政策。中国将切实办好自己的事情，坚定实施创新驱动发展战略，加快建设现代化经济体系，推动经济高质量发展。中国愿与世界各国分享中国发展新机遇。中国将实行高水平的贸易和投资自由化便利化政策，全面实行准入前国民待遇加负面清单管理制度，大幅度放宽市场准入，扩大服务业对外开放，进一步降低关税，建设透明、高效、公平的市场环境，发展更高层次的开放型经济，创造更有吸引力的投资环境，与世界上一切追求进步的国家共同发展、共享繁荣。

（七）中国坚定促进与其他发达国家和广大发展中国家的互利共赢合作

中国将与欧盟一道加快推进中欧投资协定谈判，争取早日达成一致，并在此基础上将中欧自贸区问题提上议事日程。中国将加快中日韩自贸区谈判进程，推动早日达成"区域全面经济伙伴关系协定"。中国将深入推进"一带一路"国际合作，坚持共商共建共享原则，努力实现政策沟通、设施联通、贸易畅通、资金融通、民心相通，增添共同发展新动力。

（八）中国坚定推动构建人类命运共同体

面对人类发展面临的一系列严峻挑战，世界各国特别是大国要肩负起引领和促进国际合作的责任，相互尊重、平等协商，坚决摒弃"冷战"思维和强权政治，不搞唯我独尊、你输我赢的零和游戏，不搞以邻为壑、恃强凌弱的强权霸道，妥善管控矛盾分歧，坚持以对话解决争端、以协商化解分歧，以文明交流超越文明隔阂、文明互鉴超越文明冲突、文明共存超越文明优越。中国将继续发挥负责任大国作用，与其他国家一道，共同建设持久和平、普遍安全、共同繁荣、开放包容、清洁美丽的世界。

得道多助，失道寡助。面对不确定不稳定不安全因素增多的国际形势，中国不忘初心，始终与世界同行，顺大势、担正义、行正道，坚定不移维护多边贸易体制，坚定不移推动全球治理体系变革，始终做世界和平的建设者、全球发展的贡献者、国际秩序的维护者，坚定不移推动构建人类命运共同体。

参考文献

［1］郭美新、陆琳、盛柳刚、余淼杰：《反制中美贸易摩擦和扩大开放》，《学术月刊》2018 年第 6 期。

［2］余淼杰、张睿：《中国制造业出口质量的准确衡量：挑战与解决方法》，《经济学（季刊）》2017 年第 1 期。

［3］余淼杰：《余淼杰谈中美贸易：全球经贸新格局下的大国博弈》，北京大学出版社 2018 年版。

［4］沈国兵：《中美贸易再平衡：美元弱势调整与中国显性比较优势》，中国财政经济出版社 2017 年版。

［5］王玮：《美国对亚太政策的演变》，山东人民出版社 1995 年版。

［6］阎学通：《中国国家利益分析》，天津人民出版社 1996 年版。

［7］何德功：《倾听中国——新冷战与未来谋略》，广东人民出版社 1997 年版。

［8］刘靖华：《霸权的兴衰》，中国经济出版社 1997 年版。

［9］叶自成：《地缘政治与中国外交》，北京出版社 1998 年版。

［10］李宝俊：《当代中国外交概论》，中国人民大学出版社 1999 年版。

［11］洪兵：《国家利益论》，军事科学出版社 1999 年版。

［12］薛君度、邢广程：《中国与中亚》，社会科学文献出版社 1999 年版。

［13］阎学通：《中国与亚太安全——冷战后亚太国家的安全战略走向》，时事出版社 1999 年版。

［14］程毅：《跨世纪的世界格局和中国》，华中师范大学出版社 1999

年版。

［15］陈元、黄益平、［美］亚当·珀森：《大国对话Ⅲ：新全球化时代中美经贸关系》，中信出版社 2018 年版。

［16］［美］薛理泰：《盛世危言：远观中国大战略》，东方出版社 2014 年版。

［17］［美］拉尔夫·戈莫里、威廉·鲍莫尔：《全球贸易和国家利益冲突》，中信出版社 2018 年版。

［18］［美］拉塞尔·柯克：《美国秩序的根基》，江苏凤凰文艺出版社 2018 年版。

［19］［美］兹比格纽·布热津斯基：《竞赛方案：进行美苏争夺的地缘战略框架》，中国对外翻译出版公司 1988 年版。

［20］［美］兹·布热津斯基：《运筹帷幄——指导美苏争夺的地缘战略构想》，译林出版社 1989 年版。

［21］［美］塞缪尔·亨廷顿：《变化社会中的政治秩序》，生活·读书·新知三联书店 1989 年版。

［22］［美］汉斯·J. 摩根索：《国家间政治——寻求权力与和平的斗争》，中国人民公安大学出版社 1990 年版。

［23］［美］罗伯特·基欧汉、约瑟夫·奈：《权力与相互依赖——转变中的世界政治》，中国人民公安大学出版社 1992 年版。

［24］［美］兹·布热津斯基：《大失控与大混乱》，中国社会科学出版社 1994 年版。

［25］［美］亨利·基辛格：《大外交》，海南出版社 1998 年版。

［26］［美］塞缪尔·亨廷顿：《文明的冲突与世界秩序的重建》，新华出版社 1998 版。

［27］［美］保罗·肯尼迪：《大国的兴衰》，国际文化出版公司 2006 年版。

［28］［美］罗伯特·D. 卡普兰：《即将到来的地缘战争》，广东人民出版社 2013 年版。

〔29〕〔美〕约翰·米尔斯海默:《大国政治的悲剧》,上海人民出版社2014年版。

〔30〕美"301调查"报告不实,勿歪曲"中国制造2025"——制造业专家谈中美贸易争端.新华网,2018-04-07,http://www.xinhuanet.com/world/2018-04-07/c_1122645639.htm。

〔31〕央广网.外交部回应中美贸易争端:中方不想打贸易战 美方没必要非撞上南墙再回头.凤凰网,http://finance.ifeng.com/a/20180331/16054094_0.shtml。

〔32〕中美贸易战正式打响,一大波热门车型被迫涨价.搜狐网,2018-04-05,http://www.sohu.com/a/227335238_451594。

〔33〕中国发布《关于中美经贸摩擦的事实与中方立场》白皮书,华尔街见闻转新华社,https://wallstreetcn.com/articles/3411445。

〔34〕驻丹麦经商参处.丹麦《商报》:丹麦可能会在中美贸易纠纷中受到挤压.中华人民共和国商务部,http://www.mofcom.gov.cn/article/i/jyjl/m/201806/20180602756513.shtml。

〔35〕商务部新闻办公室.关于对原产于美国的部分商品加征关税的公告.中华人民共和国商务部,http://www.mofcom.gov.cn/article/ae/ag/201807/20180702763232.shtml。

〔36〕商务部新闻发言人就美国对340亿美元中国产品加征关税发表谈话.新华网,http://www.xinhuanet.com/fortune/2018-07/06/c_1123088529.htm。

〔37〕中国日报网站.评布什要求国会延长中国正常贸易关系地位.新浪新闻,2001-05-31,http://news.sina.com.cn/w/265616.html。

〔38〕苹果要把iCloud迁移到云上贵州了!这些问题你不能不了解,雷科技,http://dy.163.com/v2/article/detail/DAIHR8UD051100B9.html。

〔39〕常红、程晓霞.解读:特朗普"百日新政"退出TPP对中美意味着什么?人民网国际新闻,http://world.people.com.cn/n1/2016/1129/c1002-28906034.html。

〔40〕外媒解析政府报告点睛词:2025制造、不可任性.中国新闻网,

http：//news. hexun. com/2015-03-06/173808753. html。

［41］"中国制造 2025"：由"智"而强. 第一财经日报，2015-05-20，http：//money. 163. com/15/0520/03/AQ1E0DMD00253B0H. html。

［42］"中国制造 2025"点燃工业强国梦 聚焦 4 大新兴领域 8 股. 金融投资报. 2015-05-03，http：//stock. hexun. com/2015-05-30/176311101. html？_t=t。

［43］工信部编制"中国制造 2025"规划：剑指工业强国. 观察者网，2014-06-30，https：//www. guancha. cn/strategy/2014_06_30_242332. shtml。

［44］"中国制造 2025"顶级领导机构即将组建. 第一财经日报，2015-06-03，http：//business. sohu. com/20150603/n414329838. shtml。

［45］李克强的"中国制造""重器"论. 人民网，http：//politics. people. com. cn/n/2015/0616/c1001-27164920. html。

［46］中国驻美大使崔天凯：美国实施惩罚关税 中国将反击. 新浪网，https：//finance. sina. cn/usstock/mggd/2018-03-23/detail-ifysnevk8729867. d. html。

［47］崔天凯：美方应从四个方面看待自身贸易赤字. 网易新闻，ht-tp：//3g. 163. com/news/article/DESL9Q8Q00259AMM. html。

［48］中国驻美国大使馆关于美"301 调查"结果的声明——中华人民共和国驻美利坚合众国大使馆，http：//www. china-embassy. org/chn/zmgx/zxxx/t1544746. htm。

［49］中国驻美国大使馆关于美公布对华"301 调查"征税建议的声明——中华人民共和国驻美利坚合众国大使馆，China-embassy. org，http：//www. china-embassy. org/chn/zmgx/t1547864. htm。

［50］商务部：已拟定十分具体反制措施 坚决应战，说到做到！新华网，http：//www. xinhuanet. com/fortune/2018-04/06/c_1122644291. htm？baike。

［51］李克强：打贸易战损人害己. 中国政府网，http：//www. gov. cn/guowuyuan/2018-07/06/content_5304194. htm。

［52］美国 8 月贸易逆差扩大至 532 亿美元，创 6 个月新高. 观察者网，https：//m. guancha. cn/economy/2018_10_06_474471. shtml。

［53］国债市场一声惊雷：中国现在真"有钱"了. 搜狐网，http：//

www. sohu. com/a/246403612_498931。

[54] 商务部：1~7月进出口总额 16.72 万亿，同比增长 8.6%，中国新闻网，2018－08－14，http：//www. cnr. cn/sxpd/ws/20180814/t20180814_524331666. shtml。

[55] 国家统计局．国家统计局新闻发言人就 2018 年 7 月份国民经济运行情况答记者问．国家统计局，http：//www. stats. gov. cn/tjsj/sjjd/201808/t20180814_1615805. html。

[56] 普华永道：上半年中国并购交易总额下滑 18% 房地产行业并购交易金额有所下跌，经济网，2018－08－21，http：//finance. eastmoney. com/news/1350，20180821931269080. html。

[57] 贸易战打"大豆牌" 中国通胀吃得消？华尔街见闻，https：//wallstreetcn. com/articles/3264400。

[58] 特斯拉中国工厂将在上海临港落户．看看新闻网，http：//www. kankanews. com/a/2018-07-10/0038508934. shtml。

[59] 新华时评：打贸易战？中国不怕事，http：//www. xinhuanet. com/2018-03/26/c_1122588181. htm。

[60] 文汇报：中国不怕打贸易战是大实话，http：//paper. wenweipo. com/2018/03/29/PL1803290003. htm。

[61] 刘鹤在美中贸易过招中具备优势．FT 中文网，2018－05－22，http：//auto. eastday. com/a/180728082548590. html。

[62] 欧美日将达成零关税同盟 中国被孤立，汽车市场影响大吗？东方网汽车，2018－07－28，http：//auto. eastday. com/a/180728082548590. html。

[63] 沈建光．中美贸易战应变为"二次入世"．金融时报，2018－07－31，http：//www. ftchinese. com/story/001078715？full＝y&archive。

[64] 沈建光．7 月宏观数据分析：警惕消费下滑．新浪专栏，2018－08－16，http：//finance. sina. com. cn/zl/china/2018-08-16/zl-ihhvciiv6230638. shtml。

[65] 专访 JETRO 海外调查部中国北亚课长箱崎大：中美贸易摩擦对日本影响有限．东方新报，http：//www. livejapan. cn/news/news_interview/news_

interview_economics/20180717/13123. html。

［66］中美经贸摩擦对中国—东盟经贸的影响．搜狐网，http：//www. sohu. com/a/256492709_99921554。

［67］海关总署：前10个月我国外贸进出口增长11. 3%. 新浪网转自中国经济网，http：//news. sina. com. cn/c/2018-11-09/doc-ihnprhzw 6208800. sht-ml。

［68］千人计划专家在美相继落网，FBI 要求企业解聘所有华人专家，凤凰网，http：//biz. ifeng. com/a/20180920/45175557_0. shtml。

后 记

弱之胜强，柔之胜刚，天下莫不知，莫能行。

——老子

当你凝视深渊时，深渊也在凝视着你。

——尼采

中美贸易之争愈演愈烈，两国之间摩擦不断。中美贸易关系的恶化将对世界经济产生负面影响。两国之间的贸易争端会伤害双方，并具有催生类似 2008 年衰退的全球性危机的风险。而且这场博弈将损害两个经济体，并将有可能引发新的衰退。现今的中国市场经济体制对于美国的金融、技术和市场已经形成高度的、难以分离的依存性。中兴集团对美国芯片技术的依赖性仅是所暴露出的冰山一隅。

所以，当全面评估持久对抗以及经济关系全面决裂之后的后果及代价后，我们不得不抛弃某些意识形态障碍和部分利益而尽量走向和解。但是，这并不是最终的句号。中美战略矛盾将是长期的，这种情况以后还会发生。

今天的中美双边关系，已经不是单纯的经济关系或政治关系，二者紧密纠缠不可分离。

40 年来，通过改革开放中国取得举世瞩目的成就。同时，改革开放也让中国逐渐加入了美国及美元主导下的世界体系（包括金融体系和市场体系以及 WTO）。中国经济体与美国主导的世界经济体系形成了一个巨大的共享、共荣、共存的局面。

美国不断利用其对于世界经济体的主导地位，以维护本国利益为出发点，不断与他国发生贸易摩擦，包括对其盟友。特朗普行政当局近期挑起的针对中国的贸易争端，既有自身原因，更是因为中国的快速发展让美国感到巨大的威胁。

特朗普认为解决中美的双边贸易必须通过对中国的出口征收高关税，以求减少贸易失衡，并同时扩大就业。这个认识更加错误。倘若美国对进口产品征收高关税，势必引起中国或其他国家的贸易反制，对美国的产品也征收高关税，引发大规模的贸易摩擦。这样，一方面，美国国内消费品价格升高，消费者剩余减少；另一方面，由于美国对华出口受阻，其国内出口制造业部门出口下降，就业减少。

对华产品征收高关税并无法实现其就业机会回流，充其量只不过是增加了东南亚国家的就业机会。郭美新等（2018）的研究发现如果中美贸易战真正开打，对美国的经济损失将会达到0.7%。现在美国GDP约为19万亿美元，所以贸易损失为2000亿元左右，这对美国经济的负面损害并不小。

奥巴马政府也力图减少中美贸易失衡，但他们所采取的政策则更为明智。与特朗普当局不同，他们并没有对中国的出口产品征收高关税，相反，他们允许中国产品相对自由地出口到美国；同时，他们希望中国扩大对美国产品的进口。所以，奥巴马从美国的角度提出"五年内出口倍增"计划。这样做的好处是中美都把经贸规模做大，把经贸"蛋糕"做大，尽管各国分到的"蛋糕"比例没变，但是规模提高了，两国的贸易利得自然也就做大了。而这也是中国政府所一直强调的经贸合作。因为中方也是希望能够通过经贸合作实现中美贸易的再平衡。

总之，正是基于对中美贸易失衡的错误认知，特朗普当局才不断挑起，并不断扩大中美贸易摩擦。而正确认识中美贸易失衡会发现根源在于中美两国的要素禀赋不同和处在全球价值链的不同位置。因此，扩大中美贸易摩擦解决不了中美贸易摩擦。相反，只有通过贸易谈判，争取贸易合作，才能最终有效合理解决中美经贸失衡。

乐观地看中美贸易摩擦，通过中美两个大国之间的不断竞争，可以让两个大国同时都变得强大起来。同时，中美贸易摩擦反过来倒逼中国进一步改革开放，进一步适应全球经贸竞争的新变局，进一步提升自身的抗压能力，未必是坏事。当然，中国还是一个发展中国家，虽然发展很快但还不能说很富强，还要继续锤炼自己。中国要真正成为万国景仰的新型现代文明强国，还需要一代甚至几代人的艰苦努力，心态开放、思想独立、精神自由，只有这样才能真正走上现代文明强国之列。